陈嘉庚

1874年10月21日—1961年8月12日

名人笔下的陈嘉庚

Tan Kah Kee

陈满意 编著

黄山书社

图书在版编目（CIP）数据

名人笔下的陈嘉庚 / 陈满意编著 . -- 合肥：黄山书社，2020.8

ISBN 978-7-5461-9162-1

Ⅰ. ①名… Ⅱ. ①陈… Ⅲ. ①陈嘉庚（1874-1961）-人物研究 - 文集 Ⅳ. ① K828.8-53

中国版本图书馆 CIP 数据核字（2020）第 148263 号

名人笔下的陈嘉庚
MINGREN BIXIA DE CHENJIAGENG

陈满意 编著

出 品 人	贾兴权
责任编辑	刘莉萍
装帧设计	私书坊_刘 俊
出版发行	时代出版传媒股份有限公司（http://www.press-mart.com）
	黄山书社（http://www.hspress.cn）
地址邮编	安徽省合肥市蜀山区翡翠路 1118 号出版传媒广场 7 层 230071
印　　刷	南京互腾纸制品有限公司
版　　次	2020 年 8 月第 1 版
印　　次	2020 年 8 月第 1 次印刷
开　　本	787mm × 1092mm 1/16
字　　数	270 千字
印　　张	24.5
书　　号	ISBN 978-7-5461-9162-1
定　　价	56.00 元

服务热线	0551-63533706	版权所有　侵权必究
销售热线	0551-63533761	凡本社图书出现印装质量问题，请与印制科联系。
官方直营书店（https://hsss.tmall.com）		联系电话　0551—63533725

序一

弘扬嘉庚精神 坚守报国之志

先祖父陈嘉庚先生爱国爱乡、倾资兴学的崇高精神，深得国人爱戴。毛泽东主席特题词赞扬他是"华侨旗帜，民族光辉"。这在千万华侨中是第一人。他是杰出的华侨实业家、教育事业家和社会活动家，以其高尚品德和民族气节享誉海内外。2009年当选"100位为新中国成立作出突出贡献的英雄模范人物"。2019年9月25日，又被授予"最美奋斗者"称号。

习近平总书记在他诞辰140周年之际，给集美校友总会回信中说："他（陈嘉庚）爱国兴学，投身救亡斗争，推动华侨团结，争取民族解放，是侨界的一代领袖和楷模。他艰苦创业、自强不息的精神，以国家为重、以民族为重的品格，关心祖国建设、倾心教育事业的诚心，永远值得学习。"他希望广大华侨华人弘扬"嘉庚精神"，深怀爱国之情，坚守报国之志，同祖国人民一道不懈奋斗，共圆民族复兴之梦。

陈嘉庚因贫困而下南洋，靠奋斗而崛起。他在海内外倡办118所学校，其中厦门大学、集美学校举世闻名；他善恶分明，把毕生财富和智慧无私地贡献给祖国；他动员南洋千万华侨全力支援祖国的抗日战争，被誉为"华侨旗帜，民族光辉"。

他的一生，集中体现了海外侨胞身在异乡、心系故土，爱国爱乡，支持祖国革命和建设的伟大精神。以"忠公、诚毅、勤俭、创新"为核心的"嘉庚精神"是其一生形成崇高精神和高贵品质的统称。他一生所奉行的注重实业、爱乡爱国、兴学、服务社会等理念，至今影响深远，一大批华人华侨以他为榜样，捐资兴学、助学、蔚然成风。

非常高兴读到陈满意编著的这本书，本书的一大亮点是搜集和整理了诸多淹没在浩瀚书海中的史料。这些文章大都出自文化界、教育界名人、名家之手，是在特殊历史背景下写就的，是一种很具有时代烙印的历史文存，难得一见，具有很强的可读性和史料价值。有些文章也是我第一次读到。这些文章星散四处，能搜集到一起，其中的辛劳勤苦似可想见。本书多维度、立体化地展现了陈嘉庚先生的形象，让读者更能详细了解、感受到陈嘉庚先生的人格魅力和精神力量。每篇文章之后还有作者的小传，陈满意尽量挖掘出作者与陈嘉庚之间的关系，读来同样精彩。

透过这些文字，仿佛能看到陈嘉庚为了抗日战争的胜利、为了民族解放事业而奔走的匆忙背影，能感受到他为了企业、学校的发展含辛茹苦、殚精竭虑的无怨付出，能感受到他对新中国成立而欢欣鼓舞、心潮澎湃，也能感受到他待人至诚、自强不息的品质。

陈满意在工作之余广征报纸、杂志及相关史料，梳理排比，正旧说之误，补前贤未及。这些文章、史料出之有处，考之有据，让人读之有味，知之有识，思之有理。这本书为相关的研究提供了极其宝贵的可供参考、借鉴、学习的资料，有功于学术，对陈嘉庚研究助力尤多。

是为序！

陈嘉庚长孙　陈立人

序二

———

永恒的雕像

捧读这本《名人笔下的陈嘉庚》，一座座风雨中的雕像如在眼前。20多年前，为了寻访陈嘉庚先生的足迹，我曾经专程前往新加坡和马来西亚，采访了多位东南亚侨领和陈嘉庚先生的亲属，也采访了多位与陈嘉庚先生有交集的海内外人士。最深刻的感受就是无论过去多少年，陈嘉庚先生在所有人的心目中，都是一座永恒的雕像。

《名人笔下的陈嘉庚》一书筛选了49篇写陈嘉庚先生的文章，作者大都是与陈嘉庚先生有过亲密接触的名人、名家。他们从不同的角度观察陈嘉庚、了解陈嘉庚，感受陈嘉庚的人格魅力，并诉诸笔端，让陈嘉庚的形象更加丰满、立体。本书具有难得的史料价值，为研究者提供了宝贵的资料，也为景仰陈嘉庚的人们提供了一个很好的精神读本。

这些文章大都是亲眼见证者的回忆，他们笔下关于陈嘉庚的点滴记忆都弥足珍贵，正是透过这些满怀真情的文字，让我们看到了一个真实的陈嘉庚，读懂了陈嘉庚精神是如何铸就的。

陈嘉庚先生经历了晚清、民国、新中国，在风雨如晦的旧中国，作为一名海外的实业家，他最希望的就是能看见自己所深爱的祖国能够繁荣富强，所有的中国人都能昂首挺胸。他倾其所有在海内外捐资兴学，就是希望通过教育改变人心，通过人心改变世道。

陈嘉庚先生是伟大的企业家，但他做了许多企业家都做不到的事情，那就是将他几乎所有的财富都奉献给社会。他的破产并非经营不善，一方面是由于20世纪20年代末席卷世界的经济危机，另一方面是因为他的许多爱国举动让日本军国主义者和英国殖民当局都将他视为一个威胁。日本和英国当局都动用了国家力量来阻止他的发展，他的破产几乎无法避免，但他宁可卖掉大厦也要续办厦大的豪言掷地有声，至今仍让许多人感佩不已。

值得一提的是，陈嘉庚先生的声望在他的企业失败之后达到了顶点，因为陈嘉庚先生不仅是一位著名的企业家和教育家，他还是一位以毕生之力投身于进步事业的伟大的爱国者。他是南洋最早起来号召人们抵制日本帝国主义扩张野心的爱国侨领之一，也是日本人制造"济南惨案"后率先在新加坡发起筹赈会，持续为惨死同胞发声抗争的海外侨领。

"济南惨案"发生的时间是1928年，陈嘉庚先生在那时起就对日本帝国主义的侵华野心洞若观火，号召国人奋起抗争。

从"九一八"到"七七事变"，陈嘉庚先生虽然身处海外，但他始终站在中国人民抗日斗争的最前列，为中国人民的抗日斗争奔走呼号，也因此被南洋各国侨团一致推举为南侨总会主席，为抗战募集了大量资金，还动员了3000多名华侨机工直接投身于抗战。

陈嘉庚先生是最早起来反对汪精卫投降主义论调的海外侨领。1938年，他发给国民参政会的"敌未退出国土前，公务员谈和平便是汉奸国贼"提案，被邹韬奋称之为"古今中外最伟大的提案"。

1940年，中国人民抗日战争进入一段最艰苦的岁月。陈嘉庚先生不顾67岁高龄，毅然率领南侨慰劳团回国慰问抗日军民。一路舟车劳顿，行程数万里，极大鼓舞了抗日军民的斗志。

对陈嘉庚先生来说，这次回国慰问最大的收获就是他的延安之行。此行让他对中国共产党和毛泽东有了深入的了解，并预言"中国的希望在延安"。

这样一位伟大的民族英雄自然让日本军国主义者恨之入骨，日军占领新加坡第一个要抓捕的对象就是陈嘉庚先生。他当时随身携带毒药，下定了宁死不降、舍身成仁的决心。所幸在多位厦大和集美校友的掩护下，陈嘉庚先生避居印尼爪哇，未遭劫难。抗战胜利后，得知陈嘉庚先生安然无恙，重庆各届自发集会庆祝。"华侨旗帜，民族光辉"，就是毛泽东在这时候给他的崇高评价。

这本《名人笔下的陈嘉庚》之所以值得一读，还在于其中的文章不仅回忆了陈嘉庚先生经历的大事件，也记录了陈嘉庚先生在平时生活中的许多小细节。

南侨知名人士洪丝丝是陈嘉庚先生挚友，跟随陈氏多年。他认为："陈嘉庚一生所得金钱几乎全部用在爱国事业，其中绝大部分用在教育方面。"这些钱"如果当时买了黄金，估计现在当等于一亿美元左右"。"金钱如肥料，散播才有用"则是陈嘉庚先生对金钱的看法。

陈嘉庚先生自己的生活是很节俭的，尤其是晚年。他的用财之道遵循"取诸社会用诸社会"的原则。他时常对友人说："我的金钱取诸社会，亦当用诸社会"，"财自我辛苦得来，亦当由我慷慨捐出"。

"自奉节俭，一心为公"也是他的原则。他说："今日中国贫困极矣，吾既为中国人，则种种举动应以节俭为本。"他还说："人生在世，不要只为个人的生活打算，而要为国家民族奋斗。"总之，陈嘉庚先生用钱的最重要原则，是处处为国家为社会着想，而不为个人和子孙打算，充分体现其为人处世的高尚品德。

陈嘉庚先生的一生是爱国爱家、忠实诚信、大公无私的一生。其一生以国家为重、以民族为重。他创办和倡办了118所学校，哺育了一代又一代的学子，他们都已经深深地烙上"嘉庚"印记，植入了"诚毅"基因。

2019年，为纪念新加坡开埠200年，新加坡发行了面值20元的新币，陈嘉庚先生的头像也被印在了这张新币上。这说明"嘉庚精神"超越时代、薪火相传。陈嘉庚先生留下的宝贵物质财富和精神财富，历久弥新，影响着一代又一代的青年人，成为厦门这座城市精神的重要组成部分，也为城市建设发展注入不竭的精神动力。

我曾经与集美校友会合作，拍摄过关于陈嘉庚先生的纪录片《民族之光》，几年前还写过一本关于陈嘉庚先生的人物传记《第一公民：陈嘉庚传》。陈满意老师编著的这本书中的一些名人，如陈村牧、梁披云、赵家欣，我都采访过，因此读来更多了几分亲切。

这部《名人笔下的陈嘉庚》有助于读者从多层次、多维度熟悉陈嘉庚、了解陈嘉庚，感受陈嘉庚先生的精神内涵与人格丰采。

矗立在读者心中的雕像才是永恒的。

弘扬"嘉庚精神"，我们太需要这样一本书了！

全国政协委员
中央电视台国家一级编导　夏蒙
中国纪录片学会副会长

目录

001 | 陈嘉庚毁家兴学记（1919年） 　　　　　　　　　黄炎培

009 | 陈嘉庚君的事业（1919年） 　　　　　　　　　　吴涵真

014 | 陈嘉庚先生的思想（1921年） 　　　　　　　　　徐益棠

019 | 陈嘉庚先生提倡教育之目的（1929年） 　　　　　林文庆

024 | 陈嘉庚先生与本校（厦门大学）（1930年） 　　　林文庆

028 | 陈嘉庚轶事（1930年） 　　　　　　　　　　　　黄寄萍

032 | 陈校董之教育事业（1931年） 　　　　　　　　　杜佐周

037 | 陈嘉庚公司清理与中南经济文化的影响（1934年） 黄寄萍

042 | 爱国侨胞陈嘉庚先生（1937年） 　　　　　　　　郑子瑜

050 | 从纪念校庆谈到陈嘉庚先生的兴学精神（1937年）茅乐楠

059 | 陈嘉庚、侯西反及南洋侨胞救国运动（1940年） 　潘　朗

068 | 陈嘉庚先生印象记（1940年） 　　　　　　　　　范长江

078 | 陈嘉庚先生的人格（1940年） 　　　　　　　　　郑贞文

083	热烈欢迎南侨回国慰劳团（1940年）	邹韬奋
088	陈嘉庚先生印象记（节录）（1940年）	王揆生
093	记陈嘉庚先生在祖国（1940年）	高云览
113	陈嘉庚先生莅汀欢迎词（1940年）	萨本栋
120	送陈嘉庚先生序（1940年）	包树棠
124	陈嘉庚先生对祖国的影响（1940年）	高仲约
132	南侨领袖陈嘉庚（1941年）	高仲约
139	陈嘉庚先生传（1944年）	魏应麒
180	陈嘉庚先生的生平（1944年）	叶道渊
185	怀念陈嘉庚先生（1944年）	蔡力行
191	五言一百韵寿陈嘉庚先生七十（1945年）	潘国渠
198	庆祝陈嘉庚先生安全回到新加坡歌（1945年）	陶行知
203	陈嘉庚与华莱斯（1946年）	胡愈之

208	鲁迅与陈嘉庚（1946年）	胡愈之
212	陈嘉庚（1946年）	徐　盈
222	陈嘉庚的廿四小时（1946年）	潘国渠
224	陈嘉庚论（1946年）	高友庆
237	陈嘉庚先生在星洲（1946年）	赵家欣
245	校庆日敬念陈嘉庚先生（1948年）	虞　愚
250	送陈嘉庚先生回国（1949年）	洪丝丝
255	从陈嘉庚谈到华侨投资祖国（1949年）	吴　明
267	我所敬佩的陈嘉庚先生（1961年）	黄炎培
272	纪念爱国老人陈嘉庚先生（1961年）	蔡廷锴
277	悼念陈嘉庚先生（1961年）	胡愈之
282	追忆陈嘉庚先生（1961年）	许德珩
287	悼念陈嘉庚先生（1961年）	王亚南

292	陈嘉庚先生与厦门大学（1961年）	王亚南
300	值得钦佩的陈嘉庚先生（1961年）	张国基
306	陈嘉庚先生办学精神永垂不朽（1961年）	陈村牧
314	悼念陈嘉庚先生（1961年）	庄明理
328	悼陈嘉庚先生（1961年）	张楚琨
334	忆陈嘉庚（1961年）	曹聚仁
339	卓越的建筑家——陈嘉庚先生（1983年）	陈从周
343	追寻陈嘉庚回国劳军杂忆（1984年）	梁披云
350	在陈嘉庚先生墓前的沉思（1990年）	张　锲
357	我所认识的陈嘉庚（1994年）	卢嘉锡

| 367 | 后记 | 陈满意 |

陈嘉庚毁家兴学记

黄炎培

教育家、实业家、民主同盟发起人之一

黄炎培

　　民国六年（1917）夏，余游新加坡林氏山庄，众中见一人，态严正而静默，主人林君义顺进而为之介曰："此陈君嘉庚也。"相与握手作礼，时诸宾方杂遝为林母寿，未获与谈。既归，陈君因贾君丰臻斥万金助中华职业教育社，由是书简往还，殆无虚月。时陈君已于其故里福建同安县集美乡创建集美学校，有小学，有师范学，有中学，别于新加坡集侨商公建一华侨中学。陈君总其成，而以众意诿余物色校长。八年（1919）春，偕校长涂君开舆往，倾谈累日。新加坡已喧传陈君有毁家兴学之举。乃者陈君复以物色集美校长事诿余。以七月偕陆君规亮赴闽，获亲观其所建之学校，识其生平，并确悉其毁家兴学之实况，则不敢不亟亟焉介绍其人与事于吾全国焉。

　　集美乡与厦门隔海湾，相去可二十里。厦门为岛，集美恰当大陆尽处，土人实呼"尽尾"，后乃文之曰"集美"，一曰"浔尾"。西临浔江，东瞰金门岛，其南隔海，云山万叠，厦门隐约可辨。三面皆水，惟北枕天马山，地故为山水绝胜处。

全乡五百家，皆陈姓。可耕之地不丰，则往海外贸易，留者多业捕蚝。邻有内头村者，全村往南洋，存者仅两户耳。陈君父经商新加坡，晚岁失利。君年既长，尽以先人所遗月入数百元之厦门产业让给异母弟，而自往南洋，独立营商，为新加坡种橡之先觉。十余年前，稍稍有获，悉返先人逋负，信用大著。清之末，国政不纲家被官吏欺，君乃剪发不欲返故里。共和改建，始欣然归，谋所以自效。

民国一年（1912），君议于本乡创一集美小学，乡人百计尼之，仅得一低洼地，乃高筑以建校舍。既开办，感小学教师之缺乏，不惟本乡然也，则续办师范及中学。今者黉舍嵯峨，高矗海际，跨石为桥，建塔蓄水，有自设之电灯，照耀通野，寝食庖湢习礼之堂，晴雨练身之场咸备，其制浑坚而闳敞。初不屑屑计经济，耗金二十万元，视全部计划未及半也。濒海有高岗，郑成功故垒在焉。残垣数丈，累石为门，有井曰国姓井，成功凿以饮军士者。井不深，离海数十武，而水味淡，以成功赐国姓，故名。其旁榕荫纷披，君议于其地立校舍移小学焉。村之北议就高阜建舍以移女学。今已立者，师范及中学有学生二百余，新生百余，小学校学生二百余，女学校学生九十余，蒙养园儿童百，又有夜学校、通俗图书馆，岁费数万金。更以数千金资助同安县属男女小学。陈君则就校设办事处，析为师范部、中学部、小学部、女学部、蒙养园部、通俗教育部、同安女学部、教育补助部，部各聘校长或主任主之。君以今夏归，将长住故乡，尽义务，而以君同母弟敬贤往南洋，兄弟故共产。君居南时，校事则敬贤商承君命为之也。

君之捐充集美基金，究有几何？依七月十三日在厦门浮屿集众宣布，分两项如次：

甲、新加坡店屋货栈基地面积二十万方尺，月收租金万元。又价值同等之地三十万方尺，甫在建筑，按三年完工。尚余百万方尺，价值稍次，俟数年后再作计算。

乙、橡树园七千英亩，至本年春全栽毕。栽最久者八年，余为七年以下及近月着手者。不欲急于取利，拟待足八年方采液。现已采者可五百亩，月收百余担，实利六七千元。

以上不动产，陈君在南洋时决定捐充集美学校永远基业，其预立遗嘱变更簿记各手续，均料理完毕。遗嘱之要件，为异日托新加坡中华总商会及公立道南学校董事代理收款。盖英政府条例，私人遗产，无永远承继权，惟公益善举有之。此皆陈君演词中语也。

就上两项计，甫建筑之屋产，以已建筑者为例；已栽未采液之橡园，以已采者为例，将来全部经营告竣，苟依现时市况，无有增减，岁入在百万元以上。盖君之不动产尽此矣。

君则以现办师范中学为未足也，更集众宣言筹办厦门大学附设高等师范学校，其亲笔所撰之通告如下：

专制之积弊未除，共和之建设未备，国民之教育未遍，地方之实业未兴，此四者欲望其各臻完善，非有高等教育专门学识，不足以躐等而达。吾闽僻处海隅，地瘠民贫，莘莘学子，难造高深者，良以远方留学，则费重维艰；省内兴办，而政府难期。长此以往，吾民岂有自由幸福之日耶？且门户洞开，强邻环伺，存亡绝续，迫于眉睫。吾人若复袖手旁观，放弃责任，后患奚堪设想？鄙人久客南洋，志怀祖国，希图报效，已非一日。不揣冒昧，拟倡办大学校，并附设高等师范于厦门。行装甫卸，躬亲遍勘各处地点，以演武场为最适宜。惟该地为政府公产，敬征求众意，具请本省行政长官，准给该地为校址，以便实行。谨订七月十三日下午三点钟假座浮屿陈氏宗祠，开特别大会，报告筹办详情。（下略）

其所宣布之大学计划，以厦门演武亭一带，空气新鲜，交通利便，地广数千亩，足备后日扩张。另就相当地点，购民田为实习工厂、农场之用。自民国九年（1920）起，五年内认捐开办费一百万元，开校后认捐常年费二十五年，每年一十二万元，合开办费共四百万元。惟是高等教育机关，须筹有数十万或百万元之岁费，与千万元之基金，收容生徒数千名，方达此目的。而个人之力有限，惟望海内外同志共负责任。将来大学生不分省界，高等师范规定闽省若干名，他省若干名，此其大略也。最慷慨激切语，则云："财由我辛苦得来，亦当由我慷慨捐去。公益义务，苟用吾财，令子贤孙，何须凭借。

厦门大学局部图

我汉族优秀性质，不让东西洋，故到处营业，辄能立志竞争。惟但知竞争权利，而不知竞争义务，群德不进，奴隶由人，故国弱而民贫。古语有之：栋折榱崩，侨将压焉。未敢视同秦越而不早为之所。"末更有极沉痛语："嗟嗟！我国不竞，强邻生心，而最痛巨创深，莫吾闽若。试观吾闽左臂，二十年前已断送矣，野心家得陇望蜀，俟隙而动，若不早自猛省，后悔何及！诚能抱定宗旨进行，彼野心家能剜吾之肉，而不能伤吾之生，能断吾之臂，而不能得吾之心。民心未死，国脉尚存，以四万万民族，决无甘居人下之理。今日不达，尚有来日，及身不达，尚有子孙。"壮哉！余语闽商某："诸君聆此言谓何？"答曰："苟不惟陈君是助者非人也。"

余一至厦，君亟亟导观演武亭地，语余曰："吾之归自南洋，晨七时至，八时即来观。今君晨七时至，亦亟亟以八时导君观，知君必急吾之急，亦乐吾之乐也。"演武亭地背山面海，南太武峰隔海为屏，其东波涛浩淼，一白无际，估舶之南北往来，必取此道。三年而后，过闽海者，遥瞩山坡上下，栋宇巍峨，弦歌之声，与海潮相答。其南则有菲立（律）宾大学，各以共和之新精神，互吸吐其文化，鼓荡其自由，合力以矫变东方一部分惨酷凶暴之空气。其君之微志也欤！

记者曰：曩岁戊申，尝为文以记杨斯盛毁家兴学矣！二君者，家之丰啬不同，其毁于学一也，而陈君年方壮，异时所效且无限，若夫二君之性行，盖有绝相类者。心力强毅而锐敏，不苟言笑，利害烛于几先，计划定于俄顷，临事不惊，功成不居，严于处物，而宽于处人。三五年来所见海内外成功家，大率类是。意者吾华民族之特性在是欤？然化于异族而不自爱其国，狃于私利而专以肥其身，亦间有之。吾游集美乡，观陈君之所居，入门而圭窦其形，循墙而伛偻其容，盖犹是先人之敝庐，未尝加一椽覆一瓦，其不私也如此。新加坡美人欲立大学，谋于君，君慨捐十万金，而要以设华文科，凡华人入学者，至少读华文二年。约既定，更为募集数十万。君之散财，非为名高，非为情感，盖卓然有主旨如此。今君方为大学故，嘤鸣以求友声，吾信国人闻君之风者，必且与闽商某君有同感也，故乐为文以介。宁敢拂君志而暴君之行，以为名哉！

民国八年（1919）七月三十日厦门至上海舟次，黄炎培

原文载于1919年6月出版的第1卷第5期《新教育》，是在黄炎培受陈嘉庚先生邀请，到集美学校参观后所写，先后在1919年的《东方杂志》《新教育》《教育丛刊》《北京高师教育丛刊》等报刊上刊发，在海内外引起极大的反响，从此陈嘉庚先生"毁家兴学"的义举广为人知

作者小传

黄炎培（1878—1965），号楚南，字任之，笔名抱一，江苏省川沙县（今上海市浦东新区）人。中国教育家、实业家、政治家，中国民主同盟主要发起人之一。他以毕生精力奉献于中国的职业教育事业，为改革脱离社会生活和生产的传统教育、建设中国的职业教育作出过重要贡献。

1917年6月，黄炎培到南洋各地考察，在新加坡与陈嘉庚晤面，两人一见如故，相谈甚欢。其实，两人已经通信多年，但这是两人的第一次见面。1913年，陈嘉庚倡议创办新加坡华文中学，并被公推为"新加坡南洋华侨中学校"董事会的总理，筹集经费、购买校舍并发布招生广告。经林义顺介绍，陈嘉庚函托在上海的江苏省教育会副会长黄炎培代聘校长和教员，从此有了交往。

陈嘉庚对黄炎培提倡的职业教育非常赞成，并表示给予大力支持，决定从当年起，每年向中华职业教育社捐赠一千大洋，连续捐赠五年。此外还向中华职业学校捐赠了一万元，支持学校发展。这次访谈，使黄炎培体验到陈嘉庚对教育的无比热情和慷慨捐输的无私精神，从此建立了相知相助的友情。黄炎培写道："由是书简往返，殆无虚月。"

1919年7月，黄炎培应陈嘉庚函约，带着他的学友陆规亮来校商谈校务，告知校长未聘到，教师仅聘定二人，陈嘉庚十分着急，但热情款待黄、陆二人，又亲自带二人参观集美学校和正在厦门演武场建造校舍的厦门大学。陆规亮原本是要做校长的，可是来校不到一月，竟因思念远方老母，寝食难安，辞职而去。黄炎培感到非常对不起陈嘉庚，连连表示歉意，又改荐一位叫池尚同的为校长。

1919年8月7日，《申报》刊登了一则消息：《南方将有私立大学》。报道是在中华职业教育社主任黄炎培返回上海的两天后刊发的。从报道中可以得知，当时的集美"与厦门相隔一海湾，形势三面皆水，惟北枕天马山，山水绝胜"。当时的集美学校"校舍均新建筑，非常宏敞"。"今有学生数，师范、中学二百余人，小学二百人，女校九十余人，蒙养园百人。此外附设夜学校、通俗图书馆，应有尽有"。当时，"工程仅及其半，耗金已及二十万元"，可知集美学校的建设投入巨大。

黄炎培还称赞说："陈君自奉甚俭，观其居处犹是先人之敝庐，未尝稍事盛饰，其不私也如此。而其毁家兴学，见义勇为也如彼。如陈君者，洵中国特出之人物也。"

1961年8月12日，陈嘉庚去世后，黄炎培先生异常悲痛，作一诗志哀：
民族工商信有之，投资千万绝无私。
毁家集美尊陈叟，寻到源头马克思。

陈嘉庚君的事业

吴涵真

著名教育家、爱国志士、黄兴的女婿

第五号《新教育》载有黄炎培先生做的一篇文章，题目叫作《陈嘉庚毁家兴学记》，我见了这个题目，觉得很稀奇，所以把它拿来详阅一翻。阅毕之后，我联想到陈嘉庚君这个人，实在能够树立，能够觉悟，可算是我们中国的第一流人了。他所做的事业，对于国家和社会，都有极大的利益，所以我把它节录下来，给大家看看：

陈嘉庚君是福建省同安县集美乡人。他当壮年时候，就将先人遗下来的产业（每月有了数百元的进款），尽数让给异母弟，自己往南洋新加坡地方，独立营业，种植橡树。经过数年之久，他靠着劳力的结果，渐渐积有金钱，成个殷实的人家。只因那时清末，国政非常腐败，官吏横暴得很，他的家中，常被那些官吏欺侮，所以他就剪去发辫，侨居南洋没有回来。

辛亥那年，革命成功，民国建立，他就兴高采烈的跑回来了。当初在他的本乡——集美乡创办一个集美小学。后来觉得师材缺乏，继续创办师范和中学。到了如今，不过八年，有

集美小学早期照片

了师范生三百余人，小学生二百余人，女学校学生九十余人，童养园的儿童百余人，并设有夜学校和通俗图书馆，每年需要万余金，更以数千金补助同安县的男女小学校。每年办理这些教育事业的经费，陈君指定永久的基金，把他南洋新加坡的店屋货栈所有的租金，和橡树园所有的出产品，一概提充这项经费，合算起来，每年总有百万元以上的进款。

现在他还在那里提倡创办厦门大学，附属高等师范学校。从民国九年（1920）起，五年内，认捐开办费洋百万元，开校以后，认捐常年费洋十二万元，但以二十五年为限。据说他所有的财产，大概尽于此矣。

陈嘉庚君的事业，我写到这里，已告结束了。据我看来，陈君做了这些事业，实在给我们两种教训：

一、个人的本能不可埋没。凡是一个人，都要发展个人的本能，做些人生的事业，才不至辜负一世。倘若靠着祖宗传下来的产业，有了衣食住的供给，就因循苟安，不肯劳心劳力，去干些事体，把自己天赋的本能，埋没了干干净净。这种人，对于自己，便是白白度了一生，对于社会，便是一个残废物，也可说是蠹害虫。陈嘉庚君不肯安享先人的遗产，远涉外洋，自谋生计，就是知道发展个人的本能，争个人格上的光荣，实可钦佩的很！我们一般青年，都应该修养这种独立的精神和奋斗的毅力，个人来创造事业，促进人类的幸福。

二、金钱要用的适当。我看国内情形，大多数有钱的人，席丰履厚，时常拿着金钱来，作恶造孽，弄到社会不安，姑就不要说他了。就是有些懂理的富翁，勤俭自持，不肯拿金钱来浪用，但情愿辅助亲戚，周济朋友，以及救恤贫民，做些慈善的事业，似乎乐善好施，没有什么坏处可说。但是这种行为，或救他人一时的急难，或解他人顷刻的灾祸，对于人类全体，实在没有一点好处。并且拿了金钱，一味做些消极的慈善事业，实足以引起人类的惰性，增长人类的依赖心，使社会的分子，日见堕落，不特没有好处，还是遗祸于社会。陈嘉庚君能够将所有的金钱，慷慨输出，办理教育事业，这种贡献是积极的、普遍的，而且永久的。他的本乡本县固然受到他的恩惠，全省全国也无形中沾得他的利益。现在的人固当感谢他的厚赐，将来的人，也不忘记他的勋劳。岂不是一种不朽的事业吗？

| 原文载于1919年11月15日出版的《光明》杂志（1919年第2期）

此文发表时署名"涵真",涵真即吴涵真,浙江绍兴人,黄兴的女婿,民国时期大众教育的实践者、教育家、爱国志士,陶行知的故友。吴涵真热心教育事业,曾是黄炎培创办的中华职业教育社的同人,两人私交甚厚。

吴涵真曾编辑出版过《叱咤风云》《苦口集》等进步书籍。抗战前在香港创办儿童书局、儿童书院等。1938年,陶行知在香港九龙山东街儿童书院内创办了中华业余学校,担任校董事长,副董事长是沈雁冰(茅盾),校长是吴涵真,主任是方与严。这是一间夜校,学校专科性、职业性、业余性相结合,分文学、新闻、国际政治与经济、无线电、汽车维修与驾驶等专业,半年为一期,因抗战而躲避在香港的诸多文人担任教师,如胡愈之、夏衍、欧阳予倩、萨空了、金仲华、楼适夷、林焕平、梁若尘等,为抗战培养了不少人才。

香港沦陷后,吴涵真偕夫人、儿子平安回到了桂林。他和千家驹一家同住在六合路的一座竹织批灰的房子里。房子很小,中间一个客厅,两边各有一个厢房,吴、千两家各住一间。当时从香港脱险而来的何香凝、梁漱溟等都住在附近,吴涵真和他们常有来往。这时,廖承志和新四军军长叶挺也被关在桂林。何香凝女士曾赴重庆会见蒋介石,晓以大义,要求释放她的儿子廖承志及叶军长。廖、叶极不公平的遭遇,也激起吴涵真的义愤,他毅然写信给国民党诸要公,呼吁释放叶挺和廖承志。

香港沦陷后大批文人撤回桂林,李济深关心这批人的生活和工作,曾同吴涵真商量,打电报给蒋介石请拨款项在桂林设立研究机关,收容这批人从事研究工作,蒋介石置之不理。每年中秋节和春节,李济深都送一点钱给他们过节。这个名单,都是吴涵真起草的。为了不漏一人,这份名单他同千家驹、林焕平等商量过后才送给李济深。

根据林焕平《爱国志士吴涵真》一文的记载,吴涵真在1948年去世。

陈嘉庚先生的思想

徐益棠

中国当代民族学家

徐益棠

陈嘉庚先生到底是怎样一个人，我们多少总有些知道。我本来想替他做篇小传，刊在这里，但是我对于他的事迹，不大清楚，所以不敢造次。我想还是把他的思想写出来，做他的人格的代表吧。

（一）国家是我的一份子。朱进之先生说过："寻常人拿自己当国家的一份子，我却以为国家是我的一份子。"陈先生确有这种态度。他说：

国家存在，而后国民之幸福乃有可言。

数十年身家性命之利害得失，举不足撄吾念虑。独于兴学一事，不惜牺牲金钱殚竭心力为之……盖亦爱国热诚所迫而出此也。

（二）教育是救国的根本计划。这句话个个人能够知道的，但是陈先生的话，说得更加恳切动人，他说：

吾人欲竞存于世界，尔求免于天然之淘汰。非兴教育与实业不为功……然就进化之程序言之，则必先兴教育而后实业有可措手……自非振兴教育,急起直追,难逃天演之淘汰。

（三）学术与世纪进化,这个思想,比前面说的深得多了。他说：

世治日昌,端赖学术。

（四）反对把财产传给子孙。我们从他的慷慨输财热心公益这件事看来,已经不言而喻了。他说：

专为子孙做牛马,而子孙之教育绝不顾及。

鄙人在南洋时,曾将所有不动产,慨捐为集美学校永远基金。

（五）崇俭大富翁而能说这种话,实在是很难得的,所以我特地把他记出来。他说：

曩者联一姻,所费不大。今则富人因动费数千金,即贫人亦非数百金不可。

（六）劳资问题。他虽是一个资本家,但是很不满意于一般资本家鱼肉乡民。他说：

……始悟前者资本家之贷于吾者,以吾有田也。今吾之田,以为资本家之田矣……于是一乡之田,多为资本家之田,而一乡之人,多为资本家所困。

（七）国民当协助政府,这是他平生所抱的宗旨。他说：

政府之能力有限,国民苟不赞助,则曷克臻于治理。

（八）知行合一。这是他能办大事业的根本学问。我们应该模仿他的。他说：

鄙人虽钝,但知之必行。南洋侨民,口头上说办多少事,至今多未做成,而我亦侨民一份子,故不敢先言后行。

（九）不畏难。他给陈燮勋君的书里有两句话,说：

1938年，金陵大学西康社会考察团合影，右二为徐益棠

诵诸西人无难字之义，为毕生之正路。

（十）兴学是国民天职。他说：

……宁牺牲个人之私图，以尽国民之义务。

我即是共和国民一份子，以款兴学，实我的责任，我的天职。他居然拿兴学当作国民的义务、责任、天职，你想这思想何等透彻。

我很希望南洋的华侨、国内的富商，都能和陈先生一样。将来我们中国的大学，或者也可以和美国一样地发达。

原文载于1921年1月19日第448期《南京高等师范日刊》，此时徐益棠为该校学生

作者小传

　　徐益棠（1896—1953），浙江崇德县（今桐乡崇福镇）人，中国最早发起边疆研究的著名学者，中国民族学会的创始人，中国当代民族学家。

　　1925年，毕业于东南大学（原为南京高等师范）教育系。1928年，入法国巴黎大学民族学院研究院深造，师从有"20世纪法国民族学之父"之称的马塞尔·莫斯。1933年，徐益棠结束了在法国的学习生活，获得博士学位，回国到金陵大学中国文化研究所从事民族学研究，曾随金陵大学赴川藏等地考察。新中国成立后，曾任南京大学社会学系主任兼历史系教授等职。

徐益棠著《民族学大纲》封面图

　　据徐益棠的公子徐畅记载，"我家到祖父那一辈已家道中落，父亲上小学时曾两度失学，累计读了4年，自学一年后任崇德县立第二小学教员；中学读了4年，后由亲戚陈去病介绍去广州任非常国会参议院一等书记官。工作一年后考上东南大学。1925年，自东南大学教育系毕业后，任江苏第五师范乡村分校、河南开封第一师范学校国文教员，上海商务印书馆编辑。1928年，得徐蕴华、徐自华姑妈的借贷留学法国。"此二君即与秋瑾有刎颈之交、相互酬唱者。徐益棠的祖父徐宝谦，光绪庚辰进士，曾官安徽庐州知府；父徐多镠，国学生，自此徐氏家道中落。徐氏生于辛苦之时，然家学渊源，影响徐益棠至深。

　　据徐先生记载，1934年12月16日，国内的民族学者、社会学者及人类学者，由蔡元培、凌纯声、刘咸、徐益棠以及解剖学专家欧阳翥、神经学专家庐于道等发起，在南京中央大学中山院举行中国民族学会成立大会。1935年12月16日，该会在南京新街口国际饭店举行第一届年会，由徐益棠主席报告过去一年间之会务，会后徐益棠被选为学会七理事之一。

陈嘉庚先生提倡教育之目的

林文庆

著名教育家、厦门大学校长

林文庆

诚然，没有一个人由他自己的努力与才能获得偌大的成功与许多金钱之后，还能比集美学校与厦门大学之创办人陈嘉庚先生工作更辛苦的，他每天日出即起，但是日落了，他仍然为公众的利益而工作。

他为什么工作？他有几位儿子和许多经理、管事、助手及专家，然而这数百能干的青年男女和数千工人每天工作所赚的钱，一部分是供厦门大学费用的，而直接用脑力去指挥和运筹这个工作的，却是陈嘉庚先生。他总是沉静诚直而求实效，不喜欢别人对于他的行为加以赞美或宣扬。事情做好了，与他就是很圆满的报酬了，但我们受他益处的人，将他个人和他的行事坦白的说出来，这实在是我们对于他和社会应有的责任，尤其重要的，就是希望别人能以他为例而尽力于社会事业。

他为什么花心力赚来大部分的金钱办教育？因为他相信中国之贫弱与被人轻视，就由于多数人民在无知的黑暗中，在这种情形之下，所以迷信遗传与其他许多习性阻碍了国民的觉醒。

人民都是麻木不仁，对于世界上发生的大变动竟不能感受。因此，他相信孙中山先生所主张的革命工作是免不掉的。他是这革命运动的赞助人，当第一次国民政府成立于南京的时候，他就自问道："我现在应该做什么？"他于是决定于改造国家的事业上尽他一部分的责任。

  他因自认为一个素来信仰革命的人，所以他觉得他的责任是应该帮助这新生的民国，建立在一种稳固的基础上。在他看来，使他的祖国达到民主政治之惟一的道路，就是提高一般人民教育的程度，使他们从无知的深渊中得见光明。惟一的希望就在给他们知识之光，使他们可以认清一切，因为无教育，他们就一定满足于现状，纵使那些现状是腐败与有害的。

  陈嘉庚先生不以他对于教育的费用为慈惠品，他不希望他的义举有什么酬报。他所以这样做，仅因为他觉得这是他对于同胞应尽的责任，他只要使他的事业有圆满的效率，纵或致于借款亦所不辞。因此，集美与厦大从没有因为缺少费用而欠薪，如中国其他的许多学校一样。我们必须记住，陈嘉庚先生从没有让他的钱余积在那里的。从民国元年（1912）起，他所赚的钱都用在集美，至十年后就兼用于厦大了。他赚的千百万金钱，我们可由集美与厦大看见。所以星加坡（即新加坡）及若佛的大工厂，和几千亩的橡树园，都是为供给我们学校的费用而工作。

  在本校成立八周年纪念的今天，我以为我们实在应该感谢这辛勤的创办人，并应该决定把他的义举做我们的榜样，去作我们的一部分的有益于社会与人类的工作。这也就是陈先生办教育所希望的结果。

陈先生是一位实事求是的人，非常重视时间与金钱的价值，他并且相信由他所经营的事业可得良好的结果。他既希望从他的营业、他的树场与他的工厂里赚钱，他能不注意他的学校所造就出来的人物么？

　　经商应该赚钱，办教育就当造就好的公民。这就是集美与厦大希望获得的结果，藉副陈嘉庚先生之光荣的牺牲。假使集美与厦大使他失望了，那么，这错误就应归在教员与校长身上。全国人士对于我们的学生希望更切，我决定对于我的一部分工作尽完全责任，我总是尽力去做，我因为年岁渐老，精力渐衰，曾要求陈嘉庚先生准我辞职，但他不愿意让我去。因此，我要向全体教职员及学生申请，请他们凭良心尽他们的职责，不要使这位每天工作十二小时以供给我们费用的爱国志士失望，而能使集美、厦大造成许多学行优良的男女以挽救中国，并为全世界人类服务。我们的目的是要造成善良的公民，他们能实行古今中外的圣贤之遗教。于是中国人民可以安全的建设一个新国家，基于全体人民的意志，谋全民族的安全、幸福与昌荣，而且不仅为我们的民族，我们还应当尽我们的能力以改进全世界人类的命运！这涵有实现大同的真理，安性立命，范围全人类在一个团结之中。

| 原文载于1929年《厦大周刊》（厦门大学八周年纪念特刊）

林文庆（1869—1957），字梦琴，福建海澄县今龙海市人（今福建省厦门市海沧区鳌冠村人），清同治八年（1869）生于新加坡一华侨家庭，幼年父母双亡，由祖父抚养成人。先在福建会馆附设的学堂读"四书""五经"，又学英语，后升入新加坡莱佛士学院。1887年，因成绩优异，获英女皇奖学金，是获得该项奖学金的第一个中国人。毕业后，赴英国爱丁堡大学攻读医学，获内科学士和外科硕士，受聘剑桥大学研究病理学。

林文庆是个传奇式的历史人物，一生多姿多彩。他是一代名医，又是勇于开拓的企业家；是雄辩滔滔的立法议员，也是移风易俗的社会改革家和教育家；是忠实的新加坡国民，不知疲倦地为侨居地华人请命，又是赤诚的民族主义者，始终心系故国，支持中国的维新变法并投身孙中山领导的民主革命。他一生的成就是多方面的，在我国辛亥革命史上和新加坡华人史上，都留下了他的足迹。

他还引种巴西橡胶到南洋种植成功，橡胶园获得巨大收益，陈嘉庚就在他影响下经营橡胶园的，林文庆被陈嘉庚尊为"南洋橡胶之父"，他俩也就此结下不解之缘。1921年7月，52岁的林文庆接受陈嘉庚的聘请，辞掉一切职务，到厦门大学担任校长达16年。1934年，陈嘉庚经营的企业在世界经济危机的袭击下宣告破产，厦门大学也濒于关闭，林文庆毅然与陈嘉庚分忧，只身南渡，为大学筹募经费，共得20万元，使厦大渡过难关。其间，他还兼任鼓浪屿医院院长，为支持厦大，将他为人诊病所得、全年薪金以及夫人的私房钱献给厦大。1937年，厦大改为国立大学，林文庆返回新加坡。

1957年1月，林文庆在新加坡逝世，终年88岁。临终遗嘱将他五分之三的遗产和鼓浪屿的别墅故居捐献给厦门大学。2005年，厦门大学设立文庆亭，以纪念这位作出卓越贡献的校长。

1929年，厦大刊出的描绘林文庆辛勤办学的木刻

陈嘉庚先生与本校（厦门大学）

林文庆

著名教育家、厦门大学校长

"衣冠陈氏族，桃李薛公园"，元张翥咏嘉禾诗也。盖陈氏自唐季颍川先生，避乱嘉禾里，与薛令君裔对宇而居，燕翼贻谋，世载厥德，故时有"南陈北薛"之号，至宋犹然也。陈族蕃衍，有徙居于同安天马山之麓者；历祀八百，遂诞嘉庚先生。

先生幼秉聪颖，思潜识敏，早为里党所称。束发受书，四子五经，先后毕业；故其感受中土先民之熏炙者，尤深且厚。继承父命，随侍南洋，渐运其卓越之天才，以小试于陶猗之事业。时在土人未知橡树之利，先生独首为之，未及十年，渐积巨资。

然先生虽富而不自私也，其自奉之俭约也如故，其任事之坚苦也如故。而一遇公义之所急，则慷慨输将，虽千万无吝色。侨民亲之，数举先生为加岛中华商会会长及福建侨商保安会会长。

当孙总理奔走革命，屡困于资，常得先生之应援。辛亥之年，筹款助饷，先后达三十万元，政府褒奖有加，而先生则视为固有之分，不自矜也。

陈嘉庚（左一）、林文庆（右一）等视察建设中的厦大校舍

　　迨革命告成，总理在南京就临时总统之职时，先生尝自问曰："政治有清明之望矣，而匹夫之责将何如？"既而袁氏叛迹渐露，民国将危，先生适挈眷返国，与文庆同舟，论议时政，相顾唏嘘，因慨民智未开，则共和基础，终无由巩固，遂归里并设集美学校，是为先生发愿兴学之始。以积年之崇饰扩张，至今该校校舍之崔巍，设备之完善，经费之充裕，学风之蒸起，遂为全国之冠。

　　先生又慨于革命基础，终赖有高深学术；而夙昔之所致力者，仅及其功之半，未可任其中道而画也。至民国九年（1920）秋季，爰邀蔡孑民、余日章诸先生，集议沪上，谋以私人财力，并设一健全之大学。

　　先生既独任经费四百万元，又得闽省政府指拨厦门南普陀官地若干顷，而本校遂于时应运以产生。先生及介弟敬贤先生，俱任本校校董，见义而不辞也。

民国十年（1921），承电召文庆主持校务，亦义所不容辞者；奉职以来，勤劳自矢，莫敢遑息，冀有以对扬休命。迄于今日，本校同人之所努力者已可昭示于全国。虽时多懵懵，不少阻力，而得先生见任之专，辄不难迎刃而解，此则本校同人所引为欣幸者也。

九年中之经费，除少数同情与本校者之捐助，约共二十七万余元外，俱由先生独力任之。时至今日，计经先后支付者，已达三百万元，而先生尚源源接济而未有已也。

今者，先生为谋本校基金之巩固，与夫兴学愿力之久远计，特指定南洋厦集橡皮园及陈嘉庚公司之财产，拨充陈氏兴学基金，其属于本校者，仅占三分之一余。求之古今，实属罕见。

先生尚侨寓加岛，昕夕之勤劳，盖无一不为本校及其他教育事业而致力。然先生非有所为，亦非因此以为名高也。忆昔本校礼堂落成时，拟以先生介弟敬贤之名名之；先生闻之，以学校公器，不应自私，力持不可，遂定名为群贤楼。其耿介有如此者，则其致力于本校者，是何为乎？老子有言："为而不恃，功成而不居。"实惟先生足以当之！

先生之对于本校者，大略如此。想吾人稽德考功，应求无负先生者，约有二端：（一）先生之志，在以教育为革命之应援；则本校师生之所讲习者，应无悖于厥旨。（二）先生之心，非有所为；则同情于先生而努力于本校者，应豁然大公，以共负此国利救民之使命。

文庆不敏，于此数端，窃愿从诸贤之后，以求无负于先生。

| 原文载于1930年《厦大周刊》（厦门大学九周年纪念特刊）

陈嘉庚轶事

黄寄萍

著名记者、爱国报人

黄寄萍

　　南洋华侨陈嘉庚氏，为当代最热心敛积家财，亦不忍祖国教育事业之衰颓，而文化益落后，遂倡"教育救国"之说，愿斥私产，为祖国文化努力焉。余居厦数载，关于陈氏之言行，耳闻目击，知之甚稔，摭述一二，以实自由谈。

　　陈氏既报"教育救国"之决心，二十年来，未尝稍懈。今日名闻全国之集美学校、厦门大学即其理想中成功史之一页也。集美为幼稚院、小学、幼稚师范、男女中学、农、商、水产等八校集合体之总称。崇楼大厦，黉舍栉比，已成优美之学村。厦门大学内分文、理、教、法、商五学院，名流硕彦，荟集于此；设备建筑，俱臻上乘。综计该两校所费，已近千万。内只侨胞慨助三十余万耳。夫闽南华侨之拥巨资如陈嘉庚者，何止数十。其能慨解义囊，树百年大计者，陈氏一人而已。

　　或有询陈以办学之本旨者，则曰："平生素愿，别无希求，盖钱有我来，亦当有我去。"语重心长，深足玩味，年来树胶跌价，其所营事业，不如往昔之盛。目前每月盈余只十万，而

戈公振寄给黄寄萍夫妇的贺年片

提半数为两校常费，吁！可谓豪矣！忆当年厦大发生学潮，迁延不决，陈氏郑重表示曰："合则留，不合则去，焉用强求，厦大虽留一生一徒，亦当照常进行，绝不因此阻余办学之心志。"卒至一部分教授与学生自动离校，学潮平静，生徒锐减，而该校进行如故。

陈氏秉性慈祥，前年其星洲总厂之一部毁于火，失业工人千余，衣食不济。陈氏特准照常支薪，历四月始恢复，未尝有吝啬。其总厂各部工人逾五千，陈身任总理，而终年辛勤，无异工人，且自命为工头。每晨八时进厂，巡视各部，举凡机械之原理与运用，率皆谙熟。晚至六时始返寓，人谓其先工人入，后工人出，其不惮劳、不畏难之精神，殊堪敬佩也！

星洲一埠，陈氏所营实业至多，橡皮、糖果、药材、鞋帽，其尤著者，陈嘉庚公司遍设全球，计共四十八处云。

| 原文载于1930年3月31日《申报》（上海）

作者小传

　　黄寄萍（1905—1955），浙江海门三星镇人，著名记者、爱国报人，厦门大学校友。

　　1926年，入厦门大学学习，学习期间兼任厦门《江声报》记者，并为上海各报撰写厦门通讯。1929年，赴上海，任《申报》副刊编辑，成为《申报》名记者、名编辑。

　　1931年，随上海两江女子体育师范学校篮球队赴日本访问，并代表《申报》考察日本新闻事业。系新闻界泰斗戈公振在上海的主要助手，1932年10月参与了戈公振治丧事宜。

　　1936年4月5日，旅沪校友也成立了"上海厦门大学同学会"，选举游大涵、黄寄萍、沈雨儿为干事，主持会务。1938年，出版了他采访女杰后编纂的《新女性讲话》一书。一度兼中国近代最大百货公司之一的永安公司《永安月刊》实际负责人。

　　抗战期间因为经常发表抗日言论，被南京汪伪政府列入黑名单，遭到通缉。抗战胜利前创办《儿童生活》杂志，任社长。

　　中华人民共和国成立后在上海新闻图书馆任职，1955年因病去世。

　　中国人民大学新闻学院教授、博士生导师、中国新闻史学会名誉会长方汉奇，是黄寄萍的女婿。方汉奇主编的《中国新闻事业通史》与戈公振编著的《中国报学史》被公认为中国新闻史学研究史上的两座学术高峰。

陈校董之教育事业

杜佐周

著名教育家、心理学家

杜佐周

　　教育为国家的根本大计。人类幸福的进展，全视教育发达与否为依归。故个人之欲贡献于社会，其最有意义与最有价值的事业，莫如在教育方面多尽些义务，或多做些工作。西人颇能明识此意，近百年来，以私人的财力兴办教育者，实繁有人，例如牛津、剑桥、哈佛、耶鲁、芝加哥、斯坦福、哥伦比亚诸大学，均为私人所创办的。其成绩的优良，且远胜政府所办的大学。其造福于人类的地方，亦自然甚为宏大。但回顾国内的大学，多数为国家所经营，即有少数私立者，亦大都为私人团体所组织。至于个人创办的大学，一方面组织完备，具有西洋著名私立大学的精神；一方面成绩优良，能与国内著名国立大学并驾齐驱的，则惟有厦门大学一所而已。

　　厦门大学为陈嘉庚先生独力所创办、所维持。自民国十年（1921）成立以来，至今已有十个周年。这十年中的经费，除少数同情于本校者的捐助，约共二十七万余元外，概有陈先生一人负担。计先后所共支付者，已达三百余万元之多了。

陈先生的教育事业，不仅自创办大学始，即在民国元年（1912），光复的时候，已有解囊兴学的决心。当年先生适自南洋携眷回国，途遇本校现任校长林梦琴博士，相与谈论时事，深以国内民智未开为忧。归后，遂于民国二年（1913），创办集美学校于集美村，至今已有十九年的历史。现在自幼稚园而小学，自小学而初中，自初中而高中及水产、商业、农林等专校，无不备具。学生男女兼收，计共达两千四百余人。校舍宏大，设备完善，经费充裕，学风优厚，几可称为全国中小学中首屈一指的学校。

此外，尚闻陈先生每年捐助同安全县的初等教育经费五万元，以资改进故乡的教育。自民国二年（1913）以来，厦大、集美及同安三处之所共费，约已达千万元左右云云。今后尚源源接济，或未稍已。

最近，陈先生为谋各校基金的巩固起见，除了继续供给经常费用外，且特指定南洋厦集橡皮园及陈嘉庚公司的财产，拨充陈氏兴学基金。这种兴学的热忱和牺牲的精神，诚不特在国内为创举，即求之西洋，亦不可多见的。

就陈先生所创办学校的性质而言，自幼稚园至大学，已成一个完整的学校系统。就其教育事业的影响而言，则小学及于全县，中学及于全省，大学及于全国和全世界。利用个人的力量和努力而贡献于社会者，能如此其大而永久，则在精神上，实很足快慰的了。国内之富有财产者甚多，平日爱钱如命，不知公益为何物。生而徒求物质上的满足，死则不过嫁祸于子孙。这真是下愚的计划，其视陈嘉庚先生，能勿有愧于良心么？

以上我不过就陈先生兴学的表面事实而言，其实，陈先生兴学之难能可贵的地方，尚不在此，兹特提出下面三点，以补充我的意思：

一、普通之捐款兴学者，大都以财产的盈余，捐为教育事业的费用。或遗嘱死后拨其遗产的一部分，以为学校的基金。这种急公好义的精神，虽足以令人钦佩，但犹轻而易举。至于陈先生，则以艰辛营业之所获，尽量划为教育事业的费用。换言之，他朝夕勤劳，躬操力作，全为教育事业而奋斗的。此其难能可贵者一。

二、普通之捐款兴学者，大都不免为名誉心所驱使，但陈先生则不然。他沉静诚直，惟求实效，绝对不喜欢他人对于他的行为加以赞美。他以为尽力兴办教育事业，为任何国民对于社会或国家应有的责任，不足称誉。此其难能可贵者二。

三、普通之捐款兴学者，除为名誉外，尚往往有其他间接的作用。如利用办学，为营业上的宣传，或依赖学校为政治上的活动等，比比皆是。但陈先生办学的目的，纯为帮助国家，使能建立于稳定的基础；训练许多有希望的儿童与青年，成为良好的公民，将来可为世界人类服务。这种纯洁兴学的宗旨，实为世上所罕有的。此其难能可贵者三。

现在我既把陈嘉庚先生的教育事业，作以上简单的叙述，我很希望国内热心教育的人，看了陈先生的榜样，闻风兴起，多多资助教育事业的振兴。同时，并很希望本校同事诸先生一心一德，继续为教育界努力，以期不负陈先生的殷望。

| 原文载于1931年《厦大周刊》（厦门大学十周年纪念特刊）

杜佐周（1895—1974），著名心理学家、教育家，字纪堂，浙江东阳人，生于东阳县城西旧厅。幼年聪颖异常，好学不倦，6岁上学，8岁能文，乡里有神童之誉。奈家境清寒，学费无以为继，其父晚年多病，债务累累，告贷不易。在金华中学求学时，及知父亲病情恶化，奔回探省，父谓："汝非郎中，归来与余病无补，徒劳往返，荒废学业，可惜。"嘱速回校。杜氏泪别，益自奋励，金中毕业后返回东阳，拟会同窗筹办小学。正在踌躇之际，得友人告知，武昌高师来杭招生。由好友资助，翌晨即首途到杭应试。发榜之日杜氏名列第一，喜讯到家，久卧病床的老人，一跃而起，为之筹借川旅费，奔走设法仅借到4元。杜佐周奔走到二姑家又筹借了20元，但是还不够，他又赶到三姑家，三姑又卖了金银首饰为他凑了40元。在武昌高师，他以第一名的成绩毕业，回乡任教一年，后来参加全国留学生选拔考试，考生400多人，浙江仅仅去五人，杜佐周名列前茅。

当时的教育部长蔡元培爱其才，亲自召见，知杜佐周家境困窘，于是破格给予安家费用30元。1920年，赴美国爱荷华州立大学研读教育学，获硕士学位。1923年，获得该校哲学博士学位，学成归国，就任武汉大学文学院院长。1928年，受聘到厦门大学任教，前后长达8年之久，除专心教学外，埋头于译著，成书有16册之多。1944年，出任国立英士大学校长，致力提倡研究，扩充院系，为抗战建国培养人才。1949年后，先后历任大夏大学、光华大学、厦门大学、福建师范学院教授，南京师范学院教育心理系主任。

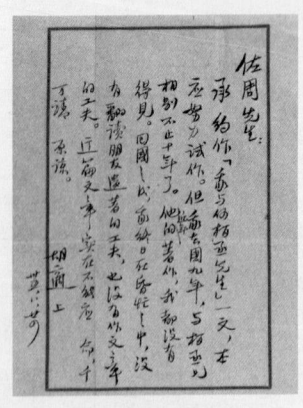

胡适致杜佐周信札

陈嘉庚公司清理与中南经济文化的影响

黄寄萍

著名记者、爱国报人

一

最近一个月间，华界发生两件非常之事变：一为暹罗政府无理枪杀、拘禁及驱逐无辜华侨；一即新加坡陈嘉庚公司树胶厂以营业失败宣告清理。前者又为我外交史上留下一大污点，而攸关国体，当另文申述，后者为华侨失却经济重心，并影响于中国文化事业，其性质之严重，毋待赘言。陈嘉庚氏为侨界一大企业家，亦一大慈善家，他所经营事业的伟大，在侨界，在国内，总可算是第一人。他创设公司的历史，远在二十年以前，在欧战时期，为他的营业全盛时代，总计所设各工厂职工便在一万五千人以上，欧美各国、南洋及国内各埠，都设分行或支店，制造的物品，不止一种，而最著者为橡皮鞋。所以提起陈嘉庚橡皮鞋来，更是谁个不知，哪个不晓。可是近几年来，世界经济不景气的狂潮，到处泛滥，各国都一样感到非常痛苦，陈嘉庚公司受了这种重大的打击，凭你手腕多么高妙，也不易打开这衰颓的局面，但我人总料不到一九三四年二月二十一日，偌大的公司，会自行收盘，而终止其光荣的历史！

1926年落成的集美学校崇俭楼

二

陈氏出身微寒，在南洋孤苦奋斗数十年，毕竟出人头地的干一番伟大的事业，其热心毅力，自为海内外人士所钦佩。本来在南洋各属华侨，拥资如陈氏者，何止数十，他们只想把家产传给子孙去挥霍，谁还想到创立有益于民族国家的事业，独陈氏抱负非凡，本其"钱由我来钱自我去"（按此为陈语）的主见，决心把家产创办教育，厦门大学、集美学校，便是他独资创办的学校。谈到这两个学校，凡曾去参观过的人，就可知道它内容的充实。但看那两校所用的经费，便能明了，厦门大学成立了十三年，开办费三百万元，年费三十万元，前后已费七百万元。集美学校为幼稚园、小学、中学、师范、商校、农校、水产专校等八九校的集团，在那集美村里，洋楼高耸，宛如星罗棋布，估计开办费，亦在三百万以上，二十年来，经常所费不下五百万，总计陈氏捐资兴学，前后在一千五百万元以上，国内虽不乏热心教育者，然如陈氏之慷慨解囊，耗了千数百万来办理教育的，可以说没有！

三

陈嘉庚公司清理以后，至少要发生三个严重的问题：（一）华侨职工六千人顿时失业，（二）南洋华侨生产事业失却重心，而影响及于中南经济问题；（三）陈氏主办的学校，经济来源断绝，前途暗淡。关于第一点，已引起各方深切注意，南洋各属侨界领袖及领事，设法救济，南京侨务委员会，亦已召开紧急会议，商讨救济办法，但恐一时难得妥善的结果。因为人数既多，安插甚难。他们当然都是有训练的熟习职工，国内既没有新办橡胶厂，也就没有出路，原有诸厂，又怎能安插如许许多的工人？况且他们还流落异邦，有家归不得，情景一定很凄惨。关于第二点，该公司资本在一千五百万以上，每年营业总额，恒在五六千万，这在国人自办的工厂中，可算首屈一指。如今在海外华侨丧失了一个最大企业的核心，这在中南经济方面，的确蒙了极大的影响。关于第三点，陈氏主办的厦门大学、集美学校经费的来源，向来全由公司拨出，每年总数约为四五十万，现在来源既绝，难乎为继。厦大、集美一向收费极轻，不比那营业式的学校，所以非有款来接济，是不能维持的。唉！一个是闽南最高学府，一个是国内设备最美善，而最有系统的学校，我人为了这种情况，深深地叹了一口气，不知有谁还能肩上这个重负呢？四年以前，我在厦大读书的时候，曾听得校主陈嘉庚为学校筹集基金的动议，其结果如何，虽不大清楚，但恐公司一倒，即使有基金，也发生了连带的关系。或许陈氏本素来爱护学校的主见，而另有了妥善的办法。但我人更希望最高教育当局，"百年树人"计，从长计议，以善其后，勿使数千学子弦歌中辍，而绵延两校永远的生机。

| 原文载于1934年第2期《中南情报》

爱国侨胞陈嘉庚先生

郑子瑜

现代著名文学家、国学家

郑子瑜

陈嘉庚，福建省同安县集美村人，生于民国前三十八年，现年六十有四，其容仪及所经营之重要事业，在十年前德人Bloem曾为文记述，题曰"中国之司丁列思"，其文云："中国大实业家陈嘉庚君居留新加坡，经营工商业多年，拥有巨资（全数有五千万马克），为现该埠第一个有势力与名誉者。余游该地时，因慕其名而谒之，其办事室中，布置极简，桌椅之外别无其他饰物。嗣窥陈君而貌枯瘦，颜色憔悴，目带灰色，上唇有细须，发短而散。着短衣白裤，穿白布鞋。年约五十有奇，观其朴实谦逊，与吾德前之大资本'司丁列思'有同等气象。此中国之司丁列思在新加坡所营事业极多，其最大者为橡皮园、橡皮厂，次为饼干、皮革、肥皂等等工厂，然此不过一种附属工业而已，而于橡皮厂中之出产物至多。如橡皮鞋、橡皮球、橡皮鞋底、车轮等等，无不必备。工人约万余，多半系华侨，厂中办理与设备，均甚周至，规模亦极广大，可当吾欧大工厂之一。至于商业方面，则陈君有商店七十五所，故亚洲

各地，无不有其销售所。于此可见陈君不独是一大实业家也，亦是一大商业家也。陈君资产既如此富，才能又如是之大，而其勤劳治事，又非常人可比。彼早起后，则躬亲到厂督察一切。遇星期日，大半人家都想休息，而彼则借此良机，到橡皮园检阅一切，其操作之勤可知矣。陈君家世在中国厦门，彼虽执业海外，而对故乡事业又极关心。故陈君在彼祖国，慈善事业及公益事业，无不留心及之。如在厦门所创办之集美学校及厦门大学，每年经费五十万元，皆有彼独任，其热心教育，可不问而知矣。要之，余此次晤陈君后，知其为人如此，可钦可羡，实世上之难得者也。"

而黄炎培氏在民国八年（1919）七月来厦门集美参观，是月卅日在厦门至上海舟次所作之"毁家兴学记"亦云："民国六年（1917）夏，余游新加坡林氏山庄，众中见一人，态严正而静默，主人林君义顺进而为之介曰，此陈君嘉庚也……记者曰：曩岁戊申，尝为文以记杨斯盛毁家兴学矣！二君者，家之丰啬不同，其毁于学一也，而陈君年方壮，异时所效且无限，若夫二君之性行，盖有绝相类者。心力强毅而锐敏，不苟言笑，利害烛于几先，计划定于俄顷，临事不惊，功成不居，严于处物，而宽于处人。三五年来所见海内外成功家，大率类是。意者吾华民族之特性在是欤？然化于异族而不自爱其国，狃于私利而专以肥其身，亦间有之。吾游集美乡，观陈君之所居，入门而圭窦其形，循墙而伛偻其容，盖犹是先人之敝庐，未尝加一橡覆一瓦，其不私也如此……"

陈氏之为人，与一生事业，于上举二文，可以窥见一斑。今笔者所欲介绍者，并非其所经营之实业，而是其斥家兴学之爱国思想和精神。

陈氏在清末叶，南渡新加坡经商，克苦经营，已稍有积蓄，因清廷腐化，国政不纲，陈氏家族，常为污吏所欺凌，所以不思返故里。当时孙中山先生等之革命党大活跃，陈氏亦弃发赞同。迨清政府推翻，共和改建，陈氏始欣然返梓，筹办集美小学，其集美小学记云：

"余侨商星洲，慨祖国之陵夷，悯故乡之哄斗，以为改进国家社会，舍教育莫为功。中华民国元年归里，筹办小学。翌年二月，假集美祠堂为临时校舍，行开幕式。越数月，填社西鱼池为校址。迄仲秋，新舍落成，乃移居焉。五年以来，增筑师中校舍于西北隅，彼此逼处，既碍交通，又妨管理，乃思有以移之。遂相地于寨内社，明季郑成功筑垒以抗清师者也。今城圮而南门完好如故，颇足表示我汉族独立之精神，敬保存之，以示后生纪念。全寨周不逾数亩，据闽南大陆南端，临海小岗特起，与鹭屿高崎相犄角，洵一形胜地。居民数家亦陈姓，开基逾六百年，近更式微，爰购为校址，永为集美小学之业。并建百尺钟楼，为入境标志。大中华民国十年冬十二月奠基。陈嘉庚撰书。"

足见陈氏之办学目的，在"改进国家社会"，其后数年，又在集美增办男女师范、中学以及水产、商业、农业等职业学校，并设教育推广部等教育文化机关，补助闽南中小各学校。

民国八年（1919），陈氏鉴于福建高等知识人才之缺乏，更集众宣言，筹办厦门大学，所发通告如下：

专制之积弊未除，共和之建设未备，国民之教育未遍，地方之实业未兴，此四者欲望其各臻完善，非有高等教育专门学

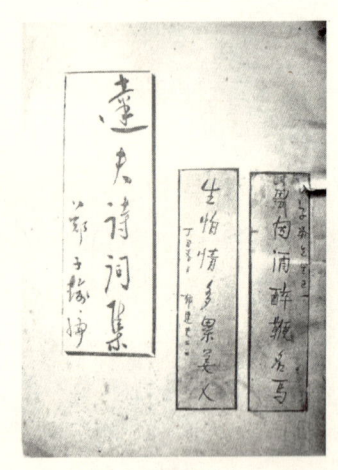

郑子瑜编的《达夫诗词集》

识,不足以躐等而达。吾闽僻处海隅,地瘠民贫,莘莘学子,难造高深者,良以远方留学,则费重维艰;省内兴办,而政府难期。长此以往,吾民岂有自由幸福之日耶?且门户洞开,强邻环伺,存亡绝续,迫于眉睫。吾人若复袖手旁观,放弃责任,后患奚堪设想?鄙人久客南洋,志怀祖国,希图报效,已非一日。不揣冒昧,拟倡办大学校,并附设高等师范于厦门。行装甫卸,躬亲遍勘各处地点,以演武场为最适宜。惟该地为政府公产,敬征求众意,具请本省行政长官,准给该地为校址,以便实行。谨订七月十三日下午三点钟假座浮屿陈氏宗祠,开特别大会,报告筹办详情……

不久,厦大落成,其开办费及经常费全由陈氏一人负责。时有某外人询以办学之目的,陈答曰:"人生于世,除为个人生活企图,更当为国家社会奋斗。自审愚拙,了无他项技能,以为国家社会裨益，区区之心，惟有将逐年营商余息倾向于国家社会。余闽人也，所知惟闽为稔，窃观吾闽教育已入衰颓状态，兴学育才，诚为当务之急。"又尝语人曰："财由我辛苦得来，亦当由我慷慨捐去，公益义务，苟用吾财，令子贤孙，何须凭借？我汉族优秀性质，不让东西洋，故到处营业，辄能立志竞争。惟但知竞争权利，而不知竞争义务，群德不进，奴隶由人，故国弱而民贫。古语有之：栋折榱崩，侨将压焉。未敢视同秦越而不早为之所。嗟嗟！我国不竞，强邻生心，而最痛巨创深，莫吾闽若。试观吾闽左臂，二十年前已断送矣，野心家得陇望蜀，俟隙而动，若不早自猛省，后悔何及！诚能抱定宗旨进行，彼野心家能剜吾之肉，而不能伤吾之生，能断吾之臂，而不能得吾之心。民心未死，国脉尚存，以四万万民族，决无甘居人下之理。今日不达，尚有来日，及身不达，尚有子孙。"语语沉痛，何等悲壮激切。

民国十七年（1928）五月三日，济南惨案发生，陈在海外闻之，甚为愤懑，排斥日货最力，且募款赈济。同时并电嘱集美学校学生组织反对日本出兵山东委员会，与反抗日本侵略国权大会，反日备战大同盟等；并组织全校义勇队，实施严格军事训练。日人小林新作所著《中国民族海外华侨发展之研究》一书中有云：

"陈嘉庚，福建省人也，为新加坡华侨致巨富之成功者。其捐款不少，大都投于厦门大学、集美学校及国内公益事业。当济南事件发生，系为首募金汇华，及排斥日货之最得力者。

"新加坡怡和轩俱乐部（有力之华侨团体），发起山东惨祸赈会，于五月十七日，召集各界代表开会，陈被推任会长，从事募捐，至十月下旬，计由中国银行汇回中金一百三十万元，以慰藉被难之蔡交涉员遗族，并代为在南京竖立铜像云。"（原著系日本昭和七年出版）

"九一八"事变以后，陈氏对于日寇之侵略，益为凄心苦虑，常在所办新加坡商报发表论文，痛陈得失，如《对日问题之检讨》《世界是否仍需尊重公理与道德》《军缩与太平洋风云》等，观察周密，论断公允，识者叹为知言。其寄集美学校校董叶渊书云："时至今日，任何人皆应抱牺牲精神，各尽其能，以与暴日抗，希勉励学生，激昂勇气。昔波兰被亡于俄，俄人禁读波文，违者处以重罪。乃波人爱国心切，中夜闭门，力教其子弟，虽遭刑罚，亦坚持不辍，盖灭人国必兼灭其文化，乃能根绝。而波人不屈不挠，数十年后，竟于欧战时恢复其独立之光荣。我国得以保存者，四万万人文化一致，今日国家危如累卵，各地文化机关几将破产。在此可以维持之校，师生应如何互相勉励也！"爱国精神，可见一斑。

迩年以来，陈氏因南洋生意失败，经济来源缺少，最近我国民政府当局，遂征得陈氏之同意，将厦大收归国立，陈氏则集中财力于集美学校。新近国事日急，全面抗战，陈氏侨居海外，想必另有一番工作贡献于我国家也。

| 原文载于1937年9月30日出版的第4期《逸经宇宙风西风》杂志

郑子瑜，1916年3月18日诞生于福建漳州市，后移居石码镇，是清代诗人郑开禧的后裔。小学毕业，全城会考中郑子瑜取得了第一名的成绩，获得免费进入福建省立第八中学金漳州一中就读的机会。高中尚未毕业，就以同等学力资格考上华侨领袖陈嘉庚先生创办的集美学校师范特别班，并得到学费、膳宿费全免的待遇。他边读书边兼课教书，没料到刚刚毕业，当时的19路军脱离蒋介石，在福建成立中华共和国人民革命政府，蒋介石气得派出飞机轰炸漳州、厦门一带，集美学校停课，师生逃散各地，他由此失业。

后来郑子瑜经人介绍到乡下一间小学教书，领不到工资，缺衣少穿，并在破庙里得了一场大病，差点没了命。本来就失意落魄的父亲看到儿子读了那么多年的书，到头来跟老子一样困窘，气得砸碎了他的笔墨。他无奈逃出家门，到鼓浪屿找学友帮忙筹集上大学的费用，这时，日寇已占领厦门，他目睹许多难民逃亡的场景，义愤填膺，写下一首首抨击当权者不抗日、号召人民起来与法西斯斗争的诗文。

1938年10月28日，国民参政会第一届二次会议在重庆召开，身为国民参政员的陈嘉庚当时因事未能回国与会，便从新加坡发来一份电报提案，电报共110字，内容上有三个提案。其中第一条为："日寇未退出我国土之前凡公务员对任何人谈和平条件概以汉奸国贼论。"

郑子瑜十分钦佩校主陈嘉庚言人之所不敢言、为人之所不敢为的崇高民族气节，他当即以一公民身份上书国民参政会，力主为民族千古罪人汪精卫铸一铜像，跪于中山陵前，让他如秦桧一样遗臭万年。当时各报刊、电讯社竞相予以报道。郑子瑜曾创作许多歌词，均为号召南洋华侨青年奋起抵抗而作，并将多首抗战歌词寄给当时任政治部第三厅厅长的郭沫若，郭氏请作曲家谱曲，刊于《华侨动员》半月刊，寄发南洋各地侨团。

郑子瑜与郁达夫、周作人、丰子恺、于右任多有来往。郑子瑜早年在厦门拜见过郁达夫，并写过一系列文章，被学术界誉为"研究郁达夫诗词的第一人"。

郑子瑜先后于日本早稻田大学、香港中文大学、复旦大学、东京大东文化大学任教，学术成就是多方面的，是著名的修辞学大家、现代文学家，有"传奇学者"之誉称，编著有《鲁迅诗话》《达夫诗词集》《中国修辞学史稿》等。季羡林曾说："古人讲道德文章，道德与文章不能脱节，这是我国传统的衡人称文的标准。郑先生是配得上'道德文章'这四个字的称许的。"

从纪念校庆谈到陈嘉庚先生的兴学精神

茅乐楠

作家、学者

茅乐楠

积资财乐输将
说实话做实事
急公义薄私情
重义务轻权利
俭自奉躬操劳

　　纪念日的意义，有广狭两种：从狭义纪念来说，自己家里逢到了父母的生日，要吃面拜寿，若是逢到父母的死期，便要焚香祭祀，这也是一种纪念。不过这种纪念，是关于个人的一家的，纪念的意义不过为了彼此的感情，并没有十分重大的关系，所以这种纪念日，不能作为团体共同的纪念日。足值团体纪念的纪念日，一定这件事情和社会、国家、人类能有密切关系的发生，这件事或这个人，对于社会、国家、人类，能够发生重大的影响，人们不愿把这件事情、这个人忘掉，因此就把这件事发生或成功的日子，作为纪念日，年年到了这天，大家便纪念着它,这是广义的纪念。学校——尤其是大学的开校纪念日,更可以说是属于这种广义的纪念。

因为大学是作育最高人才的处所,一国文化的推进,学术的阐明,社会思想的启导,时代风尚的转移。在中国从前,除了由少数帝王的提倡奖励,有朝野的学者为之权衡。在欧洲则自中世纪以来,全赖大学为之枢纽。从历史方面看,差不多大学都是先他的国家之形成而发达,国家多随着大学的进步而繁荣。至于近代,则东西富强的国家,都莫不有他的大学为其文化的渊源,立国的根本。其对于社会、各(国)家、人类的影响,实在一般伟人纪念日之上,更值得我们的纪念!

四月六日,是厦大开校纪念日。在以前每逢到了这天,必有一番热烈的庆祝。惟自"九一八"国难发生以来,厦大公而忘私,所有纪念典礼,也随国难而暂不举行了。但是每年纪念的文字,仍旧照常刊出专号:一则纪念陈先生办学厦大之艰苦卓绝精神,一则借此检阅一年内的工作,以为未来改良或继续努力之方针。光阴荏苒,厦大成立迄今,已届十六周年了。在这十六周年里,荷蒙政府、社会人士的同情、辅助与陈先生的慷慨输财,和本校当局及各位同事的热心毅力,历年造就人才,振兴文化,研究科学,提倡体育,辅助地方各项事业,所有贡献及声望,在国内私立大学中,可谓首屈一指了。至于校舍校景的优美,仪器标本的丰富,图书设备的充实,尤为厦大的三大特色。中外人士凡是到过厦大参观的,没有一个不称赞为中国南部惟一的大学。

尝闻欧美人士,夸称盎格鲁萨克逊民族富有自治能力及公益心,故其私人所办事业,当较政府为多,其成绩之佳,亦每胜于政府之为。即以教育事业而论，英美著名大学如牛津、剑桥、哈佛、耶鲁都属私立，而美国的芝加哥大学等，且为一人所创办，成绩昭著，各公立大学中，竟少有其匹。若在欧洲大陆及亚洲诸国，所有著名大学都属国立，而私立大学大都无足称道，他们都以为这是由于欧美民族性格特异之点的缘故。

在我看来，亦有未尽然者。厦大之为陈先生独力所创办，尽人皆知，以一人之力，创办如此大学，这在我国固为破天荒、创举，即在外国亦不多见。十六年中，陈先生倾其艰难辛苦所入之资财，来兴办厦大。除少数同情于厦大者的捐助外，其余概由陈先生个人负担，他所供给的连开办费、经常费，总计已有四百余万元之多了。

陈先生有说："我办小学之动机，盖发自民国成立后，念欲盖国民一份子之天职，以一平凡侨商，自审除多少资财外，绝无何项才能可以牺牲，而捐资一道，窃谓莫善于教育。复以平昔服务社会主义，欲为公众服务，亦以办学为宜。更鉴于吾国文化之衰颓，师资之缺乏，海外侨生之异化，愈认为急务，而具决心焉。"（见陈先生作畏惧失败才是可耻《东方杂志》卅一卷七期春季特大号）由此看来，陈先生的教育事业，不仅自厦大起，即在民国之初，已有解囊兴学之决心。例如民国元年（1912）的创立集美小学，民国五年（1916）的创办集美师中及创办女子小学，民国七年（1918）的创办新加坡南洋华侨中学校，民国八年（1919）的创办集美商科及幼稚园，民国九年（1920）的创办集美女师及水产学校，民国十年（1921）的创办厦大，民国十二年（1923）的创办集美女中及幼稚师范，民国十四年（1925）的创办集美农林学校。

由上列而观，自幼稚园而小学，而初中，而高中，而大学，完成整个之教育系统，一切无不具备。集美各部校舍的宏大，设备的完善，学生之众多，学风之优良，几可称为全国中小学中惟一的一个学校。

陈先生为谋基金之巩固，兴学愿力的久远计，遂与民国十二年（1923）五月，特指定南洋厦集橡皮园及陈嘉庚公司的财产，拨充陈氏兴学基金，其属于厦大者，占三分之一强。这种兴学的热忱和牺牲的精神，不但在中国为创举，即求之欧美亦属罕观。

以上所述，不过就陈先生兴学事实的表面而言，其实陈先生兴学的伟大精神，尚不在此。就个人的观察，最值得我们钦佩和敬爱的，至少有下列几点：

（一）积资财乐输将——闽南华侨不下数百万人，不亚于其他繁盛区域，何以闽南社会仍属衰落，民生仍属艰难，对于

厦门大学成立十周年时军事训练检阅情形

乡邦事业，实际似无裨补。推究其实，殆有二因：一则在外华侨乐不思蜀，多无祖国观念，本身如此，后辈可知；一则因富有资财，不忘乡梓，虽挟资回里，不过建华屋，蓄婢仆，锦衣玉食，交结权贵，阔费豪侈，导变风俗；或则放钱债，高利贷，买良田，拥美妾，独善其身，无民生的观念，无社会的利益。而陈先生则以艰苦经营之所获，尽量划为教育事业之费用。溯自民国元年（1912）起，他所赚的钱都用在集美，至民国十年（1921）以后就兼用于厦大了。他输将的几百万金钱，我们可由厦大与集美看见。廿余年来，倾其艰辛所入的资财，来办完全系统的教育，他这种伟大的教育事业，怎不令人钦佩爱敬呢？

（二）说实话做实事——世间有许多"言不顾行"的人，常常把一件很小的事，要吹得天大，甚至有时吹得很大的事，也往往没有见之实行。这种不求实际的夸大狂，是一般国人的痛病。而陈先生却言行一致，甚至不说话，只求实在。二十余年如一日地，把他营业所得的大部分金钱，"为公而用"——即是为厦大与集美而用，换句话说，他已间接担负了教育闽南无数青年的责任，同时国内及南洋各地来求学的人，也受益无穷。他这种实事求是的精神，怎不令人钦佩敬爱呢？

（三）急公义薄私情——普通之捐款与兴学者，大都不免为名誉心所驱使，但陈先生则不然。他总是沉静诚直而求实效，他不喜欢别人对他的行为加以赞许宣扬。他尤不希望他的义举有什么报酬，他所以这样做，仅因为他觉得这是他对于同胞应尽的责任，只要使他的事情做好了，在他就是很完满的报酬了。他不但不希望报酬，甚至连名义也不要。据林校长说："忆昔本校礼堂落成时，拟以先生介弟敬贤之名名之；先生闻之，以学校公器，不应自私，力持不可，遂定名为群贤楼。"其耿介如此。老子有云："为而不恃，功成而不居。"（见厦大九周年纪念特刊）实惟先生足以当之。他这种急公义薄私情的伟大精神，怎不令人钦佩敬爱呢？

（四）重义务轻权利——普通捐款兴学者，除为名誉外，尚往往利用办学，为个人的宣传，或依赖学校，为政治上的活动，颇不乏人。例如美国大财阀摩尔根的创办哥伦比亚大学，煤油大王洛克菲尔的创办芝加哥大学，钢铁大王卡南齐的创办耶鲁大学。他们终生俨然在美国政治舞台上做一后台老板，以作容纳许多教职员及大批学生之机关，使他们帮助自己或自己的子弟，在政治舞台活动的羽翼。但陈先生办学的目的，全在造成体用兼备，可以促进文化，服务党国之人才，毫无别的作用。他认定尽力兴办教育事业，为任何国民对于社会或国家应有的责任。尤有进者，据林校长说，当时孙总理奔走革命，屡困于资，常得先生之应援。辛亥之年，筹款助饷，先后达三十万元。政府褒奖有加，而先生则视为固有之分，全不自矜（见厦大九周年纪念特刊）。他这种重义务轻权利的伟大精神，怎不令人钦佩敬爱呢？

（五）俭自奉躬操劳——一个人一旦积了巨资，他便建华屋，蓄婢仆，购产业，放钱债，养尊处优，独善其身，这是一般人的见解。至于陈先生，不但是未积巨资前，自奉菲薄，躬自操劳，即积资之后，自奉操作，仍旧如前。据林校长说："他每天日出即起，但是日落了，他仍然为公众的利益而工作。他为什么要工作，他有了几位儿子和许多经理、管事、助手及专家。然而那许多能干的青年男女和那许多的工人的工作，都须他自己直接用脑力去指挥和督促。"（见厦大演讲集第二集）自创办厦大以来，尤加朝夕勤劳，躬操工作，专为厦大及其他教育事业而努力而奋斗。他这种俭自奉躬操劳的难能精神，怎不令人钦佩敬爱呢？

  仅就以上五点来看，已足使陈先生的兴学精神及伟大人格令人景仰，允留不朽了。在厦大成立十六周年纪念的今天，我们实在是不应忘记了这辛勤的创办人——陈先生，并且应把陈先生的"兴学精神""伟大人格"做我们的榜样，领导全校同学，去努力我们应努力的教育工作，以期不负于陈先生的殷望！

民国二十六年（1937）三月二日于厦大实小

原文载于1937年4月6日出版的《厦大校刊》（第1卷第12期）

作者小传

茅乐楠，福建沙县人，知名学者，1935年从厦门大学毕业，曾任厦门大学实验小学校长。

创办于1925年的厦门大学模范小学，在1929年改名为厦门大学实验小学。学校注重实验工作，历经主任黄榜桂、茅乐楠精心经营，实验成绩蜚声海内外。著名物理学家杨振宁曾于这一时期在实验小学就读。

在厦门大学读书时，茅乐楠在老师雷通群的介绍下到侨南女中兼课，每天徒步往返，自言："身虽未满六尺，肩倒能挑百斤，因此，一般常在一起的同学，都给我一个'拉脚'的绰号。"大学期间在《江声报》的"人间"上发表了不少文字，其所著《新兴的厦门》就是在大学期间完成的，1934年8月由萃经堂印务公司出版。内容包括厦门的地理、气候、贸易、文化教育、民间的风俗习惯等，可谓扼要详尽，便于了解20世纪30年代初厦门的社会状况。

抗战时期，茅乐楠自掏腰包支持抗战刊物《老百姓》的出版和发行，著有《心理建设与小学教育》《中华民族之危机与小学教师应有之责任》等。

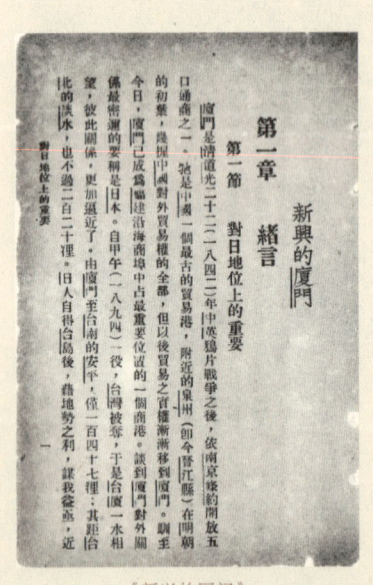

《新兴的厦门》

陈嘉庚、侯西反及南洋侨胞救国运动

潘朗

著名记者

潘朗（左一）和同事们在一起

　　无论在国内或在国外，陈嘉庚三字似乎和南洋侨胞救国运动具有不可分离的关系了！特别是在祖国，每一个热心关心国事的人，几乎没有一人不知道或不爱慕这三个字，我们很早就在怀想着这位老英雄怎样在充满着异国情调的南洋为着侨胞和祖国的福利而进行着艰苦的斗争，我们更怀想着在这位老英雄前后左右的千千万万的，慷慨、热烈、英勇、爱国的侨胞！我们怀想着、企慕着……终于，在祖国最壮丽的一个春天，看到了南洋侨胞回到祖国的忠勇的先锋队——南侨慰劳团，握到了五十多只温暖有劲的巨手，并且，由黄任之先生秦望山先生等的介绍，先后会见了陈嘉庚、侯西反、庄西言等几位华侨领袖，得到较长时间谈话的机会。

　　这愉快的会见和热诚的会谈啊！

　　陈嘉庚，如大家很早以前所知道的，只是一个商人，不过却不是普通的商人！远在五十年前，他还只是一个十七岁的青年，从他的故乡——福建东南洋滨海之区的同安，远涉重洋，到南洋经商。由于他的诚实、勤谨、俭朴、才干和急公好义的特性，经过二十年的艰苦奋斗，在新加坡、在其他海岛上，逐渐建立其为人艳羡的事业来了：他开创了树胶制造厂，开创了黄梨罐厂，开创了牛皮厂，开创了砖厂、米厂、饼干厂以至其他种种工厂和商场！数十年来，提起陈嘉庚三字，谁不知道是华侨实业界的巨擘？

可是，陈嘉庚在他艰苦的奋斗中渐渐认识到事业与为人的真理了。他知道这些表面的事业，还不就是他数十年诚实、勤谨、俭朴、好义的报酬，他认识到社会给他最大的报酬是在另一方面。

因为他的这些实业，固然蒸蒸日上，发达的很快，但是，那是有条件的：第一，这是南洋勤劳侨胞合力奋斗的血汗功绩，如果得不到千万侨胞的诚心协力，是办不到的！第二，这又要靠祖国的保护，否则也不免有在沙漠上建筑屋的危险！此外，又不能不顾虑到资本帝国主义的压力，因为他们是绝不容许华侨实业独立发展，而成为他们东方殖民之劲敌的。例如，当他所经营的各种企业最发达的时候，星督金文泰便代表大英殖民资本而出来干涉与压迫，陈氏企业便受到惨酷的打击！反之，那种依附于英国殖民资本的"企业"就乘机抬头！

在这三点认识之下，陈氏从三十年前，就更加注力于团结侨胞，爱护侨胞，提倡公益和积极推进侨胞爱护祖国、救助祖国的运动。陈嘉庚原是同盟会老会友，过去就对祖国革命事业尽力服务，祖国每一次革命与改良运动，都包含着陈氏的力量！此外，尤为各方仰慕的，如在教育方面，他在厦门和集美创办中学、小学，学生最多时曾达三千以上，尤其是厦门大学，以培育华侨领导分子及海外发展的人才为主旨，鲁迅先生即曾前往讲学，在我国文化教育史上，占有绝光荣的一页。其次对于祖国的天灾人祸，亦力谋救济之道，如为黄河水灾及豫陕甘旱灾而发动南侨筹款，如为"五三山东惨案"而发动南侨抗日捐款，都会创立光荣的记录。"九一八"以后，他更成为南侨救国运动的真实的最高领袖，策动抗日救国工作，一面呼吁祖国对内和平团结御侮，一面积极推进华侨抗日救国运动。卢沟桥事件发生后，又发动南洋华侨筹赈祖国难民大会，民国二十七年（1938）双十节，又召集南洋各处侨胞领袖在新加坡组织南侨筹赈祖国总会。

在陈氏这种热诚坚强的奋斗与成绩之下，陈嘉庚三字在南洋，被公认为真正的领袖而一致拥戴。这一点，才真是陈氏过去数十年艰苦奋斗的报酬吧！

与陈氏同在南洋华侨中具有威信而为大众爱戴的，还有庄西言、侯西反先生等。特别是侯西反，自从被新加坡政府限令于一九四〇年一月一日前出境以后，不仅在华侨中，而且在祖国各地，同样激起了热烈的同情与爱戴，都渴盼着早日和这位先生相见，而倾仰慰问敬慕之意。他每到一处，即受热烈的欢迎，便不是偶然的了！记者访识侯氏于嘉陵新村右首的陈嘉庚在渝寓所，在亲热的氛围中，做了一次一小时的畅谈。原来侯氏是闽省南安县人，二十六岁时到新加坡经商，已是三十一年以前的事了，可是他的精神、行动与谈吐，恰和青年一般，是那样的富于热情而豪爽，他决没有无谓的谦虚与修饰。他在南洋三十多年建立起不少事业，他是亚洲保险公司的总经理，他做过同济医院总经理达七年之久，同时他也建立起一个美满的家庭：例如陈嘉庚先生吧，他有九位男公子和八位女公子，男公子济民、厥祥、博爱、国庆等，至今主持树胶轮厂、砖厂、饼干厂等，每年盈余还有八九万至一二十万叻币；这位侯先生的家庭也很美满，一家大小有五十人，他拿出新从新加坡寄来的子孙们合拍的照片，竟可算是一支侯家军呢！然而，侯先生为了民族国家，早已不把这美满的家庭盼为自满，他有更大的兴趣——"为群众为民族为人类共同的福利而奋斗"。所以，他在南洋时不仅爱护自己的事业，也爱护其他侨胞的事业，并且力倡侨胞的团结互助与推进华侨教育。他手创树胶公会和南安会馆，他兼任南安会馆、福建会馆、中华总商会及二十余处学校的董事。他是新加坡华侨最大俱乐部怡和轩的总务主任。抗战以后，他是南侨筹赈总会的常委，星洲华侨筹赈会的常务，福建帮募捐主任、宣传主任，他还力促树胶公会担任月捐叻币三万元，并亲往山芭劝认月捐叻币约十万元。他是这样的为祖国抗战而服务。而特别值得敬佩的，便是他为南侨总会服务的热诚，即为团结南侨推进救国运动而服务的热诚。

　　南侨总会是目前南洋华侨救国运动中主要的工作。在七七事件以后，南洋各属侨胞，纷纷组织筹赈会、救灾会等爱国团体，举财力物力贡献国家，援助抗战。然因彼此缺少联络，各自为政，成绩未免稍差，据当时统计，截至民国二十七年（1938）十月为止，南洋义捐公债成绩合计不过国币六千余万元，以八百万侨胞计算（实际有一千万以上），平均每人不过负担七八元。因此，有识之士都主张组织最高筹赈领导机关，以便集中力量加强筹赈工作支持祖国抗战。这一主张首先由巴城庄西言参政员向孔院长提出（菲律宾李清泉先生亦赞同）。

陈嘉庚号召广大南洋华侨抗日救亡支援祖国

孔院长表达表征陈嘉庚先生意见，陈氏自极表赞同。孔院长就通告各驻地领事，传知南洋各属侨胞领袖，到新加坡举行代表大会，在民国二十七年（1938）双十节举行，计到菲律宾、安南、缅甸、暹罗、苏门答腊、爪哇、望加锡、婆罗洲、马来亚等代表一百六十八人，结果通过组织"南洋华侨筹赈祖国难民总会"，并选陈嘉庚为主席，庄西言、李清泉为副主席，侯西反等为常务委员。这次大会主要的收获是：一、把各自为政的华侨组织统一在一个领导之下；二、加强了各地筹赈工作；三、决定了今后华侨救国运动的方针。如在外交方面，应遵守当地秩序，敦睦邦交，争取国际人士的同情援助；在生产方面，应竭力推销国货，并组织公司，开发祖国富源，树立战后复兴的基础。而对祖国则呼吁加紧团结，督促政治进步，努力宪政运动等，以争取抗战建国的成功。

这个南侨总会成立以后，只有一年五个月，但南洋各属侨胞因总会的推动而增加的捐款已不下数千万元，仅马来亚一地，月即达国币五百万元左右。各地侨胞有了统一领导机关，彼此观摩比较，对于募款、宣传、组织等方法，均有极大的进步。例如民国二十八年（1939）九月，蒋夫人发起寒衣运动，请南侨总会募集五十万件，总会即据各地侨胞人数及财力，分配募捐件数，结果都超过规定：新加坡原定三万件，结果竟达四万余，由此可见组织力量的伟大。

南侨总会的成立与发展，是我国之利，自然也就是日寇之患，所以日寇、汉奸便尽力加以破坏，而少数自私自利目无国家民族之徒，竟用种种方式与方法，进行破坏。民国二十八年（1939）冬，新加坡政府之突令驱逐总会常务侯先生出境，便是他们阴谋毒计的具体表现之一。侯先生虽于十二月底依令返国，而南洋华侨都莫不愤激。一面分属召开大会，如今年一月七日星华筹赈大会暨各区会第三次联合大会，通过以大会名义保证侯氏确非反英份子；一面加倍惕励奋勉推进救亡工作。陈嘉庚先生于十二月三十一日慷慨声明："侯氏离星之后，不但对今后筹赈工作绝无影响，且将益加努力奋励。"这正是我华侨力量所以伟大无敌的地方，也是我祖国一切救国工作团体急应效法的地方！敌奸以及自私之徒，满以为陷害一二领袖便可瓦解整个救亡运动进步势力，我们便要用这种坚强的事实去给予反击！

目前南侨总会主要工作，第一是设立药厂，资本国币百万，制造各类药品供给祖国伤兵、难民需要，现已开工。同时，他们还准备在国内开设大药厂药库，以免运输上的困难。第二是组织回国慰劳团，全团七十二人，已于四月十八日在国内政府民众各界及各党派热烈欢迎中抵达重庆，团长潘国渠先生说该团任务，一是为向前线将士、后方同胞致敬，二是前往国内各省及前线视察祖国的一切建设。此外，□□（编者注：□□皆为原稿漫漶）生等则在行都设立筹赈办事处，注力于筹赈创办制药厂，创办《侨声日报》等事。有时间他们还想到西北各省、甘宁陕边境和新疆等地去观察，不过那是要看今后环境是否许可为定了。不过，南洋侨胞的救亡运动今后一定会踏进更热烈更发展的大路，成为加紧全民族团结坚持抗战国策，争取独立、平等、自由、幸福的伟大力量！我们南望海涯，感到无限的期冀与兴奋！

| 原文载于1940年第234期《国讯》

潘朗（1911—1981），字裕璋，笔名潘公昭、潘光祖、宁静、杨义旗，浙江桐乡乌镇人。潘朗被称为民国时期笔名最多的新闻记者、翻译者、著述者和弱小民族问题研究者之一。他出身贫寒，全赖勤奋刻苦，自学成才，通英、法、俄、日等数国语言，毕生从事新闻出版事业，编著和翻译作品甚丰。

1935年夏，由胡乔木和朱镜洲介绍参加中国共产党地下组织。1936年，中共领导下的上海职业界救国会成立，被选为理事。后又改任香港《珠江日报》《港报》编辑和主笔。

《东南亚各国内幕》

抗日战争爆发后，以《申报》战地记者身份，到过延安和八路军抗日前线，对八路军英勇抗战作忠实报道。抗战期间，在香港，通过《珠江日报》《申报》（港版），向海内外宣传抗日。1940年，在重庆主编《国讯》（即《救国通讯》，黄炎培等创立的中华职业教育社所办）。1941年，复回香港，主持《国讯》（港版）和中国民主同盟的《光明报》编务。时任《国讯》《展望》主编和苏商《时代日报》俄文翻译。当时，国民党统治区内进步报刊相继被查封，《展望》是惟一由中共上海地下组织所掌握的宣传阵地。后入《星岛日报》及《华商报》工作。

《华商报》创刊于1941年4月8日，但不久因太平洋战争爆发停刊。1946年1月4日，在陈嘉庚先生的大力支持下复刊，是一份中国共产党创办和领导的统一战线的报纸。当时陈嘉庚与夏衍、连贯、萨空了、刘思慕、廖沫沙等任董事，董事会属下的机构包括华商报社、有利印务公司、民主出版社。潘朗在《华商报》任编辑、记者，兼做翻译。复刊后的第一天，刊登了陈嘉庚的题词："蜀道如天，忧心如捣，还政于民，仍待健斗。"这个题词切中时弊，又指明努力方向，刊出之后，传颂一时。

广州解放后，潘朗曾参与筹建《南方日报》，任编委和总编室主任。潘朗编著和翻译作品甚丰，然大半在"文化大革命"中遗失，其残存的1945年至1962年间的作品尚有《越南民族运动史》《今日的台湾》《东南亚各国内幕》等编著16种，《现代美国》《美国的政党》《印度游记》等译著11种。

陈嘉庚先生印象记

范长江

著名记者,曾任人民日报社社长

范长江

南洋侨胞领袖和国民参政会参政员陈嘉庚先生，此次返国出席参政会第五届大会，并偕南洋华侨慰劳团分赴各地慰劳前后方抗战军民同胞。当参政会开会时，陈先生即与林伯渠、董必武同志等谈及拟来延安参观，林、董同志均即表示欢迎，同时，毛泽东、王明、吴玉章同志闻讯亦曾去电欢迎，陈先生也曾复电致谢，现闻陈先生于日内即将由西安起程来延，特将范长江先生近寄本报关于陈先生印象记一篇刊登，以飨读者。

——编者附志

陈嘉庚先生于四月三日到重庆，五月五日飞成都，转往全国各地视察，关于他的消息，多略而不详，记者此次曾与他长谈，深觉其非泛泛者流，故谨就所知，简要介绍于读者诸君。

——作者

提起"陈嘉庚先生"，大家都可以立刻联想到他是和"胡文虎先生"一样的是南洋华侨两大资本家。一提起"华侨",大家就立刻想到,他们对于祖国的"捐款"与"投资",同时,他们对于祖国情形,一定相当隔膜。然而,看了陈嘉庚先生后,我得了一个完全不同的印象。"我不是资本家,我是诸位的同志!"在四月中旬重庆一个平民领袖们的聚会上,陈嘉庚先生发表这样出人意外的演说。更出人意外的是,他说:"热心资助祖国抗战,愿意对抗战中的祖国投资的,不是南洋资本家,而是广大的华侨劳苦大众。"尤其奇怪的国内许多人正在忧虑团结问题,恐怕这个问题将会影响抗战,而他却坚定的相信:"进步的一定胜利,退步的一定失败。倒退现象一定不能长久!"

他今年已经六十七岁的人了。但是从他的生活与行动上看去,他至多不过五十岁。老人们总是比较需要物质上的舒服的。而且一般的情形说来,五十岁以上的中国人往往是不愿意过太紧张的生活,不愿意作交通不便地方的长途旅行。然而他是古怪地整日忙碌,开会、演说、会客、拜访、谈话等,工作不休。每一桩事情,他都聚精会神的应付。我和他作过两次谈话,合计总有五个小时,我没有见他对于任何所谈的问题,采取"随便"的神气。很小的事情,他也认真地辩论不已。南洋华侨慰劳团回到行都重庆后,政府决定优厚招待,单以住所而论,政府预备的是一等旅馆,而陈嘉庚氏坚谓,此种招待太过浪费,必欲迁至公共机关,团员皆睡自己所带之帆布床。他们住在嘉陵新村从前工业合作协会的房子,一切设备都很简单,出门上坡下坡,就够一个老人麻烦,而他却对其团员们解说"这样可为国家节省了不少物力"。更使我奇怪的,他自五月五日起将赴全国各战场视察，凡是有名的地方、有名的人物，他都想去拜望一趟，通航空的地方，他坐飞机，没有航空的地方，他就坐汽车，成都、兰州、西安、延安、洛阳、襄樊、宜沙、峨嵋山、桂林、长沙、曲江和他自己的故乡福建，他这次都想走到。他谈起这些想去的祖国的地方，不顾现实环境上的千山万水，更忘去了自身是老迈之年，对于横贯祖国南北战场的万里长征，反益增其兴奋。

陈先生在南洋已奋斗五十年，十七岁时——民国纪元前二十一年即由福建南去新加坡习商，三十一岁始自己经营，曾创办黄梨罐头厂、树胶业、渔业、牛皮厂、雪文厂、造纸厂。在二十世纪二十年代中，陈氏事业兴隆，遂成为南洋华侨之第一等富翁。民国十八年（1929）世界经济不景气袭击南洋，陈氏事业始受顿。然陈氏因曾为南洋之第一等大资本家，至今亦领袖于侨胞领袖之间。但陈氏对侨胞之认识，实使人惊异不置。

世人多谓华侨有钱，故欢迎华侨资本家向国内投资。陈氏认此为完全"误解"。真正华侨资本家很少可能向国内投资，而能向国内投资者只有广大之南洋劳苦群众。因为所谓华侨资本家，可以分为两种：第一，是在海外出生的"侨生"资本家。在前一种言之，他们很少祖国观念，习于当地殖民地生活，在其所在的统治国家范围寻求发展，他们根本很难起投资祖国的观念。第二种资本家，他们幼年漂流海外，到老年始赚得相当资本，于是性趋保守，难有远适祖国巨额投资的可能。真正能汇款回国的，还是那些劳苦群众和家庭妇女。他们身在异邦，家悬祖国，亲受政治与经济之压迫，亟思在国内能建立事业，寻求光明，所以他们的劳动所得，稍有赢余，即设法存入中国

1940年，陈嘉庚（左二）率团访问延安

银行，汇返故乡。在过去平常年代，南洋劳动群众由新加坡中国银行汇返祖国者，每月约二三千万元（新加坡"叻币"），这构成我们过去外汇来源的一个巨大部分。抗战以来，踊跃输将的，也是侨胞中的广大平民。

他对于抗战政治比经济上的事业经营，似乎还更感兴趣。我们曾经谈到抗战前途，他以坚决之口吻，认为抗战军事已经没有问题，军事上之稳定已经有了把握，只是在经济问题上还有待大家的努力。因为华侨对于抗战的心理，是有如下的几个阶段的。"七七"抗战开始，华侨对于祖国已经发动了保卫民族的神圣战争，当然发生极大的兴奋。但是有些知识的侨胞当时对于祖国的抗战，担心两点：第一，恐怕武器不行，打不过日本。第二，恐怕人心不固，内部不能团结，全国不能一致。自"八一三"淞沪战争开始之后，侨胞系念祖国之情，每日皆为祖国传去之新闻所激荡。经过了淞沪三个月的英勇血战，侨胞对于第一点武器的顾虑，可以说没有了。他们认为我们虽然是劣势装备，但是我们抗战军民的英勇，可以抵抗敌人物质的优势。其后又经过广州的大轰炸，乃至广州、武汉的撤退，全国人心仍坚持团结、坚持长期抗战，因此对于人心不固的忧虑，至此也完全释念了。经过了此次南洋华侨回国慰劳团的实地考察，中国抗战已经能在军事上和敌人"相持"，敌人已经不能单纯用军事来灭亡中国，是百分之百的确实了。

陈氏之所以可佩，在于他不仅认识了上述的事实，而且更进一步的把握住了抗战胜利的关键。

第一，他很坚定的把握着抗战胜利的因素主要靠自己，他因此反对依靠西方"民主"列强的某些主张。因为显然有些人认为中国抗战之胜利，必需依赖西方"民主"列强在欧洲战争之后才有力量在东方压迫日本，只有经过了西方"民主"列强的有力帮助，中国在相持局面之后，才能有胜利的转机。因此这些人曾经断定过，欧战决不会扩大，就是扩大，西方"民主"列强也一定会胜利。陈嘉庚先生对此大不谓然。

第二，他对"待胜论"表示反对。因为有些人认为抗战胜利有三种时机，第一是敌人久战无功，不得不自行退却。第二是敌人内部革命。第三是国际加于敌人决定的压迫。这里面显然没有估计到我们自己的伟大力量，似乎敌人只有自动撤退，不会有我们自己强大起来后打走敌人的可能，那所谓"最后胜利"只有坐待敌人和国际的变化，中国自己不能起决定的作用。这种在相持局面下不求进步，不求生长战胜敌人的力量，不认识胜利主要地要自己艰苦奋斗的理论，他认为是最危险的看法，

陈嘉庚在延安受到热烈欢迎

结果将使国家陷于偏安。使他引为愉快的，是祖国某些方面的确在不断进步。他坚信进步的力量一定胜利，退步的力量一定不能生存，汪精卫从抗战中退步下去了，所以汪精卫出走后，万人唾骂成为"独夫"。

　　实践是理论的泉源，陈氏对于政治问题了解之如此深刻，这与其过去经历极有关系，他过去一身除经营事业外，其最大的精力，都用之于教育与救国事业上。民国纪元前一年，他卅七岁即任新加坡闽侨首创之道南学校总理，并加入孙总理所领导之同盟会。是年秋清政府被推翻，他创办保安捐，筹款资助闽省光复，民国元年（1912）回乡创集美学校，以后逐次扩充。民国七年（1918）在新加坡创南洋华侨中学，民国九年（1920）创水产学校，民国十年（1921）办厦门大学，民国十五年（1926）办集美农林学校，并在新加坡办《南洋商报》。民国十七年（1928）济南惨案发生，倡办山东惨祸筹赈会。

民国二十四年（1935）主持筹赈祖国水灾会，民国二十五年（1936）主持新加坡及马来亚购机寿蒋会，民国二十六年（1937）抗战发生，领导全部侨胞组织新加坡华侨筹赈祖国难民会，同年被推为马来亚各区华侨筹赈会通讯处主任及新加坡自由公债劝募委员会主席。民国二十七年（1938）主持筹赈黄河水灾。民国二十八年（1939）向国民参政会提案，谓："敌军未退出中国前，不得言和。"全国舆论皆为之赞扬不已。同年英日举行谈话，有不利中国抗战消息，陈乃以侨民大会一致之意见，致电伦敦代表反对，同年冬为祖国募寒衣五十万件。今年为祖国作医药募捐，其更大之行动则为此次领导南侨慰劳团回国慰劳。所以说，近十年来他的大部分精力，都用在救国工作了。

我们抗战之应当采取更坚决的独立立场，他从最近英政府对新加坡华侨存款汇款的限制，得到了一个明证。从前华侨汇款回国是完全自由的。每月由新加坡中国银行汇回祖国的款项在二三千万元。自去年欧战爆发以后，英政府对于华侨对祖国之汇款有了严格之限制。最初限制每人每次汇款不得超过五百元，以后改为不得超过二百五十元。携带出境者不得过一百元。所以去年九月以后，新加坡中国银行每月只有几百万元汇出了，这就说明各国都愿意各国的殖民地资力为各本国战争而使用，华侨应以其资力为其祖国神圣解放战争而服务这事件，不是当地殖民地政府所考虑的事了。

华侨之解放，要以祖国抗战胜利为前提，而祖国抗战之胜利，也只有在广大的华侨支持之下，才易于成功。所以今后如何把华侨与祖国的关系亲密地联系起来，这是今后的谋略。

在他看来，经过这次南侨慰劳团回国视察之后，华侨与祖国的关系一定要好很多。因为慰劳团包括南洋各乡的华侨，范围广大，他们回去宣传之后，一定能发生极大的影响，今后一定还有更多的华侨同胞不断回国考察，这当然会加强彼此的关系。

此次他所想到的成熟的意见，对于海外侨胞小资本家与国内抗战经济建设联系的事情，已经有些具体的计划，英国殖民政府已经限制华侨自由向祖国汇款，故在我政府向英交涉恢复自由汇款未成功以前，华侨大批汇款回国已不可能。故将来最可能的方法为在国内创立大规模的企业公司，在南洋向华侨发行股票，及可以致力于祖国的抗战经济建设。

他最认为遗憾的，是国内新闻纸上对于华侨救国努力之反映不够，重庆战时首都，华侨消息绝少。因此国内同胞对于华侨之了解，自无由而深刻。文化交流，是政治经济联系的纽带。这一点都作不到，其他工作的进行至少不甚便利。对于重庆报纸几乎家家都是同一样的新闻，这一点，他觉得是个缺陷。

这位南洋老人为事业为国家继续奋斗了五十年，而仍然没有丝毫倦意。老而益壮，久而弥坚。祖国抗战正到一个非常困难艰危的阶段。有陈先生这样精诚动人的长者，到各战场视察一周，对于作战军民的鼓舞，将不比于平常。

让敌人和汉奸作分化中国的梦吧！看看南洋老人亲赴全国前线劳军，有什么方法不在中国不可动摇的团结趋势之前，不断地发抖呢！

五月三日重庆

| 原文载于1940年5月31日《新中华报》第四版

范长江（1909—1970），原名希天，四川内江人。中国杰出的新闻记者、社会活动家。他生前写过大量出色的新闻报道，担任过新闻机构的领导工作，为全国的新闻事业作出很大贡献。

陈嘉庚在《南侨回忆录》中曾专门记载了《范长江君来访》一节："重庆全国报界记者协会主席范君长江来见，坐谈后云：渠有事访问，按须两点钟方能完了，问余肯否接受，若可者明天当复来。余应诺之。越日范君提出各问题，多为南洋华侨之情况，如义捐、公债、商业、报界、教育、党派、待遇、爱国等等，余逐一据实回答，约三点钟方毕。余并告以首都十一家日报，每天各报仅出一小张，除政府分送中外电报外，甚少其他新闻，篇幅既小，大都雷同，有如一家而已，大出余意料之外。虽中央党报，及政府机关报，亦都如是。此何能模范各省，开化民众？范君答：首都日报不能发展，多系政府钳制太严，善守秘密，复加检查员慎重奉行所致也。"

范长江采访的这篇通讯写于1940年5月3日，长约4000字，就内容而言在当时国民党的新闻检查制度之下是很难通过的，于是他迅速把通讯寄到了延安新中华报社，《新中华报》选择了一个好时机，即在陈嘉庚先生考察兰州、西宁、西安等地之后于5月31日到达延安的那天发表。编辑在通讯前加了一段醒目的"附志"。范长江写过许多通讯，但以人物专访为题的通讯只有几篇，而这篇《陈嘉庚先生印象记》是其中重要的一篇，这次采访也成了中国新闻史上的一段佳话。

根据范长江的自述，在这次采访的过程中，陈嘉庚曾对范长江说，将来在经济上有困难的时候，可以找他，他愿意为范长江帮忙。1941年，范长江受党的指派到香港，在香港地下党的领导下创办《华商报》。可是办报缺少经费，范长江就把陈嘉庚的许诺告诉了负责人廖承志，廖承志让范长江写信试一试。范长江在给陈嘉庚的信中说，自己已经逃到香港，打算办报，但是没有钱，问陈嘉庚能否提供帮助。陈嘉庚很快从新加坡回信，并表示愿意送范长江4万元港币。范长江把钱交给了香港党的组织，《华商报》就用这笔钱创办起来。

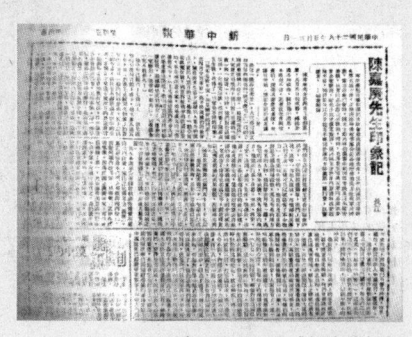

1940年5月31日《新中华报》

陈嘉庚先生的人格

郑贞文

化学家、编译家、教育家

郑贞文

　　本人与陈嘉庚先生不曾晤面到现在，忽已十八载了。忆民国十一年（1922）时，因擘划厦大开办事宜，在集美与陈先生比邻而居，朝夕过从，及至大学筹建成立，一切就绪，本人离校，陈先生随亦南渡，至今思之，恍如隔日的事。今者，敌骑纵横，河山破碎，陈先生以七十余岁的高龄，有南洋仆仆返到十八年未曾回来的祖国，走遍完整大后方的每一个角落，携带南洋群岛一千一百万颗侨胞赤诚的心，慰劳前后方的将士与人民，这种不辞艰苦的精神，永世令人景仰！现在行踪所至，且及桑梓之邦，乡人士所可告慰先生者，是吾闽在此火药味笼罩的今日，仍能保卫较完整的乡土屹立东南，不受敌人多大的蹂躏，埋头努力抗建事业，想先生必欣然稍慰。

　　先生独力创办集美学校及厦门大学，中经济竭蹶，仍复全力维持，终使校务蒸蒸日上，造就国家基本干部的人才，以迄今日，此种艰苦卓绝的精神，为国人所同钦；尤其是前年先生慨然将十余年独创的私立厦门大学，全部移赠国家，改为国立大学，此种大公无我之精神，更为国人所共敬。世之称颂陈先生的，多以毁家兴学为言，这固然是陈先生过人之处；我以为他那种艰苦卓绝大公无我的精神，尤其是陈先生人格的最高表现。造就人才，蔚为国用，固是陈先生对于祖国可贵的贡献。而每个一手培植的青年，在陈先生崇高品格感化之下，更蓬勃，更耐劳，更能大公无私，艰苦卓绝，成为目前抗建中的中坚干部，尤其是陈先生对于祖国的不可磨灭的贡献。所以仅说金钱的捐输，不能表现先生人格的全部，其所不可及的地方，是他不屈不挠、艰苦卓绝、大公无我的精神。

小节永是整个人格的一环，一个人人格的伟大往往可由微小的地方窥察出来。就我所懂的，陈先生有两件事使我特别感佩，忆得民国十年（1921）厦大成立，那时候恰是徐世昌当总统。徐氏为表示钦崇起见，于厦大开学时特地送了一个匾额给厦大，就他人看来，学校有大总统颁给匾额，多么荣耀，但先生认为就徐氏过去经历估评，是个少了士人气节的人，拒绝悬挂。又，陈先生是素与汪精卫认识，而又心折于汪精卫的，所以厦大筹备之时聘汪为董事之一，且曾拟聘汪为校长，但汪逆一露背党叛国的痕迹，先生便第一个起来毅然电讨。他的明辨是非，他的嫉恶如仇，以及他的革命爱国的热情，永远是青年人的楷模。他对于厦大校训是"至于至善"，集美校训是"诚毅"，他所希望于祖国青年者以此。

陈先生是极关心桑梓的教育的，福建教育，在抗战以前，质量俱差得远，学校的分布尤其颇有偏于省会及沿海一带之嫌，这些事实当然陈先生认为不能满意，而忝司桑梓教政的我，更认为急应改进，日夜不能去怀的；但因环境关系，荏苒数年，改进殊少。抗战以后，省府自主席以至各同人，均深感普及国民教育，提高民众的国家观念及民族意识为当前急务，而本省教育亦乘机深入于内地的农村，目前正在计划大量办理国民教育。经以最大的努力使在五年以内，每保各设国民学校，每乡镇各设中心学校，每县各设一初级中学，达到教育普及的目的，这也是可告慰于先生的一事。

目前漫天烽火，先生不辞劳瘁返国过闽了，本人为着公谊，为着私情，敬表万分热烈的欢迎。先生这次路过集美，也许会看到一手辛苦建立的校舍，一座座被敌人破坏，遥望厦门见亲手奠基的厦大，陷在敌人手里，这当然是使先生嫉愤的。但是，先生，物质是可以再建的，在八闽正有无数颗对你表示无限敬仰的青年的心。

原文载于1940年第6卷《福建教育通讯》，题目是《欢迎陈嘉庚先生》，后选入《爱国老人陈嘉庚》一书时题目改为《陈嘉庚先生的人格》，并删除了原文的最后一段，此处予以还原郑贞文（1891—1969），字幼坡，号心南，福建省长乐县人。化学家、编译家、教育家，为传播近代科学知识和发展教育事业作出了贡献。他还热心学术团体工作，献身编辑出版事业，在统一化学名词方面做了奠基性工作。

根据郑贞文的自述，早在1912年4月，郑贞文到南洋考察教育时，就与陈嘉庚相识，当时陈嘉庚是新加坡道南学堂的总理。在南洋一年期间，郑贞文往返新加坡三次，每次都和陈嘉庚见面，谈到华侨教育时，他建议英属各埠和荷属各埠一样，组织"学务总会"，陈嘉庚深表赞同，后来成立了"南洋英属新加坡华侨学务总会"。

1920年，厦门大学成立筹备阶段，郑贞文在厦大任教务处主任，在集美学村办公，负责相关筹备工作，与黎烈文、郑天挺等为同事。1921年4月，厦门大学在集美学村成立。5月初，校长邓萃英辞职，陈嘉庚聘任郑贞文为代理校长。一直到林文庆到学校之后，郑贞文才卸下校长一职，转任教务处主任兼秘书长，负责大学开办后的诸多事宜。当年8月，郑贞文等人在学期结束后离开厦门大学，到商务印书馆做编辑。

郑贞文在集美与陈嘉庚毗邻而居，对校舍建造及部科设置等悉心筹划。郑贞文根据陈嘉庚创办大学的宏愿与用心，在1921年初创作了厦大校歌，歌词包含着锐意进取、自强不息的精神和超凡脱俗的禅意，被誉为经典，传诵至今。

作为化学家的郑贞文也是建树颇丰。众所周知，氮是宇宙中常见的元素，在银河系及太阳系中排第七名，占地球空气总量的4/5，其生成的原因推测是由于超新星中碳和氢产生的核聚变导致。1772年，苏格兰物理学家丹尼尔·卢瑟福发现了它的存在。因为最初在实验中放入氮气中的生物都会窒息死亡，氮被认为是有害气体，故称作固定空气，即是希腊语"无生命"的意思。1933年，郑贞文在其主编的《化学命名原则》中将其名字改为"氮"，一直使用至今。

郑贞文创作的厦大校歌

热烈欢迎南侨回国慰劳团

邹韬奋

著名记者、出版家

邹韬奋

　　南洋华侨筹赈总会主席陈嘉庚先生及副主席庄西言先生所领导的南洋侨胞慰劳团已全体光临战时首都了，我们于欢欣之余，愿竭诚向我们所崇敬的海外民族战士致最诚挚的敬礼。

　　陈、庄二先生于上月廿六日即已先行到渝，国内同胞即已表示非常热烈的欢迎，对全体团员的即将续到，尤存殷切的期待。在国民参政会第五届大会开幕的前一日，该会同人举行了一个茶话会，陈先生曾到会作三小时长时间的演讲，同人的掌声屡起不辍。听到南洋华侨筹赈总会统一组织的经过，更令人不胜兴奋，全体同人不自禁地作了长时间的热烈鼓掌。在本届大会闭幕的那一天，全体同人公推庄西言先生代表致辞，大家也有着同样的热烈表现。这都足以表示国内同胞对海外侨胞的关切，同时表示国内同胞对于南洋侨胞回国慰劳的崇敬。

　　我们称南侨回国慰劳团诸君为海外民族战士，实在是很切当的名称，因为海外侨胞和中国国民革命是始终结着不解缘的。当中山先生奔走革命的时候，海外侨胞所贡献的助力是非常伟大的。据说，中山先生曾经说过："没有华侨便没有革命。"足见中山先生对于侨胞为国努力的推崇。自抗战爆发以来，海外侨胞对于祖国的热诚，在精神及物质各方面支持祖国的抗战，都使国内同胞受到极深的感动。在这个抗战建国的伟大时代，西南经济建设的开展，国外国民外交的猛进，以及海外贸易的增强，在在都有赖于侨胞的努力参加，所以我们由以往看到现在，由现在看到将来，对于千万的海外侨胞，实抱着无限的希望。正在艰苦奋斗中的祖国是在欣然招手，对这一群中华民族的好儿女，怀着诚恳的属望，而团员诸君正在这个时候代表千万侨胞回国慰劳，这情景是不能不令人感奋的。

我们尤其深切感觉到的是团员诸君这次把侨胞的团结精神带回祖国，使祖国更能进一步地巩固团结，一致对外。我们听到南洋华侨筹赈总会成立的经过，没有不受到深深的感动。由于陈嘉庚先生的号召，前年八月间发起，决定于新加坡召开南洋各属华侨的代表大会，以便组织一健全的领导机构。到会的代表有二百四十八人之多，他们虽然来自七十五个不同的商埠，代表近四百个不同的团体，但是他们对于保卫祖国的心是一致的。自总会成立以后，各项救国工作进步更为迅速。仅就捐款而论，便增加一倍，自总会成立到去年底，共募得国币二万万余元，团结就是力量，从这里可以得到事实的证明！所以我们感觉到这次回国慰劳的侨胞代表不仅是海外的民族战士，而且每一位都是团结御侮的象征。诸君在海外以团结的力量为祖国尽了很大的贡献，现在更以这个铁的事实显示给祖国，巩固整个祖国的团结，这功绩是尤其伟大的。

　　侨胞代表诸君的回国慰劳，是祖国的光辉；侨胞代表诸君的继续为国努力，是祖国的幸福。诸君对于保卫祖国的心是一致的，我们深信全国爱国同胞热烈欢迎诸君的心也是一致的。

原文载于1940年出版的第119期《全民抗战》

邹韬奋(1895—1944)，本名恩润，乳名荫书，曾用名李晋卿。祖籍江西，1895年出生于福建永安。著名记者、出版家、爱国民主知识分子。

1938年10月28日，国民参政会第一届二次会议在重庆召开，此时身为议长的汪精卫却在会上大唱"和谈"，其卖国行为引起参政员们的激烈辩论。身为国民参政员的陈嘉庚当时因事未能回国与会，便从新加坡发来一份电报提案，电报共110字，内容上有三个提案。其中第一条为："日寇未退出我国土之前凡公务员对任何人谈和平条件概以汉奸国贼论。"

邹韬奋在《来宾放炮》一文中说："开幕之后，霹雳一声，陈嘉庚先生从新加坡来了一个'电报提案'（陈先生也是国民参政员，当时因事未到），内容极简，而意义极大。这个提案的内容只是这寥寥十一个大字：'官吏谈和平者以汉奸论罪！'这寥寥十一个字，却是几万字的提案所不及其分毫，是古今中外最伟大的一个提案！依'请帖'上的规定，任何'来宾'要提案，须有二十位'来宾'的联署，这个'电报提案'一到，在会场上不到几秒钟，联署者已超过二十位。于是名炮手陈嘉庚先生的这一炮，轰咚一声正式发了出去。"

按照惯例，交付会议讨论时，应由会议主席对会议提案大声朗读。汪精卫是当时的会议主席（议长），不得不念一遍，据说当时脸色惨白，坐立不安。这份电报提案一到会场，很快就有20位参政员联署，经激烈辩论、修改后在大会上表决通过，只是将文字修改为"敌未出国土前，言和即汉奸"11个字。它言简意赅，振聋发聩，发人深省，大快人心，对汪精卫等人的求和卖国行为给予沉痛打击，在海内外引起强烈反响。

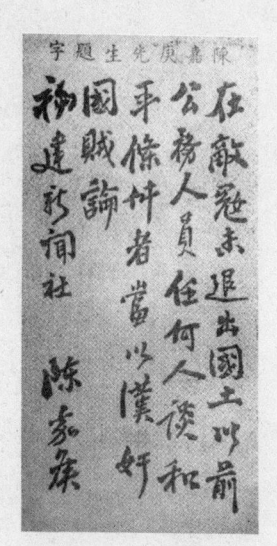

陈嘉庚题字

陈嘉庚先生印象记（节录）

王揆生

著名教育家，周恩来南开同学

王揆生家庭照

　　陈先生侨星数十年，其人格操守，热心公益，不但为侨胞及国内人士所敬仰，即殖民地政府当局，亦非常信任崇拜。闻救灾总会开始筹备组织时，因政府及一般社会之不了解，困难掣肘之处甚多。自举出陈先生为会长后，主持得人，宛如一天云雾立刻消散。各方一致拥护、协助，毫无异言。人格力量之伟大，真属不可思议。闻陈先生以如此高龄，每日清晨，即到会办公，有时直至深夜始归寓。凡事必躬亲处理，不厌烦琐。即如组织南侨回国慰劳团一事，余在星埠时，各报即有登载。当时一般舆论虽竭力赞助，而提出困难问题应考虑之点颇多。今竟于最短期间，在陈先生领导之下，排除万难如愿实现。此种精神毅力，又岂普通人能望其项背。今春返国，冒暑奔驰，遍历西南西北东南各战场要地及建设中心。每读报纸，几令人认为奇迹难以想象。惟一解释即代表中华民族精神之伟大与象征民族复兴之气概耳。余对于陈先生之为人，有以下不能磨灭之深刻印象。

> ### 陈嘉庚先生印象记（节录）
>
> 王揆生
>
> 陈先生侨星数十年，其人格操守，热心公益，不但为侨胞及国内人士所敬仰，即殖民地政府当局，亦非常信任崇拜。闻救灾总会开始筹备组织时，因政府及一般社会之不了解，困难制肘之处甚多。自举出陈先生为会长后，主持得人，宛如一天云雾立刻消散。各方一致拥护、协助，毫无异言。人格力量之伟大，真属不可思议。闻陈先生以如此高龄，每日清晨，即到会办公，有时直至深夜始归寓。凡事必躬亲处理，不厌烦琐。即如组织南侨回国慰劳团一事，余在星埠时，各报即有登载。当时一般舆论虽鸦

《陈嘉庚先生印象记》

一、"态度诚朴，行为笃实"。俗语云："至诚可以动鬼神，虚伪不能欺禽兽。"陈先生使人发生之第一印象，乃是完全诚朴，丝毫无勉强虚伪掺杂其间。虽是初次晤面，竟能如家庭朋友间之谈叙，只感觉亲切，而不感觉生疏。当余叙述国内赈济工作进展过程时，陈先生凝神静听，非常注意，并表示国内经激烈战事，及敌机炸后，将来重新建设，必需要大批砖瓦。嘱余返沪时，将砖瓦式样价格，加以详细调查，彼有意在福建漳州附近，筹设一大规模之砖瓦厂，以应战后建设之需求。最后余取出纪念册，拟请先生题字，以示景仰。先生以极爽直之言答曰："向不愿作此类举动，请原谅。"余当时不甚明了先生之原意，后阅报载先生对南侨回国慰劳团致临别赠言，内有一条，即系告诫团员，万勿用纪念册向国内名流领袖请求题签，因不愿耗费别人宝贵有用时间，更不应用此标榜本身交际才能，以提高自己身价。乃知先生处处注重实际，最忌酬应铺张。此种风气之养成，确为挽救目前国内社会危机之根本要图。尤其

政界中人，若不彻底鼓励此种诚朴笃实之风气，抗战建国大业必将遭遇严重之打击。

二、"眼光远大，爱国心深"。二十余年前，国内政治未上轨道，一般社会人士，多在争权夺利上用功夫。而先生独毅然斥巨资，创办厦门大学与集美学校作育英才，为国服务。此两校余皆曾亲往参观。其规模之宏大，建筑设备之优美，在私立学校中，可谓独树一帜。其中虽经几次学潮周折，而先生决不因此而减少其维护之热忱。最近厦大内迁长汀，改为国立，校务蒸蒸日上。足见政府当局，对于先生手创事业之重视。两校已曾造就不少干部人才，为国家服务，而集美学校，先生仍继续募款维持，本其一贯之宗旨，辅助政府，提倡教育。现时门生桃李遍天下，先生精神上之安慰与收获，非任何物质金钱所能及也。在侨胞中，资产商业与先生相埒者不少，年富力强、凭借优学者，亦所在多有，而关心祖国勇猛精进能如先生之努力表现于社会者尚属凤毛麟角。可见先生虽系商界出身侨居国外甚久，惟其对于国际情势抗战前途之了解，与文化学术立国精神之认识，较之身居国内者，反更为深刻而彻底。观于汪逆精卫，背叛党国，先生首先领导侨胞通电声讨，其见解判断，诚足以令人钦佩也。

原文载于1940年10月6日出版的《集美周刊》

作者小传

　　王揆生，江苏人，教育家。燕京大学毕业，曾任杭州之江大学教授，与黄炎培私交甚厚。王揆生是周恩来南开中学的同学，在南开中学读书时曾任《校风》编辑，周恩来曾写过《〈校风〉报传》，当时周恩来的老师评价该篇作文"叙述周密，气息深沉"。

　　1919年，王揆生与胡维宪等同学组织了南开书报贩卖团，代售《每周评论》《少年中国》《湘江评论》及《北京大学学生周刊》等进步报刊。

　　1936年，王揆生与沈体兰、刘湛恩、陆干臣、应书贵等26人，联名发表声明，支持学生爱国运动，并发表《我们的呼声》宣言，坚决反对日本帝国主义的侵略，主张全面抗战，愿意牺牲一切，从事抗日救亡活动。

　　1937年，曾任上海市救护委员会总干事。抗战时期，曾任中央赈济委员会第七救济区驻永安办事处主任。

　　1949年9月30日，上海盲童学校校长傅步兰退休，校董会决定由王揆生继任校长。

　　1979年，王揆生去世。

记陈嘉庚先生在祖国

高云览

著名记者、作家

高云览

听听人家怎么议论他

  陈嘉庚先生,在中国他已经是一个人家喜欢听和喜欢问的人物;他的名字放在人家的嘴里和耳里一点也不觉枯燥。人家注意他的生活、思想,以至他的生活琐事,像人家对于甘地、萧伯纳这一类年老的真人也感兴味一般。从海外到行都,从行都到西北,从西北到西南,从后方到前线,又从前线到后方,他老人家到过的地方,中央社记者都忙着发消息。在国内的报纸,他的名字差不多是今年来最常与读者见面的一个。许多人留心看他的行踪,他沿途的观感,他对于团结、建设,以及开发富源的各种意见。

  当今年四月间,他乘的飞机在重庆的机场降落,他那并不高大的身材在群众的欢呼声中出现的时候,有些人皱着眉头了,听听他们怎么议论他:

  "他是怎样的一个人物呀?"

  "一个大实业家。"

"一个资本家。"

"哪里，他钱并不多，他是一个华侨领袖。"

"我所知道的，是他从前开过橡胶厂，我在中学时代就穿过陈嘉庚的橡胶鞋。"

有些人对于陈嘉庚的理解更离奇了。他们看他演说时不说国语，又听不懂他说的是什么话，便猜是"南洋土话"，但有人又说是"广东话"。有的甚至怀疑他不认识中国字，有的却说他英文很好。还有些人自作聪明的出意见："凡是南洋人，中文蹩脚，英文呱呱叫。"真是天晓得。

没见到陈嘉庚先生的人，对他都存有"南洋阿伯"的念头，到后来，会见了，参加欢迎会，听他演讲，便惊奇了："什么！有这样充实的演说？多精彩！是秘书替他起的演说稿，还是他自己想出来的？"

有人回答他："没有一篇演说稿不是他自己想出来的。因为没有人能够替他计划一篇他认为合意的演说稿，除了他自己。"

于是惊奇的人更加惊奇了："有这样的事吗？有这样的事吗？"

也许是演说的次数增多的缘故，我觉得陈嘉庚先生这次回国后的演说，又比以前精彩了。他演说的内容注重事实，注重数目字，他的最有力的理论根据，不是空空洞洞的理论本身，而是真本实料的事实。他一抓到事实，任何花样的理论都说不服他。他的演说词里面很少用抽象的浮文，可是有时你也可以听到他的精警语句，例如他对祖国的同胞说："敌人能够封锁我们的消息，但不能封锁我们海外侨胞的心！"在重庆，他赴八路军办事处欢迎会时，听听他怎么巧妙的解释国共两党的关系："国民党和共产党在今日抗战的中国，正如同父同母生出来的一对兄弟，或姐妹。兄弟姊妹的面目虽不相同，名字虽不相同，但心是一个。今日国共两党名义上虽不一样，而为国家民族奋斗的心同一，所以国共两党也可以说是兄弟党，姊妹党。"多体贴的比喻呀！

在渝赴八路军欢迎会经过

在兰州，我们遇见他。那时他刚从青海回来。虽然整整一天灰土的旅行已够劳顿，但老人家还是精神奕奕。我们足足谈了三个多钟头。

他告诉我们，他准备到延安去，也叫慰劳团第三分团到那边去看看，"多到一个地方看看，甚有好处，不会有坏处的。"

重庆市民欢迎陈嘉庚和慰劳团

他说。

我们说:"陈先生到延安时,请打张电报来,我们就到那边去。"

他说:"不用打电报,你们要去,尽管去好了,还用打什么电报,延安也是欢迎你们去的。"接着他对我们说明"海外华侨的立场",他说:"我们华侨是无党无派的,因为我们是第三者,不属于哪一党也不属于哪一派,我们是超然的,如果一定要加给我们个派的话,我们就是'超然派'。"他又说,"因为我们既是超然的,所以我们无论对国民党也好,对共产党也好,我们以后都可以有意见好说。"他又说,"我不知道你们这里面哪一个人是国民党的党员,不过你们都不要忘记你们现在代表的是华侨第三者的立场,你们要知道,你们到前线去慰劳,是代表华侨的立场去慰劳,而不是以任何哪一党的立场去慰劳。"

老人家精神矫健,我们本来要走,让他休息一下,他却留我们谈下去,他告诉我们,在重庆时他怎样去赴八路军办事处的欢迎会,他怎样对他们说,他怎样跟周恩来、邓颖超、林祖涵、叶剑英谈话,在成都,他怎样见到蒋委员长时提到他要到延安去的事情。

他追述他赴八路军欢迎会的情形。

陈先生停了停说:"我说完了话后,是叶剑英起来答词,他说他不是欢迎资本家的陈嘉庚,而是欢迎革命的陈嘉庚。"

随后他说,"在成都,蒋委员长请吃饭,他问我的行程,我说:'我要到兰州、青海、西安、洛阳,各前线后方都要去看看。'蒋委员长说:'你回到西安以后还想到哪里去?'我就告诉他，我要到延安去，蒋委员长说：'到那边去看看也好。'随后又问我对于共产党的观感如何，我就把我这回在重庆，共产党他们怎样欢迎我，我怎样对他们演说，简单说了一遍。"

最后陈先生说："我为什么去？这一点，我当时没有对蒋委员长说明，但我觉得有对大家说明的必要。我觉得我这一次回国，无论国民党、共产党各方面的领袖，我都要见一见，听听他们对我说什么话，他们对抗战，对团结，说了真心实意的话，我要听，即使是假话，我也要听听，因为将来有一天，如果有谁不实践他们说过的话，有谁违背他们的诺言，就是说，有谁不守信义，那末，我就有话好说了，我可以对侨胞说：'他亲口对我说的，他对我说的话都是假的！'因为无论人，无论政党，无论国家民族，都应当守信义的……"

我们谈到晚上十点半才出来。第二天早晨天刚发亮，他和侯西反、李铁民就坐着小汽车由兰州赶到西安去了。

在延安见闻录

陈先生在延安一星期，见闻很多，这老人家在青海只住了一天就觉无味，立刻想赶回来。可是在延安，一个星期的时间对他竟然一点也不觉寂寞。

延安样样都苦，但也样样都乐，物质苦，精神可乐，不容易嘉许人家的陈老先生对于他们那种不苟且不马虎的苦干精神，也深加赞叹着。

陈先生第一次住在西北窑洞里。

他和毛泽东、朱德、周恩来他们一起吃饭，据说吃一顿饭好苦（自然他们拿最好的酒菜来请上宾），桌是只有桌面而没有桌脚，桌脚是砖头叠成的，没有台布，桌面铺着报纸，菜盘一拿起，风一吹，报纸飞掉了，又得换一张，结果换了一张又一张，一顿饭还未吃完，报纸已换了七八张！陈先生第一次看见这些共产党的领袖们怎样不怕烦恼地和风、纸奋斗。

毛泽东和朱德请他去参观陕北公学、抗大、鲁迅艺术学院、农场、托儿所、小工业、小工厂，陈嘉庚对他们的小工厂感觉特别兴味。

他们一边走着，一边指给陈先生看："陈先生，你看，我们就在实行三民主义。"陈先生深深感动。

延安有五百多华侨和福建的青年人，他们都是跋涉数千里历尽辛苦才到延安的，他们见到陈老先生，都非常欢喜，其中厦大和集美校友占一百多名，他们呼他"校主"，这些青年人像围炉似的集集拢拢把陈校主围在中心。这时候陈嘉庚先生可以直接用闽南话和他们谈，他感到一种亲切，他向他们提出许多疑问，他们都解答了。

李铁民到延安时，脑顶给汽车门碰伤了，医了好几天，大家都感到抱憾，李铁民在医院里休息时，护士十分小心的看护着，他的病状每天都有报告。当他睡时，女护士立刻用白纸写着"李先生在睡觉"贴在门外，怕人家脚步声打吵他。过后铁民醒了，看见这字条，心里颇有感触地认为这是他一生睡眠被十分重视的一次，他把那张字条保存起来，当做纪念……

关于陈先生在延安的情形，可记载的自然还有很多，笔者这回并没有和陈先生一道到延安去，这里所报道的不过是把间接听到的一点一点尽可能传述给大家罢了。

从延安返重庆

在西北，陈嘉庚先生经过了陕、甘、青、晋、豫等五省。

陈先生由西北回到重庆时，中国国民外交协会邀请他去公开演讲此行观感。

那天因为是在轰炸疏散当中，天又下着淋漓大雨，可是到六点半，会场里已经挤满了人，据该会主持人最后告诉笔者，那时会场严肃与寂静是重庆演讲会少有的现象，而且那晚来听演讲的人，是只有进来，没有中途退席的。他听着先生讲的是福建话，由李铁民翻译。当陈先生说到他到延安去的情形时，听众注意力突然更加集中起来，听讲的人虽然十个有九个不是福建人，可是当陈先生用福建话讲时，他们几乎是来不及等到翻译好了就希望从话里找出一点大意，因为他们实在是太急了，有时一找出了，立刻就鼓掌，等到铁民翻译好了，他们又多鼓

陈嘉庚（右三）回国慰劳时与前线将士共进午餐

了一次掌。

　　陈先生那晚的演讲，有些地方，仿佛说得内心很激动，他的声调是果决的，手势也是果决的，还是到了铁民翻译时，才把他声调和激情和缓了一些。

　　一直到他演讲结束为止，听众还不敢走，大家不约而同的站起来，对他表示敬意，让他走过去，大家才散了。

　　现在把那晚的演讲词，拿比较重要的摘记如下：

　　"……我们华侨是无党无派的，是超然的，是第三者。祖国是在艰苦抗战中，无论哪一个人，凡是能够替民族谋解放的，替国家争生存，华侨都一致拥护他……

　　"在海外，我们在十分艰苦的环境中奋斗，我们一千一百万侨胞中，在边疆的就占五百万，而边疆当局对华侨的限制压迫，竟无所不用其极，封闭我文化机关，逮捕驱逐我

高云览（前排左一）

爱国分子，使工作受到很大的障碍。其他各地，常常有汉奸汪派的活动，有时明明知道某人是汉奸，是汪派，也很难对付他……

"我们所有汇祖国的捐款，虽然数目不大，但国内同胞应当记着，海外华侨并不是个个都有钱，这笔捐款，主要的倒还是靠劳苦大众献出血汗钱来的，这些钱的来源并不容易……

"再来，是国内团结问题。记得在南洋的时候，就听见过一些不大好的传说，我当时总以为只是些个别小误会，可是以后，一些传说好像渐渐多起来，海外侨胞最注意这问题，千万的侨胞诚意捐款回国，是因为他们深信国家有前途，有办法，我们能够获得最后胜利，我们的民族能得到自由解放。可是，如果国内不能团结，抗战就困难，强国更谈不到，大家消极、悲观、颓丧，谁也不愿意拿钱出来了。这问题，对于一个负责筹赈的人，自然相当严重。我刚才已经说过，筹款并不是容易的事，我们是在不断的奋斗中，用尽了各种各样的方法才有现在这一点点成绩。要是侨胞们都悲观失望了，我们能做什么呢？因此我们不能不加倍的重视，站在国民的立场上，我们是不能不关心……"

接着陈嘉庚先生就说他这次回国来，愿意到各处去跑跑，耳闻不如目见，耳听不着边际的空话，还不如看看实际情形，从言论、行动等等去观察各方面的人物及各方面事实。在这种意图之下，他到了重庆，又决定到延安去一趟。所以当飞机在重庆机场降落时，他就开始宣称："打算到八路军那边去看看。"

他说在延安时，毛泽东先生在窑洞里会见他，那窑洞里的椅和桌都是高高低低的，他说毛泽东的那种简朴的生活是他所意想不到的,在延安上上下下那种刻苦耐劳求进步的精神,也值得我们称赞,在今日中国如此艰苦的抗战当中,延安的这种精神,是大家应当学习的。他又说,毛泽东先生和他谈话时态度异常诚恳,前后谈了好几次。后来朱德先生也参加了。他们差不多凡是能够谈的都谈到了,凡是应该考虑到的都考虑到了。

他又说:"我离开延安后,我会见阎锡山和卫立煌二将军,他们都同样告诉我,八路军是作战最灵敏的部队,又活泼,又好指挥,和中央军联结得很好,打得也很好。(笔者注,八路军过去曾在阎卫二将军指挥下作战,故为二将军所称赞)

"又有人说:延安男女关系混杂。我心里也很怀疑,到了延安后,我才知道又完全是造谣,那边男女有别,一点也不容许混乱,男女关系,非常严肃,而且大家正忙着工作,谁要在

1940年陈嘉庚回国慰问,受到热烈欢迎

那里鬼混，就得被鄙视……

"在那边，自抗战以后，土地革命已经停止了，一切抗日的人民都很自由，民众生活也很好，并不痛苦，因为他们逐年逐月都在那里改善人民生活……

"说到教育，真叫人满意，他们用新的方法，已经收到很好的成绩，从我所接触的那些青年男女就可以看出那边的教育是充满着朝气的。

"其余的如生产事业，他们正在进行大规模的开荒运动，在一年之内，他们开垦了一百多万亩的田地，这些都是事实，有实在成绩拿给我们看的事实！"

最后，他特别郑重地声明说：

"兄弟个人完全是没有党派关系的，在总理革命时曾经加入过同盟会，以后就没有任何政党关系了。海外的侨胞也大多是一样，无党无派。我们是站在国民的立场，认为现在应该举国一致，加紧团结，枪口对外！（鼓掌）只有汪派汉奸，才在拼命破坏团结！我们要相信，我们要团结，不单是时势所必需，而且是时势所必然！（鼓掌）这不仅是帮于国家一时的安危，而且是关系今后民族永久的存亡！"

接着他还说了他在西北旅行时所见到的其他方面的进步，如军事教育的普及，战区军民苦干与合作，军官们的新作风并不像二十年前的官僚习气，以及在敌人炮火中生长着的大西北的新气象。

陈嘉庚先生那晚的演讲词，现在已经成为历史的珍品了。许多青年像发掘到什么奇迹似的，把这篇演讲词默记着，传述着，一传十，十传百，消息很快的就从重庆传到贵阳，最后连

陈嘉庚、庄西言抵达重庆

昆明的青年学生也会背述起他的演讲词来了。

当笔者由西北回到重庆，许多人拉着我问陈嘉庚先生的生平、思想，问题是多到使我"口不暇接"，等到我也反问他们关于陈先生在重庆的演讲时，他们的回答又是一大篇，原来他们都是把陈先生的演讲词背熟了的！

一些平日把陈嘉庚先生也编在"南洋阿伯"之列的青年们，现在是叹息了。他们惊奇自己过去的肤浅和不理解。"怎样尖刻的老人呀，只要是他看过的事实，无论是光明，是黑暗，都无法遮过他的眼睛"，都照样批评着。

从重庆到昆明

陈嘉庚先生由西北返重庆时，曾谒见蒋委员长，报告他对于西北的观感，蒋委员长十分注意他身体的健康，随后问他对西北的观感如何？陈嘉庚先生便把此行目睹耳闻的事实，像他所演讲那样的如实报告出来。

陈先生离开重庆时，蒋委员长亲下手谕，令各部部长都亲自到飞机场去欢送。那天很早就到机场去欢送的有朱家骅、吴铁城、陈树人、张楚伧、萧吉珊、谷正纲、洪兰友等党政要人，各文化机关及各民众团体的代表、民众。大清早机场挤了许多人，比去年欢迎尼赫鲁时还要热闹呢。

离开了战时首都的重庆，陈嘉庚先生开始大西南的旅行了。他由重庆飞到贵阳，又从贵阳飞到昆明。

昆明，这美丽的山城，这学校最多、学生最多、教授最多的文化市，正在热烈地准备欢迎陈嘉庚先生，因为他是第一次到昆明来的。西南运输处的纷忙那更是意料中的事。

昆明的学生，老早就已经把陈先生在重庆的演说词背熟了，这次听见陈先生要来了，都欢喜到跳起来。西南联大（即燕京、清华、北大三所大学合并的）的学生立刻召集开会，议决请陈先生莅临校讲话及报告此行观感。

这时候昆明各界已经定期开欢迎大会了。

陈先生抵昆明时，联大派去的学生代表立刻走去见他，并说明原委。陈先生对青年学生一向就极亲切，听他这么一说，反而谦让起来了。

"我是个商人，不会说话，我说的只有一篇，你们听的也只有一篇，没有什么的。"陈先生安详的说，其实自从他回国以来，我们听过他十几次的演说，就从没有一篇相同的。

那位学生代表是个很好的外交官，他用极诚恳的态度对陈先生表示说：联大三千多学生都很想细心看一看陈先生的风采，只要你愿意答应他们到学校里去走走，到欢迎会台上站站，大家就已经很满足了，届时陈先生即使不说话也不要紧的。

其实他明知陈先生不去便罢，一去就会演说的。他又说，本来联大的学生是应当直接跑到各界欢迎会的礼堂去听陈先生训话的，可是，那礼堂实在没办法容纳这么多的人数，如果联大三千多个学生定要挤进去的话，那礼堂会挤破的，而且别人也会被挤出来，这显然是大大的不公平。说到后来不容易发笑的陈先生也笑了。他终于答应了这位善于外交辞令的学生代表。

不过他最后这样吩咐："你们不要欢迎会那一套，我什么都不要，一杯白开水，我就很满意了，你们如果尊重我，就应该听我的话。"

这位学生代表连跑带跳的回去报告了。

第二天，陈先生果然到联大去，这天会场情绪的热烈，我们想象得出来的。

关于他的身边琐记

陈嘉庚先生素性俭朴，日常生活谨严，这次回国，仍不改变老模样儿。

他第一次到重庆时，就声明愿意和各界开一次茶会，辞谢一切宴请。可是第一回，蒋委员长请他，接着孔祥熙、朱家骅、冯玉祥也请他了，他一个一个拜谢。但结果一个一个都把他请了去，没办法，大家都是诚心实意，无论怎样也辞谢不来。弄到后来他一听到宴请就锁紧着眉头，仿佛有摆脱不开的痛苦似的。那回厦大、集美校友会想请他，他连忙说："你们千万不要来这一套。"后来校友会开了个茶会，他才接受了。

陈先生过去一日三餐都是很有规则的，这一回你请他宴的，饮食一不小心，终于弄出胃肠病来了，他病在嘉陵新村（寓所）

陈嘉庚抵渝时，厦大、集美在渝校友赠送"惠溥中邦"的锦旗

三天，整天坐在那里发闷，那天我们在嘉陵新村吃饭，他只吃一点稀饭，"十几年来没有病过，"他沉下脸望窗外阴冷冷的雾空说，"这回倒吃出病来了，明明知道，这样请来请去是不成的，偏偏把你请了去，你看一个人的肚子会装下多少饭菜？大家只晓得请客是敬重，不晓得客人实在是受罪……回到祖国来原是要工作的，现在病在家里，白白花了时间，要参观，要找人，都没有办法……"

他满肚子不高兴似的说了一阵，脸更沉下来，看过去就像窗外那阴冷冷的雾空一样。

五月间，南侨慰劳团第一分团和第三分团到成都的第三天，陈先生和侯西反、李铁民二先生也飞来了。成都当局因为对慰劳团表示欢迎盛意，所以把成都最高贵的沙利文旅社全座腾出来招待。陈先生一到，就问团员说："这样大的房间，你们只住两个人吗？"团员说："招待员说是一间睡一个人。"陈先生跑到四楼去，他是爱静的人，本来喜欢一个人住一个房间，可是一上去看看自己房间，觉得太大了，住一个人未免浪费，于是把侯西反和李铁民都叫来同住了。

在西安，胡宗南用开水和面包请陈嘉庚先生，陈先生十分满意。他对胡将军说："回国以来，要算是今天的开水和面包最使我满意，也最使我快乐的了。"

当他由滇缅公路去慰问蒋才品时，西南运输处派了一大车的人跟了去。这些人到酒菜摆出来时又出现了，宴会共三席。陈先生十分惊奇，他无论怎么也想不出这三席酒菜到底是备给什么人吃的，因为他和侯先生、李先生再加主人最多也不过一席。"多浪费呀！"他心痛着，"这大批人不远百里而来，难道就真只为着这三席酒菜？"他沉默了，宴会才开始六七分钟，他就自己一个人先退席，回到房里，说："我要吃稀饭。"大家都愕然了。

今年四月间，陈先生和慰劳团在重庆时，敌机常来夜袭，躲了好几晚的防空洞，大家弄得个个失眠。陈先生看敌机老是在郊外落弹，觉得轰炸并不是想象的那么严重。有一天早晨我问他："昨晚你躲在什么地方？"他笑了说："我在房内睡了。""怎么，你没有听见警报声响吗？"我吃惊问。

"听见的。不过我已经习惯这种声音了，敌机老是在郊外逞凶，我猜定他不会到这里来，不过躲总是要躲的，那是安全的办法。我是因为懒得爬起来，才索性睡的。"

可是陈先生回头对侯先生说："晚上要是再有警报，你们去躲好了。我上了年纪的人，不睡是不行的，我不躲。"

陈嘉庚率领的南侨慰劳团受到欢迎

"不躲危险。"我和侯先生都这么说。我有点后悔适才的多嘴。

随后陈先生由重庆到成都、兰州、西安、洛阳,还碰了几次白天警报,他在洛阳住的那间招待所,在他离开洛阳之后,几位俄国顾问继后去住了,那天敌机到洛阳来空袭,把招待所炸成了瓦砾,那几位俄国顾问幸好没有被炸死,因为他们是躲在防空洞里的。

今年五月中旬,陈先生在兰州对我们说他到青海去的经过。

原来由兰州到青海去的公路很坏,沿途是几寸深的灰尘,风一刮,弥天弥地都是黄尘,和雾一样,陈先生坐的汽车就在这雾里面驰骋,灰尘像水蒸气似的从车板底腾上来。不一会儿,他看见侯先生和李先生,头发是黄的,眉毛是黄的,全身衣服也是黄的,这才注意到自己也已经是土人儿似的人,没法子想,灰土原是西北公路的特产呀。到了半路一个小镇，陈先生下车来，买了十来尺土布，遮住了车板，希望土布会完成"遮住灰土"的任务，可是不成，西北的螺旋风一吹，这十来尺的土布也跟着螺旋舞，结果土布还是土布，而灰土呢，仍然是灰土。

陈先生最后抵抗灰土的办法，是用两个小纸团去塞住鼻孔，虽然呼吸困窒一点，但总比把灰土从鼻孔吸进去好些。

他们就这样的到青海。马步芳和各界代表到站来欢迎时，陈先生赶快走过去和他们一一握手。

就在这时候，陈先生这样结束他的报告："各界在那里欢迎，我一边和他们对答，竟然忘记把鼻孔口的那两团小纸团拿出来了！"

说到最后，他也忍不住被当时自己的疏忽迫得笑了。

他是一个有强烈正义感的老人

今年九月初旬，笔者在重庆电影制片厂遇见郭沫若。我们谈起陈嘉庚先生来，这时候陈先生已经由长沙到湖南前线去了。郭先生对他老人家这一次西北和西南的壮游，深深赞叹"他精神好"。郭先生说："谈锋健，说话很坚定，这是在重庆他给我的印象，听了最近他的演说，我觉得他实在是一个有着强烈正义感的老人。"

一九四〇年十月十一日

原文载于 1940 年 11 月 14—18 日《南洋商报晚版》

作者小传

　　高云览，1910年生于福建厦门一个开小酒店的老华侨家里，幼年时家中生活贫苦。小学毕业后，失学两年。1932年，加入"左翼作家联盟""中国诗歌会"，与杨骚、白薇、穆木天、叶以群、蒲风等一起活动。1938年，在南洋麻坡中化中学任教务主任，参加"马来亚抗敌后援会"，10月，参加"南洋华侨筹赈祖国难民总会"（简称"南侨总会"），开始与陈嘉庚建立友谊。

　　1940年，参加陈嘉庚率领的"南洋华侨回国慰劳团"。赴西安、重庆，先后受到林伯渠、周恩来、叶剑英等首长接见，并与廖承志、宋庆龄会晤。回到南洋后，高云览曾在回忆录中写道："我们这一群文化朋友中，懂得福建话而又经常和陈嘉庚联系的是张楚琨和我。促成陈嘉庚政治上的成熟的觉醒，成为我们俩经常和他接触谈话时的责任感。"

　　1941年上半年，高云览在南洋女中教书，下半年在南侨师范学校教书，经常照样写稿。"这期间我征得陈嘉庚的同意，开始写《陈嘉庚传》，和老人家进行谈话。我从陈嘉庚返国'称赞延安'和'攻击奸贪'两大重点先写，我想通过老先生的思想觉醒来增加海内外宣传。我把写好的部分送给陈嘉庚，由他亲自修改，我写了半年功夫，约8万字，南洋战争发生，这工作就中断了。"令人感到可惜的是，高云览写的《陈嘉庚传》至今没有看到。

　　1942年，与张楚琨、胡愈之、郁达夫、杨骚等文化人士流亡苏门答腊群岛，躲避日寇的追捕，开办"赵豫记"酒厂、钾皂厂。1946年，在新加坡与张楚琨自置"南元""南美"两轮船，创办"钜元公司"。同年创办《南侨日报》。他的老友温平回忆说，当陈嘉庚、胡愈之领导创办《南侨日报》时，高云览和张楚琨回到了新加坡，带头捐助巨额资金并亲自投入筹备工作，使南侨日报社得以很快成立起来。

　　在解放战争中，他与张楚琨奔走指挥"南元""南美"运载解放军的军需物资、印刷机和文工团员等。同年在新加坡被英当局以"通共"罪名逮捕，后以"红色商人"之罪名驱逐出境。

　　1952年至1956年，他写成长篇小说《小城春秋》，影响深远。1956年6月13日，因患肠癌逝世。

陈嘉庚先生莅汀欢迎词

萨本栋

物理学家、教育家，曾任厦门大学校长

萨本栋

　　陈嘉庚先生自三月间离星回国以来，遍历十五行省，行程三万余里，仆仆征尘，前后九阅月，今日莅止长汀，吾人始得一瞻丰采，畅聆伟论。其毕生之事业、人格、精神以及识力眼光，在在足为全国同胞之楷模，而吾人今日欢迎陈先生之意义亦在乎是。

一、陈先生之事业

　　先生之事业始自经商，然而先生之经商不在居积致富而在己立立人，观于其一生致力革命献身国家民族，其成就实驾乎商业之上。

　　先生于弱冠之年即赴南洋，初经营米谷业，旋发挥其创造天才而创办树胶、轮船、罐头、饼干、枋木等实业，规模遂为星洲华侨之冠。然先生之努力发展实业绝非图一己私利，其意实在救济南渡失业之侨工，故凡来自南洋者莫不耳熟能详。先生每年所救助之侨胞数以千计，而常年所雇用之侨工当以万计，

1940年11月，陈嘉庚（右）与萨本栋（左）合影于长汀

凡南渡侨胞暂时无业者莫不以陈嘉庚公司为依归，先生今日之名望岂偶然哉？然此特先生之余绪而已，先生早岁即抱"救国必自教育始"之职志，故商业所入一以兴办教有事业，当清末叶吾海外侨胞子弟尚无所谓教育也，有之惟私塾而已，先生抵星不久，即倡设道南学校，不惜年掷巨资为海外侨胞新式教育开其先河，旋复投资回国创办集美小学，是为先生倾家兴学之始。

南洋之小学教育既因先生之首倡而风起云涌，然凡事勃然而兴必感觉人才缺乏，至是先生鉴于侨民师资之亟须补充，遂复于集美增办师范学校。不久集美中学、水产、农林、商业等，以及厦门大学，相继以先生一人之力而设立，以言先生之事业，岂止实业一端而已。

以言革命，先生早岁于民国纪元前一年即加入总理所领导之同盟会，同年秋筹款资助闽省光复。数十年来国内革命事业先生无一不力助其成，其为国家民族始终奋斗，可谓辛勤备至蔑以复加。

复次，先生领导南洋侨胞拥护祖国，功绩彪炳有口皆碑。自民国十七年（1928）济案发生以来，倡办筹赈，救济水灾，筹款献机，赈济难民，筹募寒衣医药，及此次领导南洋华侨筹赈总会发动回国慰劳等等，无一非先生救国救民苦心孤诣之表现。登高一呼，闻风响应，先生团结侨胞意志，加强抗建力量，其贡献又何如也。

二、先生之人格精神

先生伟大之精神可分数方面言之：

先生常言曰："余初非素封之家，惟愿为公众服务，即为一生不移之宗旨。"故其经商也，办学也，领导侨胞也，无一非为公而发。民国十七年（1928）济案发生，先生倡办山东筹赈会，被举为会长，其时全侨抵制日货至为剧烈，先生所办之《南洋商报》因登载某家某日到有大批仇货，对方竟以含恨，致橡皮制造厂重要部份突遭回禄，损失甚巨。更以抵制日货之故，日人大肆报复，以同类物品贱价竞售，致先生商业受创尤大。然先生仍继进不懈，泰然处之，其爱国热情，公尔忘私，国尔忘家，是何等怀抱！

先生对事绝不苟且，尤不喜夸誉，凡拟作之事，无论公私，必先行而后言，事前既不喜预先夸张，及事既成亦不愿自居其誉。集美学校、厦门大学均先生所一手创办独力支持者，然先生于实行之前曾未多言我欲如何如何，及其既办两校，校务蒸蒸日上，然先生自视常若不足。厦门大学大礼堂建筑落成，校中同人拟以先生之名名之，借资纪念创办人之功绩，先生极力反对，即以先生介弟敬贤先生（其时在厦董理校务）之名命之，亦所不许。结果乃定名为群贤堂。民国二十六年（1937）厦大改国立，直抗战初兴，先生有意回国视察，后闻各方拟盛大欢迎乃中止其行。又厦大国立后，教育部为纪念先生创办之功勋起见，设咨询委员会，以先生为永久委员，并于校内设置嘉庚奖学金及嘉庚讲座，借资纪念。先生屡次谦辞，自谓"为义不终累及政府"云云。最近组织华侨回国慰劳团，先生被举为总团长，以古稀之龄，绝不以长途跋涉为苦，地无论东西南北，莫不亲临视察，履险如夷，每至一处，长日演讲、谈话、会客、访问，无不集中精神，察及毫末，于此又可见其负责、谦让，不辞劳悴之一斑。

  先生虽拥有巨资，而其平日自奉之菲薄，一如平民，曾不知养尊处优为何事。然而对于公益事业，则解囊惟恐不及，丝毫不以今昔情境不同，而稍移其志。当先生树胶事业受挫折时，帝国主义者曾愿助先生维持，而以苛酷条件为交换，先生毅然拒之，宁愿破产，是又所谓富贵不能淫、贫贱不移、威武不屈者也。

三、陈先生之识力

  我国近百年来，民不聊生，国势日蹙，一般人忧心国是，莫知所措，独先生毅然力倡教育救国，其言曰："我国今处列强肘腋之下，成败存亡，千钧一发，自非急起力追，难逃天演之淘汰，鄙人所以奔走海外，茹苦含辛数十年，身家性命之利害得失，举不足为我念虑，独于兴学一事，不惜牺牲金钱，竭殚心力而为之，唯曰孜孜无敢逸豫者，正为此耳。"云云，至先生所以实践此言以至毁家兴学者，事情彰彰有目共睹，前亦略陈，毋须赘述。独念先生于数十年前当国人蒙昧未开之日，已能独具慧眼，明烛机先，而汲汲是谋。今日华侨教育蓬蓬勃勃，此种现象，谓为由先生兴之可也；侨胞子弟向之以"咱红毛"自荣者，今则莫不知有祖国，此项知识，谓为由先生启之可也，其眼光识见，岂常人所可及哉。而屈计数十年来先生所费于其毕生职志教育救国事业者为数在千万元以上，此种独力捐资兴学之壮举，尤为古今中外所罕见，先生常谓："捐资一道，窃谓莫善于教育。"旨哉斯言！但愿人人均能一如先生，具此远大识力眼光，将来蔚为风气，其影响于吾国家民族，岂浅鲜哉！

  总之，先生毕生为祖国奋斗努力，吾人今日竭诚欢迎，应勿忘先生之事业，先生之精神人格，以及先生之识力眼光。时时引为楷模，时时求所以副先生之期望，庶无负先生拳拳祖国之枕，亦即吾人所以报答先生于万一也。

原文载于1940年出版的《厦大通讯》第二卷第九、十期，转摘自《陈嘉庚与福建抗战》，鹭江出版社，1993年9月第1版萨本栋，1902年7月24日出生于福建闽侯，字亚栋，号仁杰。著名物理学家、电机工程专家、教育家。1921年，从清华学校毕业。后在美国斯坦福大学学习，获工学士学位。1924—1927年，转入麻省伍斯特工学院学习，获理学博士学位。1927—1928年，任伍斯特工学院研究助理，西屋电机制造公司工程师。1928—1937年，任清华大学物理学教授。

　　1937年7月1日，厦大由私立改为国立。因陈嘉庚希望由闽籍人治校，国民政府曾考虑《落花生》作者许地山出任校长，或由林文庆校长继任，但最终还是选中萨本栋，并征求其意见。此时萨本栋已在清华大学当教授八年，作为国内外知名教授、物理学家、数学家、电机工程师，其事业方兴未艾，前途无量，接任大学校长则意味着要把许多精力用于行政事务，但他为陈嘉庚先生毁家兴学精神所感动，同意就任厦大校长，只是提出以两年为期。

　　1937年7月6日，萨本栋被任命为国立厦门大学第一任校长。接受任命的第二天，卢沟桥事变发生了。他在全面抗战的炮火声中抵达厦门，于7月26日正式上任。不久，战火就燃烧到了祖国东南沿海。日本侵略军的炮弹落到厦门市，厦门大学受到了严重威胁。10月间，萨本栋经与有关方面研究后，认为祖国东南半壁的高等教育仍需维持，便决定将厦门大学内迁到闽粤赣交界的山城长汀，12月初开始搬迁。是时，福建交通极为不便，从厦门到长汀又关山阻隔。萨本栋周密筹划，妥善安排，抓紧时机，指挥若定，在不到一个月的时间内便将师生、员工全部安全送达，于1938年1月17日在长汀复课。所有图书、仪器、设备也赶在1938年厦门沦陷之前移出。

　　萨本栋的堂弟萨师煊曾写道："他在厦门大学当了7年校长，除初去时带了一个亲戚当秘书外，没有再引用我们家里一个亲人。在招生上，他也是坚持原则，不徇私情。我们家中有几个堂弟妹多次投考厦门大学，因分数不够，照样未被录取。"

　　萨本栋日常生活则饮食简易、衣着俭朴，经常身穿布质中山装，脚着双钱牌球鞋在校内奔忙，新来的同学往往以为他是校内工友。由于萨本栋严于律己，为政清廉，他才敢也才能坚持原则，刚正不阿。当时驻长汀的国民党某军军长亲自登门找他，要求让其儿子免试入学。萨本栋严词拒绝，表示欢迎他的儿子通过考试录取后来厦门大学学习。

　　由于身体健康等原因，萨本栋曾三次电函请辞厦门大学校长之职。虽经厦门大学及教育部多方挽留，最后仍以坚辞而获准。1949年1月31日，萨本栋逝世于美国加州医院。

送陈嘉庚先生序

包树棠

诗人、文学家

包树棠

　　闽东南沿岸，多天风海涛，形势壮阔，其民勇于冒险，泛重溟，贾服外致富。远丕晋隋，迨宋置各处市舶司。海禁綦严，无为利导之者，故勿彰焉。近世通商频繁，徂来愈众。胤子孙侨居诸岛，数且弥千万，慕义内向，倾其赀财，急国家之难，辛亥鼎革而还，周旋于民国诸勋者，同安陈嘉庚先生其尤著也，先生已以商起其家，相继创办集美学校、厦门大学，起学舍，给膏火，供膳修，四方来学者，如水归壑，义声动方舆，盖先生知建国之道，莫尚于学。□贞不移，卢沟桥变起，益念存亡之几，隙不容发。格于羁留政府功令，组南洋华侨筹赈会，岁输巨帑，实以饷军也。今春首倡内渡劳军，发星洲，道缅甸，以入滇蜀，览金马碧鸡岷峨之胜，驰驱南朔战场。如秦陇，则轩辕汉武成吉思汗诸陵寝在焉。如青海，则巴颜喀喇山为黄河扬子之源，逾三晋，出殽函、浮汉，绝黔江，踔桂林象郡，□湘眺岳。而赣，而浙。以归于闽。将之百粤，□海，数千年，祖神宗，犯霜露，荆榛莽，尺寸之土，不可与人。今则燕赵齐

著名学者章太炎（章炳麟）评价包树棠先生著作的手迹

鲁之郊，六代之都，沦为蛇豕窟穴，足迹所不得至，吾知其感慨系之矣，明之末叶，顾宁人痛士夫之泄遝，尝曰，天下兴亡，匹夫有责。先生奋起齐民，知有国而不知有家。昔者弦高以牛十二犒秦师，楚子文毁家纾难，卜式输财助边，载籍褒美。以视先生所为，岂特"一毛之于马体"？神州大好，风物不殊，先生间关万里，其所戮力，固蕲为夏少康、汉光武之匡复旧业也，不亦伟欤！树棠向在门墙，先生适前去国，及今十有八载，忝列西席，晋接清音，见先生老而益壮，乃叹闽人之冒险者，出自天性。与其别也，遂书以为赠。上杭包树棠谨序。

原文载于1940年11月12日出版的第二十八期《集美周刊》（第五、六期合刊），转摘自《陈嘉庚与福建抗战》，鹭江出版社，1993年9月第1版包树棠（1900—1981），字伯苔，号笠山。著名教授、学者、诗人。幼年在村私塾启蒙。1917年8月考进县旧制中学，1920年7月毕业，因家贫无力升学，执教于丘辉养正小学、庐丰联珠高等小学。

1926年2月，考进广东省梅州嘉应大学就读半年，8月转入厦门大学国学系代办的集美国学专门学校就读。在校三年，学习刻苦、认真，课余则热心于地方史志研究，曾被推任《集美国学季刊》编辑委员会主任，发表过包氏族谱"序"和"跋"等一些研究文章，并着重从事汀州艺文志方面的研讨，经五年编辑成《汀州艺文志》20卷，20余万字。

在厦门大学读书期间，包树棠是著名词人周岸登的得意弟子。周岸登序张秀民《宋槧经籍编年录》谈到了自己的几个弟子，略云："岁丁卯，余教授厦门大学，诸生之潜心朴学者得二人焉，于文本科则嵊张秀民涤瞻，于国学专修科则上杭包树堂伯苔。二人者，日埋头于图书馆，暝翻晨写，矻矻不休，视其状若泰山颓于前而不知，震雷发于后而不觉，世间万事万物，举无足以当其一萦心者然。呜呼，何其专也！伯苔兼工诗文词曲，涤瞻间一为考据之文，他则不甚措意，而皆好为目录之学。伯苔所为汀郡艺文志，余既序而传之矣。"

1930年毕业后，在集美高等水产航海学校任国文教员，业余仍精心钻研古籍，在《青报》发表《读老子"天下篇"》。写诗歌颂十九路军淞沪抗日的功绩，讥讽南京政府与日签约停战，有"杀敌封疆思故国，和戎极户误亲邻"之句。

1935年赴南京求职，经杭州遇著名学者章太炎，遂以所著《汀州艺文志》《笠山诗抄》和《四家诗传授表证》求教，得章太炎"伯苔年少，其进固未有已也"的好评。

1936年2月至1942年1月，先在泉州昭昧国学讲习所任教务主任、国文教员，后在集美联合中学任国文教员兼校董室秘书，随校至大田、安溪。在此期间，参与编辑《集美周刊》，常与友人应酬唱和，发表大量五、七言旧体诗。除继续修改完善《汀州艺文志》外，还从事考古和中国文学史研究，编撰了《安溪唐墓报告》《唐上柱国刺史武吕墓考》《雷翠年谱》和《两汉文学总论》等著述。

陈嘉庚先生对祖国的影响

高仲约

即著名记者、作家高云览

1940年，著名南洋侨领陈嘉庚飞抵重庆，受到各界人士盛大欢迎

公忠　勇敢　坚定

祖国同胞对于海外侨胞的理解是十分有味的，我们常常拿"南洋阿伯"嘲笑自己，事实上，回国的侨胞也多少带几分阿伯气，自从陈嘉庚先生回国后，这种"南洋阿伯"的雅号，却作另一种新的解释了。祖国人士对于陈嘉庚的尊敬是：既感其赤诚，又畏其刚直。

他走到的地方都贴满着欢迎的标语。在兰州，笔者见到这样一个标语："欢迎公忠爱国的陈嘉庚先生。"嗣后那位欢迎会的主持人对笔者说："用公忠爱国这四个字来说明陈嘉庚先生是再适当不过的了。"

他对正义的勇敢发言，使祖国人士都摇头叹息了，他不但言人所欲言，而且还言人所不敢言。在正义的面前，他想说的话从不曾迟疑过。在黑暗的面前，他也从不曾回避，或取巧的含糊其词，只要他认为对的，他就说，不管对方会发生好感或反感，他对老百姓这样说，对高官大人这样说，对国民党人这样说，对共产党人这样说，最后，在蒋委员长面前，他要说的话仍然没有改变。他从来不曾想到怎样装饰他的言词，他生平最气的是模棱两可的人，最讨厌的是空幻不着边际的话。

当他在重庆赴八路军的欢迎会时，他说了一大篇对于国共问题的"公道话"（演词已载于本人前篇通讯中），共产党人听了十分兴奋，他们对陈先生说："我们希望陈先生对任何一方面的人都能够照这样说。"后陈先生还笑着对我们说："你看我对任何一方面的人，何尝不是这样说，我的话就只有一篇。"其实不是他的话只有一篇，而是他说过的是非曲直只有一个道理。

他首次到重庆时，在飞机场第一次就发表这样的谈话："我准备各处都去走走，八路军那边也想去看看。"大家都惊奇了，有些人还以为他不识时务。第二天重庆报纸登载他的谈话时，竟节略了这一段谈话，他很不以为然。嗣后在成都见到蒋委员长时，他就说到他要到延安去的事，并且说："不知怎的，重庆的报纸没有把我当时发表的这句话登出来。"

有些人以为他一定走不到延安，还有些人劝他不要去。他却沉默不言，其实他已成竹在胸。他打定的主意谁也摇他不动。他说出去的话就是行动，他在西安动身赴延安的前后，省府的招待人还莫名其妙，直到看见他半夜里起来收拾行李，才明白了这事。第二天省府的汽车和八路军预约的汽车都同时开来了，这时候，他实践了他在重庆飞机场所发表的谈话。

他带什么给祖国

有些自以为很聪明而实际上比"南洋阿伯"还要傻气的人，以为华侨有的是钱，便应当把华侨当做财神爷那样来抬。他们忽略了比钱更重要的是侨胞对于祖国和对于正义的爱护的心。

陈嘉庚先生在首都演说时就这样说："这次带回祖国来的不是钱，而是海外一千一百万侨胞爱国的心。"他从来不夸功说侨胞出钱很多，他只说了一句衷心话："实在说，侨胞出的钱，要是和前线同胞所出的汗和所流的血比较起来，还是很少很少。"可是他针对着节约又说："国内同胞应当记着这些捐款的数目，虽然不多，但并不完全是有钱人出来的，因为海外侨胞并不是个个都有钱，这些捐款多数还是从劳苦大众、工人和人力车夫捐出来的血汗钱，所以钱的来源并不容易……"

陈先生并且对祖国人士说明了海外华侨的立场和态度，他说侨胞是无党无派的，是第三者，并且他说："无论哪一党，哪一派，凡是能替民族谋解放的，替国家争生存的，侨胞都一致拥护他。"

在重庆欢迎会中，他的演说词更加强硬了。他说："这一次抗战，就这样打下去，只有打下去才能打出办法，才能得到胜利，绝无中途妥协之理。谁中途妥协的，谁就是民族的罪人！"台下雷一般的掌声，配合着台上他那激昂到发嘶的声音，和他那涨红了的脸，更使会场的空气紧张了。

当他第一次到重庆时，一些专吃摩擦饭的家伙，和一些造谣的职业家包围着他，向他报告一些破坏团结的话，他听了十分不高兴。有一个时候，他甚至感觉着抑郁，他认为团结如果发生阻碍，枪口如果不能一致对外，抗战就不能如期的得到胜

1940年，陈嘉庚过仰光，与李铁民（左）、吴文举（右）合影

利。于是他去访问白崇禧将军、冯玉祥将军和黄炎培先生，他征问他们对团结的意见，他根究摩擦的来源。最后又跟共产党负责人周恩来、叶剑英、林祖涵作长时间的讨论，结果，他的抑郁消除了。他并且决计往延安一行。那天笔者在重庆访问陈先生时，他以乐观的口吻对我说："我已经把我所访问人谈话的结果，向海外广播了。我们相信今后团结可以不成问题。"到了他由延安回来后，他的相信更加肯定了。他已经亲耳听见毛泽东先生和其他共产党人对他表示，他们是坚持抗战，切切实实的实行三民主义的。他在重庆国民外交协会演讲时，最有力量的两句话是："今后的团结如果发生问题，各党领袖应负其责！"

　　陈先生由延安出来以后的演讲在重庆曾经发生重大的影响，他说了群众想说而不敢说的话，他加强了国共两党的团结，他使那些摩擦专家感觉着"势面不好"，他使各党各派的负责人不能不守着"诺言的信义"。至于那些靠造谣吃饭的人，更不能不考虑着海外舆论对他们的制裁。

一个在重庆听了陈先生演讲的青年，对笔者说："抗战三年来，没有人敢在重庆说的话，陈先生说了。陈先生替'正义'吐一口气，吐一口许多人想吐而吐不出来的气。"

他爱护祖国的热诚是单纯的，没有掺杂任何要求。名吗？利吗？官吗？什么都没有，这些东西加在他身上，显然是一种滑稽了。

耳闻不如目睹

陈先生对于贪污嫉恶如仇。有一次，他发觉那个派来开车的司机偷汽油，气得脸都发青了。"有这样的司机！"他恼怒的说，"告诉他，在海外，我们从来没有看过一个像他这样胆大，这样乱来的……"

他对重庆那些新建筑的私人官宅，印象是不好。这位正直的老人，从那些漂亮的洋房看过去，知道了每一个官宅的主人是哪一个人，他叹息了。有一次他对我们说："我不懂他们为什么到现在还要建筑这样漂亮的洋房，难道等待敌机来炸吗？他们可真会享福！"又说："像另一些人那样苦干求进步的精神，上上下下，一个月只拿几块钱，没有一句怨言，真真不是他们办得到的。"

陈先生是一个重视事实与数目字的人。无论什么事情，经过他亲眼一看，就肯定的相信了。

关于福建的兵役问题，当他在重庆时，有一位福建的督学（过去是集美学生），刚好到重庆去受训，曾对陈先生报告福

陈嘉庚（右）与侯西反

建兵役腐劣的情形，那时陈先生还带着怀疑，因为他认为耳闻不如目睹。那位校友却十分痛切地说："有些壮丁被绑着走，又打又骂，受侮辱和虐待，你看这如何叫壮丁相信当兵是光荣的。这样的壮丁，即使满腔有报国热情，碰到这种难堪的杀虐，谁还会鼓起勇气来！这样对待壮丁，怎能叫壮丁不逃避兵役！"陈先生静了半晌才说："他们为什么要这样做呢？他们为什么要这样做呢？"说后又沉思起来。这时看他的神气，似乎还不十分的相信这报告。

这次他到福建，一切腐劣和黑暗的现象，经过他一考察，都无情的暴露了。他于是肯定他对福建的设施表示不满，尤其是对壮丁问题。他说他经过枫亭时，亲眼看见一些公务人员，用绳把壮丁绑着，如押解囚徒入狱一般的送到前线去。他并且郑重的说道："这是我行经十四个省所未见到的事件。"

陈先生虽然是福建人，可是他从来不曾因为他是福建人，对福建特别重视，可是这回，他对于福建省设施的恶劣，就不能漠然置之了。他最先致电陈仪，到了发现复电"语多搪塞毫无接受谢意"时，他又致电林主席、蒋委员长，请改善福建苛政。

祖国人士对他的评论

祖国人士对陈先生的评论是十分恰切的。蒋夫人称赞他不爱名不爱利，人格高尚，正气凛然。孔院长说他无论捐助国家多少，都比别人捐助百万千万较为伟大。傅作义将军在绥西欢迎慰劳团大会中说："陈先生的刻苦俭朴，公忠无私，使我们前方将士异常感奋。这老人到了这么高的年龄，辛辛苦苦只希望怎样把自己的一切献给国家，都不希望从祖国得到什么。"周恩来先生说："陈先生对事实和对正义的勇敢说话，使我们更相信也更认识他是个有着强烈正义感的老人。"共产党代表叶剑英说："我们欢迎的不是南洋资本家的陈嘉庚先生，而是革命家的陈嘉庚先生。"

"他是天地之正义结成的"，这要算是祖国同胞对他最普遍的一种理解和赞扬了。

| 原文载于1940年12月13—14日《南洋商报晚版》

南侨领袖陈嘉庚

高仲约

即高云览

高云览

一、替光明和正义作证

本文不是对陈先生个人的赞扬,而是对陈先生所代表的正义和进步的拥护。

本来一切个人的赞扬,离开社会意义,就没有被称道的价值。但是,今日陈先生不只是代表着他个人,而且是代表着一千一百万侨胞的人格和态度,代表着正义的声音和进步的力量。他的存在是替民族、国家保存着光明和正义。

他这一次回国,不只看到了祖国许多方面的进步、光明、廉政;□□□□□□□□□□□□、□□、□□（注:原文如此）。不只看到了多数人的艰苦奋斗,□□□□□□□□□□□□□（注:原文如此）,不只看到了抗战建国为什么必胜必成,同时也看到如何争取必胜和如何争取必成。

陈先生不属于哪一党或哪一派,正如拥护他的人也不属于哪一党或哪一派一样。陈先生始终不希望从哪一种或哪一派得到什么权势名利，拥护他的人也一样不可能从他那里得到一官半职（因为陈先生本身就不是一个官），拥护他的就是拥护自己的良心，拥护国家的正义，拥护事实与真理。

二、只有事实能够左右他

陈先生把握的真理，是无数事实的总和。他的理论根据，不是一些抽象名词的集纳，而是无数的事实和数目字加减乘除起来的总得数。

他正视着事实，研究着事实，最后便坚信着事实，尽管人家用好话去恭维他，用逢迎去笼络他，甚至用反对去胁迫他，他都不为所动。他要说的话仍然要说，要做的事仍然要做，他决不因暴风逆流而中途转舵。他认为对的，就坚持着做；认为不对的，就坚持着反对，正如庄子所说："举世誉之而不加劝，举世非之而不加沮。"

有人批评他固执，他的确也近乎固执；但他固执的不是自己的利益，而是他对事实的固执，如果他所固执的事实是客观的真实，那么，这种固执不只是他的个性的一部分，而且也就是他的一种坚贞的品格了。

因为重视事实，使他同时也重视数目字。他看到祖国许多进步的事实，是根据许多数目字的确切统计出来的，一点也不含糊，一点也不马虎。

三、刚直和坚定

陈先生对人对事，是刚直而坚定。

有人因为他的刚直爱他，有人因为他的刚直怕他，更有人因为他的刚直恨他，爱正义的人爱他，贪官污吏怕他，顽固分子恨他。爱他的人欢迎他，怕他的人欢迎他，恨他的人照样也要欢迎他。爱他的人衷心的赞扬他，怕他和恨他的人仍然要向他打笑脸。他说了人家爱听的话，也说了人家怕听的话，他的话使青年人兴奋，使老百姓吐气，使官僚不安，使政客焦灼，使摩擦家相顾失色。他懂得这些个，但他仍然要说。因为他说的是事实，是出乎良心的。他在延安这样说，在重庆也这样说，在国内这样说，在南洋也这样说，对老百姓这样说，对高官大人也这样说，最后在蒋委员长面前，仍然不改变他所要说的话。他决不在逆流中倒退，决不因为环境的恶劣而隐辞饰语，或存一点投机取巧的心理。他带着一个事实，一个道理，无论到什么地方，无论对什么人都是一样说法。他不翻手作云，覆手作雨，不回避黑暗势力的反攻，不打官腔，不搬外交辞令，不要政客手腕；不模棱两可，不故意逢迎，不偏不阿，不夸功，不标奇，不说我陈嘉庚如何如何，不买空卖空，不兑空头支票，不掉枪花，不说软弱的话，不拍人家肩膀，不站码头，不装腔作势，不支支吾吾，不说一好像是一又好像是二，不用交际术语，不说"今天天气很好，哈哈哈"。他是一个严严正正的人，意志坚强的像百炼钢。

他认为对的，尽管人家如何对他表示冷淡，他仍然要拥护；他认为不对的，尽管人家如何对他表示欢迎褒奖，他仍然要反对。

没有一个人挡得住他要走的路，没有一个人禁得住他要说的话。

许多怕在事实面前倒台的人，用尽苦心去铺张事实，蒙蔽事实，希望不使他看见了什么，但仍然遮不掉他的眼睛。你看闽省的苛政是给他原原本本揭出来了。

他对光明战胜，对黑暗投枪。

四、崇尚廉政恶恨贪污

陈先生尚廉洁，崇俭朴，恶浮奢，恨贪污。

在他回国考察的报告中，他常常注意到廉政与贪污的现象。

他称赞广西省主席黄旭初，说他清勤正直，布衣淡饭，尤其是黄夫人每天早晨亲自到市场去买菜，十年如一日，家里不雇仆役，治家俭朴，更为他所称道。

他称赞甘肃省，因那边鸦片税取消，提倡生产，整理赋税，根绝中饱，抗战后的岁收更由七百万元增加到一千二百万元。

他称赞延安的廉政苦干，说那边"上下一律，绝无差等，风俗质朴，生活简单，无宴乐应酬恶习，公务人员舞弊上五十元者革职，五百元者枪毙"。

他对胡宗南将军所主持的军校，学生二万余名，生活简朴，训练严格，成绩优异，也屡次提及，陈先生十分确信"俭以养廉，廉以扶正"这道理。

对于贪污和浮奢，他一点也没有放松。

去年在重庆，当全国经济学社举行年会时，他被请去演讲南洋华侨投资问题，他曾特别指出祖国要华侨踊跃投资，应当"政治良好，没有贪官恶吏"。现在，这位又强又韧的老人，已经开始针对着福建的贪污投去第一枪了。

五、注意政治的改善

陈先生在这次回国考察观感中，特别重视政治的改善。

他认为贵州省的政治措施，颇重实际，因为那边省参议员开会时，议员可以态度轩昂地站起来质问，有时甚至拍案，省当局只有和颜接受，不以为忤。省参议会所组织的县政访察团，出巡各县，省府也各方面予以便利，绝不像福建省的当局把反对他的参议员拘禁起来。

六、重视诺言和信誉

记得在兰州时，陈先生曾这样对南侨慰劳团说：

"我觉得我这一次回国，无论国民党、共产党两方面的领袖，我都要去见一见，听听他们对我说些什么话，他们对抗战，对团结，说了真心实意的话，我要听，即使是假话，我也要听听，因为将来有一天，如果有谁不实践他们说过的话，有谁违背他们的诺言，就是说，有谁不守信义，那么那时我就有话好说了，我可以对侨胞说，'他亲口对我说的，他对我说的话都是假的！''因为无论人，无论政党，无论国家民族，都应当守信誉的！'"

又记得他初到重庆时，集美校友会请他去训话，他说：

"一个人要讲信义，一个国家也要讲信义。人无信义与国无信义一样的必趋于灭亡，像波兰，在国际上它要算是最不讲信义的一个小国，当过去意大利灭亡阿比西尼亚时，波兰第一个在国联替意大利撑腰助势，捷克临危，波兰并想趁火打劫，不仁，不智，不义，不信，孰此为甚！最后竟然自得报应，为德国灭亡。阿比西尼亚和捷克两国的命运,轮到它自己了。波兰是一面借镜,任何人都应当拿这个警惕自己!"

| 原文载于1941年3月29日出版的第3卷第14期《上海周报》

陈嘉庚先生传

魏应麒

著名历史学家

魏应麒

　　陈嘉庚先生是我平生最钦佩的一个人。我之钦佩陈先生，是出于衷心地尊崇其人格，而毫没有其他外来的因素。我发愿做一篇陈先生的传以聊表敬意，为时已久，都为了事忙而因循不果。本年南洋研究复刊，编者苏先生催稿的本领极大，使我非做篇文章不可。因于百忙中为作此传，既了心愿，又可塞责，在我实一举两得。民国二十三年（1934），陈先生曾作自传，略述其经商与兴学的经过，登于《东方杂志》。民国二十九年（1940），陈先生返国来到长汀，作者曾与之相见，畅聆其伟伦。此二者皆本文重要的资料，其他引用的参考资料亦很多，但都因行文之便，不注明其出处。作者之意，盖欲为一综合的整个的陈先生之传而已。章实斋说得好："古人之言所以为公，未尝矜于文辞而私据为己有也。"丁敬礼请曹子建润饰文章，也说："后世谁相知定吾文者耶。"旷识达言，心实仪之。惟是本人足迹未到南洋，传中所述必有挂漏之处，好在鲁殿灵光巍然尚存于海外，天可怜见，明年今日，天下生平，先生蒲轮重归故里，愿得执贽登堂面求是正；而或如相老人之口述往事而遗来者，则此传亦正可以作他日期颐之券。民国三十二年（1943）十二月十日，三山伧父瑞甫氏敬识于古潭城。

一

屈指南洋近三十年来的华侨人物，我必以陈嘉庚先生为巨擘。虽然，陈先生岂仅是南洋华侨的巨擘？像他那样子毕生克勤克俭，为祖国努力奋斗，毁家兴学，守正不阿，其事业、品性、识力、精神、态度，正如厦大萨本栋校长所说，在在足为全国同胞的楷模，而为中国近百年史中有数人物。

中华民国纪元前三十六年十月二十一日，公元一千八百七十四年，清同治十三年，实我总理降世之第九年，而日寇大举侵犯台湾之第一次，此一代巨人，陈嘉庚先生，诞生于福建省同安县的集美社。此地与厦门的江头社，仅隔一衣带水。有明末叶，延平王郑成功以一旅孤军发轫金厦，鲁王以海避地南来，忠臣义士联翩戾止，是地即常为忠踪之所寄。虽今日事过境迁，英雄黄土，而三百年来落日寒涛，荒鸦古木犹似当日孤臣之凄咽哀怨。山川灵气，蕴久后宣，问世一出，钟毓先生，故先生爱国发于天性，数十年如一日，而刚肠侠骨又与生俱来，能言人之所不敢言，能为人之所不能为，姜桂之性至老弥笃。这都不是偶然的，而是得天独厚灵气所钟的。

先生父如松先生经商于南洋新加坡，而眷属则仍在故里。集美社本海边的一个僻陋小村，居民寥寥，教育之不发达可以想见。故先生九岁始入私塾，此实为先生后日毁家兴学的肇因。十五岁，弟敬贤先生生。十七岁，先生第一次南来新加坡，随从如松先生经商。此实为先生离国之始而事业发轫之初，值得大书而特书之者。自此至三十岁，十三年间，先生曾三度回梓，三度南来。在此期中，先生经商都是和人合作，或就伙于人，未尝自当一面独力经营者。到三十一岁，始自营米谷之业，店号叫做谦益；同时并创设菠萝蜜罐豆厂。以先生的长才，加以勤奋与节俭，故厂业即蒸蒸日上。三十二岁，乃买山地五百英亩，种植菠萝。逐年入息，可达二万元。在这时候，南洋橡皮业甫在萌芽，先生高瞻远瞩，眼光过人，知斯业必有光荣之前途，即设法赚到橡皮种子二千元插种于菠萝树的旁边。后日先生橡皮事业之发皇，此当为小试其端。

南洋华侨多患脚气病，惟若吃熟米，则脚气可愈，所谓熟米也者，颇为奇特，其制法系将谷用水先浸至透湿，然后炊熟，再行晒干，磨去其壳。印度人吃米多用此法。先生三十三岁时，向印度人租一制造熟米厂，日出熟米数百担，以售于南洋各地和印度。年余获利十余万元，于是先生乃以二十万元承卖此米厂。先生每经营商业，不惟能乘时趋利为祖国挽回利权，且能兼寓济世利人之意，即此一节，可概其余。

民国纪元前三年，即后、帝相继死亡而纨绔与小儿出而柄政之时，先生知清社之终屋，革命之必成，是时先生为三十六岁，乃毅然剪去辫发，示与清断绝关系。那时橡皮价值日昂，先生即将前年所种之橡皮园卖给英人三十五万元，以之赚置山地数千英亩，全行垦植橡皮，每年不惜垫去资本十余万元。有此识力，以后始能有大规模生产。三十八岁，任新加坡闽侨首创之道南学校总理。此为先生毁家兴学之始。同时加入同盟会为会员。此为先生献身革命与党国发生正式关系之始。是年十

1932年，集美学校师范部

月十日，武昌举义，全国响应，福建亦于十一月九日揭起义旗。先生闻讯，即在新加坡福建会馆召开闽侨大会，倡办保安捐，筹款资助闽省光复。先生被举为会长。福建革命之得以顺利成功，先生的力量居多。此为先生正式出而领导爱国团体以资助祖国之始。自此以后，祖国每有事变，先生辄出来领导侨胞予以救济和援助，始终不断。其详将于下文另述之。

民国成立，先生认革命即成功，建设即随之开始，而欲建设则首须培植人材和兴办实业。先生遂于民国元年（1912）秋回梓，在集美大祠堂传集乡人宣布创办集美两等小学及建筑校舍之要义，同时先生曾自南洋带回制造罐头机器，拟在集美设厂制造海蛎罐头，并聘到日本技师多人，旋以成绩不佳，乃移设厦门改作食品罐头厂。此为先生在祖国内地兴学与办实业之始。

民国二年（1913），先生四十岁，因集美小学无处聘请教师，深感师资之缺乏，同时复目击各地失学儿童之众多，深惧数十年后文化衰沉，国将不国，遂自此发下宏愿，誓以经商所得全行创办学校，以期为国育材，尽国民报国之道。因念兴学首重师资，故为小学培植师资计，即首设集美师范学校；为中学培植师资计，复继设厦门大学。自是经民国元年（1912）以迄民国十四年（1925），由初等教育而至于高等教育，举凡幼稚园、男小学、女小学、男中学、女中学、男师范、女师范、幼稚师范、商业、农林、水产、国学专修、大学、研究院，无一不备，共耗款八百余万元，规模之大，愿力之宏，得未曾有。其详亦将另述于下文。

是年秋，先生又南来，在新加坡扩充菠萝厂。翌年欧战发生，船运不便，货物积滞，大有停业之虞。先生怒焉忧之。其明年，先生乃租有期限之轮船四只，常川行驶南洋及印度等处，于是货畅其流，获利甚溥，民国五年（1916），先生以船运甚顺利，遂以一百万元自赚轮船两艘七千吨，航行欧亚，并曾回中国浦口载华工前往法国参战。其秋以一部菠萝厂改作生橡皮厂。六年，先生以生橡皮业已蒸蒸日上，又将熟米厂改为生橡皮厂。规模既加扩大，乃直接推售于美国，较之就地销售于洋商，获利尤大。七年秋，先生所置两艘轮船，因欧战关系沉没于地中海；幸先期保有战险，得收回赔偿费一百五十万元。冬，复赚置橡皮园一千英亩，出价四十万元，并赚拓山地数千英亩，垦植橡皮。旋复在霹雳邦之太平埠和槟榔屿埠创设橡皮分厂。至是先生在南洋的橡皮业基础于以稳固。

民国八年（1919），先生四十六岁。夏，先生因欲回国专心致志于学业，即将南洋商务稍事收束。计其时除还债务外，胜有资产四百万元，先生决意将其逐年利润尽数提作办学之用，计划既定，即于是秋八月旋里。旋里后，先生即努力于创办厦门大学。翌年，先生特为厦大筹备事，躬往上海邀请国内教育名流商讨厦大开办事宜。十年(1921)四月,厦门大学正式开学,其秋,先生驰函新加坡将第一生橡皮厂改作橡皮熟品制造厂。此为先生理想的计划,盖欲以为祖国未来工业的倡导。

民国十一年(1922)三月,先生以厦门大学的校舍已陆续建筑完竣,乃作第六次之南来。此行原拟小住数月,重行回梓,迨抵达新加坡,见生橡皮同业竞争至烈,不得已取消来意,一时不拟返国。讵知自此将二十年,先生竟为商业及集美、厦大筹款的牵绊不获一回故里,直至民国二十九年(1940)春方以率领南侨慰劳团事而归来祖国,此当为先生始料所不及。先生是年为四十九岁。

先生既南来,即于是年夏往马来亚橡皮出产地,创设分厂九处;同时并扩充新加坡之橡皮熟品制造厂。自此两年中,

集美学校钟楼

先生于在新主持实业外,曾往游爪哇,并于其地创设分行数处。

民国十四年(1925),此一年当为先生实业最走红运之年。是年英政府限制橡皮出产,于是橡皮的价格大涨。先生卖出第二橡皮园二千英亩,得银一百四十万元,转赚入数段山地共七千余英亩,垦植橡皮,费银一百五十万元。其年,先生之生橡皮厂获利四百万元。其时除债务外,计剩有资产一千二百万元,拥有橡皮园一万五千英亩。每亩当时年可入息一百元,姑以减半计算,全年入息亦有七十五万元,其他营业入息亦属不少。先生常嫌无大力不能尽量为祖国兴办教育,至是乃函告国内计划有所作为。明年春,复赚入橡皮园一千英亩,出价六十五万元,其地距新加坡仅有六英里,实为新加坡最理想的橡皮园。同时又创设牛皮厂、造纸厂、肥皂厂(后造纸厂办不成功耗去定赚机器银二十万元)。统计各园各厂共用工人二万余人,倚而为生者十余万人。此一春当为先生实业登峰造极之时,自此即坠入深渊了。盖夏秋之间,橡皮市价大跌,而上半年各途营业亦多失利。先生审度时势,绝无乐观之望,乃不得已取消国内有所作为的计划。此为先生一生失意之事,常常引以为歉。是年先生为五十三岁。

民国十六年(1927),自本年以后,先生之实业如自高峰而下于深谷,势之所趋,虽有大力莫之能挽。遂使此一代实业巨子,日渐于衰沉溃败之局。是年先生卖去橡皮园五千英亩,然尚不敷两年来的支出。翌年济南惨案发生,先生倡办山东惨祸筹赈会,被举为会长。因倡导抵制日货之故,不利于奸商,致橡皮熟品制造厂被人纵火,重要部分遭焚,损失六十七万元。同时日人含恨先生,乃大肆报复,有组织之同类物品贱价倾销,

集美学校美术馆

使先生的实业大受其创。其明年,先生又卖去橡皮园六千英亩,得银二百六十万元,除还债外,所剩无几。

民国十九年(1930),自此四年来,各途营业更形惨败,土产败市,产业败价,不景气之严重,自有新加坡以来所未有,亦世界所未有,先生实业损失之巨,可以想见。于是先生乃毅然破产以偿债务。当先生经济极端困难时,新加坡英政府以先生工人甚多影响颇大,表示愿助先生维持,而以苛酷条件为交换,先生毅然拒绝,宁愿破产而不惜。时民国二十三年(1934),而先生春秋六十有一了。

先生平生富于创造力,故每事皆得风气之先而为之提倡。

以实业而论，如橡皮熟品制造厂的创办，即为先生一种理想的提倡。先生有见于二十世纪为橡皮时代，欧美日本皆已盛设工厂制造，独我国尚未萌芽。新加坡为橡皮出产地，且距离我国不远，男女侨胞数十万人，若能设备大规模的制造厂，不特可以利益侨众，尤可以为祖国未来工业之引导；惟如化学工程技术技师人材等等，均须经长期训练，方足供将来祖国之需。先生远见及此，遂锐意进行，当时聘到东西洋技师多人，教练侨工，凡各种车胎、靴鞋、雨衣及其他用品无不研究制造，仅此一厂，前后垫去资本八百万元，雇用男女侨工六千名，分设发售处八十所，计划深远，规模宏大，可惜后来遭世界不景气的影响，并遭日本人贱价倾销的仇视报复手段，于是此实业遂一蹶而不可再振。此虽先生实业的不幸，而亦我国实业的不幸哩！

集美学校，水池上的中学讲堂

二

先生之扬名于国内外而为妇孺皆知者，当以毁家兴学一事为最大。先生的毁家兴学，实以民国纪元前一年倡办新加坡闽侨首创的道南学校为始。至于在国内大规模办理师范、中学、大学，则以民国元年(1912)返里创办小学，观察本县教育状况，慨然有感，因决心办教育以报国为始。原来民国元年之秋，先生返里，在集美本乡创办小学，托友物色校长教员十余人，始知同安全县仅有师范简易科毕业生四人，而其中一人且已转营商业。先生甚为诧异，因广为查询，才知全县人口十万人，仅有县立小学一校，私立四校，学生统计不及六百名。先生已怒然忧之。到翌年夏秋间，先生出游同安各处乡村，目击儿童成群结队，嬉游赌博，衣不蔽体，且有赤裸全身的。先生询问乡长以各乡有无设立私塾或学校，则所得的答复，皆为旧学久已衰废，新学又师资缺乏，经费奇重，无力创办等语。先生恻然不胜忧悯，念闽南数十县，同安如是，他处可知，若不及图改善，恐将退于太古洪荒之世，岂不可悲。先生遂立下了办学报国的志愿，以为欲挽救故乡必须兴办教育，欲兴办教育必先培植师资。惟当时因能力有限，此愿只能时萦于脑际而已。

先生既蓄办学之愿，越三年，适经营航业稍微获利，即斥巨资命弟敬贤先生返里，建筑集美师范并中学各科校舍，又创办女子小学。民国七年(1918)春，师范中学校舍数十座建筑完竣，正式开学。先生为鉴于全闽师资的缺乏及严求师范生毕业后须能实践教职起见，乃函致闽南各县劝学所长，请各别保荐合格的清贫学生及志愿将来服务教育的青年五名，其待遇则较政府所办的师范学校为优。如此设施，经数期后，集美师范学校在学的学生已达数百名了。是年之冬，先生并在新加坡出巨金创办南洋华侨中学。

民国八年（1919），集美商业学校及幼稚园开办。秋八月，先生返里。此次先生拟长住桑梓，专力兴学，故南洋商务稍事收束。返里后，以小学师资既有集美师范负责培植，而中学师资的养成，则尚付缺如。是时全闽中学师资异常缺乏，先生于是毅然起而倡办厦门大学。九月假厦门陈氏大宗祠传集各界，宣布倡办大学之意义，并要求最优美适宜之演武场官民山地为大学校址。

民国九年（1920），集美女子师范及水产学校开办。闽南地瘠民贫，海多田少，故先生于首重培植师资外，对水产、农林亦特加以注意。前此三年，先生即资送吴淞水产学校毕业第一名的学生往日本留学，专习水产，至是学成返国，即来校服务，是年夏，先生聘定汪精卫任厦门大学校长；迨秋间，因漳州粤军回粤，汪精卫来函告辞，冬十月，先生为大学事特往上海，邀同余日章、郭秉文、李登辉、黄炎培、胡敦复、邓萃英、黄琬诸先生开厦门大学筹备员会议，并推举邓萃英先生为大学校长，专负筹备之责。翌年四月六日，厦门大学假集美校舍开幕成立。五月八日，厦门大学校舍在厦门演武场行奠基礼。不久，邓萃英先生因事辞职，先生乃聘请林文庆先生继任校长。林先生为英国爱丁堡大学医学博士，在新加坡行医极负盛名。至是受聘来校，即努力为厦门大学谋发展，直至民国二十六年（1937）秋，厦门大学改归国立后，始行退隐。其服务精神，亦当与厦门大学同其不朽。

民国十一年（1922）二月，厦门大学迁入厦门演武场的新校舍。先生以水产学校在闽南有特加注重的必要，既于开校前资送吴淞水产毕业生赴日深造备为校用外，至是又恐水产学生没有实习的机会，乃费款三万元建造集美第一渔船一艘，以资实习。三月，先生以南洋实业久不往视特又南行，本拟小住数月即再回梓，乃抵达新加坡后，鉴于生橡皮同业竞争的剧烈，不得已取消归计，以便在新图谋扩充。

民国十二年（1923），集美女子中学并幼稚师范开办。十四年，集美农林学校又开办。计自民国元年（1912）创办小学以来，至是已有集美幼稚园、男小学、女小学、男中学、女中学、男师范、女师范、幼稚师范、商业、水产、农林以至厦门大学，共十二校，规模之大，愿力之宏，前所未有。是时集美水产学校学生第一届毕业，先生复恐毕业生一时没有出路，一面为提倡国人渔业起见，乃又向法国购入集美第二渔船一艘，三百余吨，价七万元，专为水产毕业生服务之用，此船可以出海捞鱼，三四天后即满载而归，成绩甚佳，所得的鱼多为帆船渔夫所未见。此船后来以闽南交通不便，无法急售，故多改在上海一带渔捞。

是年，先生的实业，因英政府限制橡皮出产，获利极厚。先生居常每恨无大力以尽量兴办教育，至是大喜，函告集美、厦大二校，决于翌年多加经费，扩充设备。并筹备捐建厦门、福州、上海三处图书馆。是时厦门大学国学研究院成立，书籍购入极多，北京各大学的教授十余人相率南来厦大；而集美各校一切设备亦大加充实。此时不仅为先生所经营的实业的空前盛况，亦为先生所创办的学校的黄金时代。但好景不长，盛时难久，翌年之秋，橡皮市价惨跌，而上半年各途营业又多失利，先生审度时势，极为悲观，不得已停止集美、厦大两校扩充计划，并取消三处图书馆的筹备。先生后来每有言及，辄引以为歉。自此以后，先生之实业日趋于暗淡悲惨之局，因而影响于集美、厦大的经费。集美尚可，厦大则尤感困难。然先生绝不放弃责任，犹极力张罗，使两校无中断之虞，直至民国二十六年（1937）秋厦大改归国立而后止，惟集美则仍系先生独力筹措维持以至于今日。

先生毁家兴学的动机，为目击故乡教育的不振和失学儿童的众多，已如上述，惟其所以愿于毁家以兴学者，则由于先生识见的过人。先生尝言彼自民国成立以后，每念欲尽国民一份子的天职，以一平凡侨商，自审除有多少资财外绝无何项才能可以牺牲贡献，而捐资一道，则以为莫善于教育，后以平昔服膺社会主义，欲为公众服务，亦以办学为宜，同时又鉴于闽省文化

集美农林学校

1930年，厦门大学新校舍全景

的衰颓和师资的缺乏，以及海外侨生的异化，愈认为当前的急务而具决心焉。先生识见如此，故毅然毁家兴学而不稍显惜。

或许有人以为毁家兴学，侨商中亦颇有行之者，其事似颇易；实则大谬不然。当先生为培植中学师资而创办厦门大学时，自知欲办一所完备的大学，需款浩大，非千万元以上不为功，颇恐独力难支；旋又计念，以南侨的富裕，若有宏愿者出，则三数人之力已绰有余裕，且百尺高楼从地起，要他们先筹现款而后创办，度今之势无日可成。于是先生不计成败利钝，勇往进行。最初准备三年内捐输开办费一百余万元，待规模稍具，引起侨界信仰，然后奔走南洋各埠，筹募巨款，以闽侨之富，目的不患不达。讵知先生计念虽极合理，而当日华侨之能明此理的，竟不可多得。略举一二例言之。民国十二年（1923），新加坡寓有先生的乡人爪哇富侨黄某，拥有数千万元的巨资，先生因代厦大向其捐募，他竟不纳。翌年先生往游爪哇，在万隆、泗水二埠遇见两位同乡侨商，各积有资产数百万元，年纪已大，皆无子嗣可承其业。先生恐曲高和寡，不敢奢望，但请其捐建厦大图书馆一座十万元，亦竟无效。

关于此点，先生当慨然指陈其故。以为向人募捐，势有不同，如办中小学，可以沿门劝募，半由情面，半出本意，多者千百元，少者数十元，结果筹有数万元或多至一二十万元，便是最佳的成绩，可以作基金，可以抵多年校费。至于大学募款，则似不然。凡殷富之家须了解人群责任和社会义务，才能自动慷慨，虽出于朋友的劝募，亦当由本身的热诚乐输。如此则少者数万元，多者可至数十万元以至百万元，则规模方能远大。倘使其人不解国家社会为何物，人群天职为何事，拔一毛亦难，何况巨大的捐款？先生这种的看法，真是观察入微。所以先生十余年间对于集美、厦大两校，都是独力创办，前后统共捐出八百余万元的巨款。集美则迄今从未向人募捐，惟厦大自先生实业失败经济困难后数年，曾由林文庆校长向黄君奕住捐得图书费三万元；而曾君江水和叶君玉堆以敬重先生的人格，曾君捐建图书馆十万元，叶君捐资三万元，及北平文化基金委员会辅助理化科设备三万元，国民政府自十八年（1929）秋起按月辅助费五千元（自东北事变以后所交不及半数），并二十二年（1933）厦门之厦大协进会前来南洋募捐约二万元，如斯而已。

当先生实业失败之后，厦大未改国立之前，先生虽经济极端困难，而维持两校的心志曾未少馁，尚极力设法筹措。为此之故，先生自民国十一年（1922）重来南洋之后，十余年间不愿一回故里。先生于民国二十二年（1933）四月在新加坡福建会馆常年大会中演说还谈到此事，大略是说先生屡次声言即欲回国而至今尚在新加坡者，实为厦大和集美筹措经费的缘故。

然先生不仅对手创的集美、厦大关心如此，而对于倡办全县全省的教育实业，亦时时在念，至老弥笃。远在民国九年（1920）时，先生便欲筹办全同安县的小学校。先生当时调查闽南富侨在南洋的约有千家以上，以为若每人能在其故乡办一小学校，或数人合办一校，按年每校津贴费至多不过一千元，则闽南何患教育不普及？而事实上乃等于凤毛麟角。于是先生便出来提倡，先从同安县做起。其办法系创设同安教育会，目的在图同安小学的普及，而向在南洋的同安籍的侨胞筹募年捐，按年增办三十校，十余年全县可以普遍。甫办两年，已成立四十余校，每校年约补助费六百元。在新加坡募有年捐二三万元，他埠尚未进行。先生方喜理想的计划可以实现，哪知到收款时成绩不及半数，或完全推诿，或交不及半，于是巧妇难作无米之炊，原定的计划终成泡影。这是关于全县的。近在民国二十二年（1933）时，先生自己那时已无余力，因鉴于闽省教育实业人才的亟需培植，特致函全体闽侨劝说，请其为桑梓谋幸福。同时又在新加坡福建会馆常年大会里恳切演说此事，听的人无不动容。先生的意思，以为创办教育实业和培养人才实为闽省当务之急。吾人对桑梓有亟需努力者，就是这二三事。以言实业，实业不外矿产、农林、水产。矿藏于地，人不能见，设能筹得百万元，请一有力矿师组织探矿队，分组探测，由南而北，将矿之有无多少列成报告，才可引起投资从事开采。至于办农林，至要者为设农圃试验场及农林学校，若集十万元，按十年开用，必有可观。关于水产，则集美水产

厦大华侨同学欢迎陈嘉庚莅汀视察

学校办理十年，徒以交通困难，捞得的鱼类无法急售，现在不妨缓议。关于工业，应在厦门设立专门学校，培养机械电气等专材。此备资十万元，以备开销，方可有效。关于教育，闽省地瘠民贫，若每年能津贴各地学校，每生贴款五元，则每校每年可得贴款四五百元，即可维持。若以每年津贴万名为基础，所费不过五万元。他若选拔优秀青年出洋留学，设留学年限为六七年，相信每生贴费三分之二，当可助其成功。每年选派十名，所费亦不过五六万元。如是十年之后，吾人即可得专门人才应用，否则将向何处求此专门人材？凡此所谈，二三百万元即可举办；国币二三百万元不过叻币一百多万元。集腋成裘，事情并不觉得难办。侨胞有钱财的很多，若能如是，于桑梓方有裨益，于国家方有贡献，于良心亦方过得去。这是关于全省的。观此两例，则知先生毁家兴学的精神，实已做到己立立人己达达人的境界。

及后全国教育界与教育部并厦大员生，以先生维持厦大至感辛劳，且两校兼顾，尤觉艰辛，为欲其稍息仔肩减轻负担计，乃有厦大改归国立之举。先生对于此事，慨然乐从。及教育部为纪念先生创办的功勋起见，在厦大特设咨询委员会，以先生为永久会员，并于校内设置嘉庚讲座教授和嘉庚奖学金，藉资纪念，先生则屡次谦辞，自谓为义不终累及政府，致以为歉。虚怀若谷，真仁者之言！

七七事变，继以八一三抗战军兴，厦大则先迁鼓浪屿上课，继即全部移于长汀办理。凡先生前所购置的仪器图书均全行带往长汀，安好无恙。至于集美各校，除小学、幼稚园外，所有中学、师范、商业、农林、水产各校均先后迁往安溪城乡上课。不久，一律迁入城内文庙校舍，改各校为科，合并办理，定名为福建私立集美联合中学。越明年，集美水产、商业、农林各科移设大田县，定名为福建私立集美职业学校；中学等则仍设安溪，惟取消联合字样。在此期中，厦大原址校舍，因敌人攻击厦门，致饱受炮火的摧残，毁损颇多。及厦门失陷，敌寇又肆虐集美，屡以飞机轰炸，故集美校舍受毁尤剧。此数百万元建筑的堂皇壮丽的学府，大部分已成瓦砾之场，言之愤惋。民国二十八年（1939）秋，先生以集美校舍受毁过甚，特在南洋发表启事，欲募捐二百万元，为抗战胜利后复兴集美学校之用。此言既出，国内外人士闻之皆深表赞同，尤以集美各地校友无不热诚奋发，踊跃输将。进行方极顺利，讵料自秋迄冬，数月间国内各地物价均突涨数倍，国民生活顿感困难，先生在南洋闻讯，怒然不安，因特驰函各地，嘱即停止募捐工作。先生盖无时无刻不爱护体念其所手创的学校和校友哩！

民国二十九年（1940），福建省政府开办福建大学，欲将厦门大学合并入内。国内外有识之士，皆以为不可。先生时适返国在渝，闻之特向参政会提出议案，列举三大理由以反对其事，博得全体参政员的拥护。先生所举理由，完全站在国家立场而言，大公无私，略谓厦门大学之不可取消归并，其理由有三：第一，厦门大学为华侨所创办，为侨众所周知。今若将其取消并入他校，必使侨胞引以为戒，意冷心寒，何足以劝善？第二，厦门大学设于厦门，历有年所，今厦门沦陷不久，而政府便取消厦门大学，无形中告人以放弃失地，泯灭收复的信念。揆之古人设置侨州侨县以示不忘故土之意，毋乃刺谬。此举不仅有伤沦陷区人士之心，且将影响国际的视听。第三，厦门大学为本人所创办，本人当日所以不名嘉庚大学而以学校所在地厦门以名大学者，即取天下为公之意。今若加以取消，是完全蔑视创办人当日一番的心力，于政府纪念人民的辛劳之义亦有所未安。先生平生所言所行完全为国家着想，此亦其一例。后来中央知道此事，为尊重先生意见，特郑重向先生声明，绝无此意，而厦门大学始转危为安。当时作者适在长汀，亲见厦门大学员生得喜讯后欢喜鼓舞之情不可言状，深叹先生人格感人之深，不禁起敬。

三

先生爱国爱民族之心，盖根于天性。其毁家兴学，即一面恐海外侨生之异化，欲从根培起其国家观念和民族意识，一面

集美学校遭到日军轰炸的居仁楼（东段）

鉴于故乡文化之衰落，师资之缺乏和人材之缺少，完全为祖国救亡图存的大计。先生尝言，我国现处于列强肘腋之下，成败存亡，千钧一发，自非急起直追，难逃天演的淘汰。彼所以奔走海外，茹苦含辛数十年，身家生命之利害得失，举不足撄我念虑，独于兴学一事，不惜牺牲金钱竭殚心力而为之，唯日孜孜无敢逸豫者，原因正在于此。关于先生兴学的事迹，已详于上文，于此一端以外，三十年来凡革命救国的事业，先生无一不力助其成，始终为国族而努力奋斗，其丰功伟绩，在在值得大书而特书之者。

先生于民国纪元前一年，即加入总理所手创的同盟会。是年秋，武汉起义，闽省响应，先生在福建会馆开闽侨大会，倡办保安捐，筹款资助闽省革命，被举为会长。闽省光复之成功，得力于先生者不少。民国初年，国内军阀混斗，加以水旱频仍，天灾人祸，连年交迫，数百万难民颠沛流离，嗷嗷待哺。先生每筹款回国赈济，为举世所周知。民国十七年（1928），济南惨案发生，先生又倡办山东惨祸筹赈会，被举为会长，募捐巨款以赈山东的人民。同时又倡率南侨热烈抵制日货，不遗余力。先生所办理的《南洋商报》，更能摘奸发伏，鼓吹倡行。适其时有奸商某侨到有大帮日货，《南洋商报》从实加以摘发，奸商受创甚巨，以此怀恨，致先生之橡皮热品制造厂重要部分，遭其纵火焚烧，损失不赀。更以抵制日货之故，日人大肆报复，有组织的同类物品贱价倾销，被害尤大。后来先生的实业终于一蹶不振，其原因半由于此。

民国二十四年（1935），国内十一省水灾，灾区广大，灾情严重，先生因出为倡办水灾赈济，被举为华侨筹赈祖国水灾会会长，筹款甚多，灾民全活甚多。

抗战中兴，先生认国家民族生死存亡在此一举，更奋不顾身，领导侨胞组织新加坡华侨筹赈祖国难民会，被举为会长，同时并被选为马来亚各区华侨筹赈会通讯处主任，及新加坡救国公债劝募委员会主席。关于此事，先生曾于是冬致函集美学校，勖励员生并略述己志。略谓：

金门失陷，厦集已成为最前线。此后厦大、集美两校，将损失至如何程度，殊难逆料。然欲求最后胜利，实现中华民族之自由平等，惟有全国人民抱定牺牲到底决心以赴之。现在全面抗战业已展开，国人牺牲生命财产于敌人炮火之下者，不知凡几，厦集二校纵惨遭损失，余亦不遑计及矣！余受侨胞推举及居留政府指定，不得不稍尽国民天职，出而主持募救国金。

但空口劝人，自不捐输，虽人能我谅，我亦有愧于心。故先长期认捐每月二千元，以为侨胞倡，并先交一年，计二万四千元。兹又开始劝募救国公债，我政府甚望侨胞能踊跃认购，余又不得不有同样表示，以为倡率，亦认购十万元。即此区区之款，尚须告贷半数，始能足额。值此国族生命已届危急关头，余惟恨现无百万资金，否则亦必以全数购买救国公债，绝不犹豫也。国难日亟，希激励员生，抱定牺牲苦干精神，努力抗敌救国工作，是所致望！

观此知先生于经济万分困难之中，不惜向人告贷以购买救国公债为侨胞倡率，此种祖国第一的热诚，令人钦佩不已。

当时南洋各地闻风兴起，皆有筹赈会一类之组织，约计之共有二百个左右的单位，目的虽同为援助祖国抗战，但行动上难期一致，而能力亦未能尽量发挥。先生有鉴及此，毅然出而奔走联络，使组织加强，力量统一。终于民国二十七年（1938）十月十日，由各地侨胞推派代表到新加坡开会，产生了南洋华侨筹赈祖国难民总会，并经一致选举先生为主席，积极领导八百万侨胞，从事除奸排货，劝募特别捐，推行常月捐，征募旧衣、寒衣、药品、救护车、推销救国公债，鼓励多寄家信，多汇家款，并按期举行游艺筹赈会以筹款。

会中所有工作成绩，以先生生平积极迈往之性，不用说是非常可观的了。统计至太平洋战事发生时为止，南洋侨胞捐款在八万万元以上，献金在二万万元以上，而汇回家中现款便在二十万万元以上。据先生后来对人谈及华侨汇款与祖国抗战关系之重要，曾举一个事实证明：抗战以来，政府发行三十多

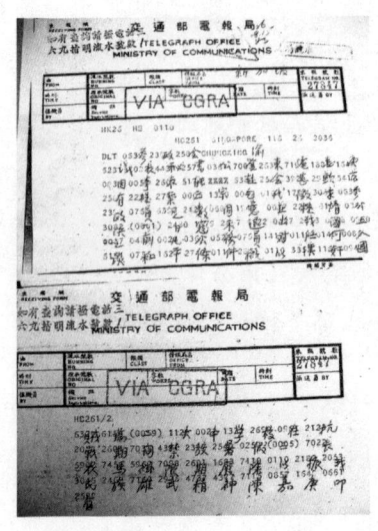

陈嘉庚电报提案

万万元公债，除第一次五万万元系向各省摊卖以外，其余均借自银行的钱。这钱从什么地方来的呢？可以说大半均来自海外侨汇。政府得到了这些钱，可以一半购军火，一半做银行基金。而银行有一元的基金，即可发行四元的钞票。可见三十多万万元的公债，大部分均为华侨所购买。据此，则华侨对祖国抗战助力之大，可以想见。

同时，先生不仅倡导侨胞有钱出钱，更倡导侨胞有力出力。当滇缅路初通时，因需要大批技工，先生曾发动侨胞三千余人回国服务。他们为先生人格所感召，来到祖国过着怎样都可以忍受的刻苦生活。此外先生还鼓励华侨青年回国从军，所以现在XXXX航空学校和XXXX受训的华侨生就有XXX人；而在南北战场上，亦可以看见许多华侨青年活跃的工作。

先生对抗战必胜的信念，非常坚强，决心抗战到底。时汪精卫一流人，每有屈辱求和的谬论，先生闻之怒甚。民国二十八年（1939）春，国民参政会开会时，先生特自海外以参政员资格向大会提出"敌军未退出中国前不得言和"的议案，剀切指陈抗战的必胜与屈辱的可耻，若敌军末退出中国而言和，何以对数千万无家可归的难民和数百万浴血抗战的将士？出席参政员大为感动，十九附议，经激烈辩论卒行通过。议长汪精卫竟无可如何。时有某参政员曲解国父遗教，谓先生此举非是，出会后立遭大学生聚殴。可见正义在人，人心未死。三月底，汪精卫果实行叛国离都，发表艳电以摇惑人心，中央当机立断，即予以开除党籍。先生在南洋当首电中央，谓予通缉以正国法。电文略谓：

汪精卫叛国求和，罪恶重大，实古来奸贼所未有。丁兹抗战救亡，胜负未决，暴敌狡计，利在以华制华。汪与党羽，暗中通敌，因中央宽假，得脱身离境，乃复发出艳电，冀摇人心。全国上下，莫不痛恨，咸谓中央必能严令通缉，以正典刑，不意仅革党籍，未及国法。而汪又无悔祸意，非但不肯出洋敛迹思过，尚广布爪牙，巧肆簧舌，外则加紧勾结敌人，内则阴图颠覆政府，此而不诛，何以劝众？若曰汪有前功，卖国便可无罪，汪为党之副总裁，应特别包涵；抑中央宽大为怀，预留余地：然此于法于理，皆属失当。盖汪已不忠于总理，出卖民族，则为党之罪人，国之奸贼，过去任何高功，亦不容诛。现汪虽逃外境以避国法，而中央为正内外视听，国法仍不可不行。至所谓宽大为怀，亦须待抗战胜利以后。今我前方将士浴血挥戈，

陈嘉庚和南侨慰劳团谒汉武帝陵

后方民众卧薪尝胆，战区受难同胞无虑数千万，蒋委座复锐意推动精神动员，而独容汪贼与其党羽逍遥法外，实南洋八百万侨众所莫解。

义正辞严，足褫奸邪之魄，同时亦可见此老的心性。此电既发，蒋委员长即复电嘉佩，谓：

南侨筹赈总会主席陈嘉庚先生鉴：元电悉，忠诚奋发，嘉佩殊深。中央对于叛国附敌者，亦足以垂炯戒。尚希酌本此旨，善慰侨胞为幸。中正有侍秘渝。

先生得此复电，即以之晓喻侨胞，使益加勉力。

是年秋，英日谈判有不利于中国的讯息，先生特致电英国

1940年11月2日，陈嘉庚视察漳州时，与集美学校、厦门大学校友合影

朝野名流，请主持公道，得诺尔培克、李顿、薛西尔诸人复电，允于援助，先生又致电谢之。越数日，先生复以南侨筹赈总会主席名义，缮其英文长函，由飞机投机英伦诸领袖，如丘吉尔、艾登、辛克莱、汉特森、薛西尔、李顿等数十人，前电不录，录此次之长函，以见一斑。函云：

敬启者：吾等曾代表南洋之八百万侨胞在七月二十九日致电各位先生。关于天津纠纷之和平解决，英国应重视日前蒋介石将军曾经发表长篇之声明书，表示对英国远东政策之信任。同时并谓于天津纠纷之和平解决，英国应在不阻碍中国及九国公约条文下，订立协约。假如英日二国所订立之条约，有影响中国而未取得中国同意者，将不发生效力。彼更谓英国可以和日本侵略国联合一起，乃为不可想象之事。同时彼更告诉全世界，谓中国政府只要具有充足军事储备及其他军事设备，有可能继续抵抗日本。吾等华侨完全同意蒋介石将军之意见，对先生等有极大之信任心，先生等对于英国之远东政策，如是关心，经常注意英国不变更其有可能影响英国之尊崇及远东之权益之政策。吾等更欲言者，美国经已通知日本停止其一九一零年签订之美日商约及航约。此种举动，乃足为全世界效法。盖以其对侵略国所表现者，不特为片面之文字，而是实际上之行动也。吾人及世界人士，均觉甚为幸运。盖以在此次事件中，英国与中国之利益，可谓相同。中国在今日，虽然似乎为其本身向侵略者抗战，惟究其实，乃代表英国及全世界予侵略者以打击也。对侵略者之行动之打击，不徒在文字上，抑且须注意实力方向。除非如是，则吾等一切将永无和平、无公理、无平等、无自由。在于"强权即是公理"原则之下，短期间内将行见有惊人之事情发生也。最后吾等极欲对先生等为中国权益及和平而完成之伟绩道谢；并望仍继续此种精神，直至预期中之成功实现为止。南洋华侨筹赈总会主席陈嘉庚，八月三日星洲。

  是年年底，先生为扩大劝募寒衣与药品运动，到处呼号，结果共募得寒衣五十万件，而药品亦募得不少，仅奎宁丸一项即有惊人的数目。各线将士，身受其惠，无不感奋。

  民国二十九年（1940）春三月，先生以抗战将及三年，国内情形有待观察和前方将士必须慰劳，因特组织南洋华侨慰劳团回国省问。此慰劳团分为第一、第二两团，先生为总团长，于三月中先后归国。先生行程系自新加坡转仰光乘机飞渝，然后遍历四川、甘肃、青海、陕西、新疆、宁夏、河南、湖北、湖南、江西、浙江、福建、广东、广西、贵州、云南，行程四万里，风尘仆仆，以六十七岁的高龄，竟毫不惮劳苦，精神体力，实足惊人。

先生在行程中，亦无时不以国家民众为前提，凡可以利国便民之事，苟有所见，亦无不披沥直陈于中央，借供采纳。时适新四军事件解决不久，无根之谣颇多。先生对团结问题，极为关怀，深以抗战方殷，必须全民族精神团结，齐一步伐，则最后的胜利方可速临。故此次回国后，为要使中共对团结问题有更深切的了解，在西安考察之后，就驰赴延安，会晤中共领导人毛泽东、朱德诸人。

先生遍历各省，最后经云南会同中央所派人员，视察滇缅公路，然后取道公路出国，及抵新加坡已将民国二十九年（1940）的除夕了。先生返新后，即召开南侨大会，将一路考察所得，详晰报告，凡所指陈，不避嫌怨，结论认为抗战必胜，绝无问题。侨胞闻之，皆深感慰。

自此以后，先生均在新加坡南洋筹赈总会为祖国努力劝募，始终一贯，夙夜匪懈。及民国三十年（1941）十二月八日，日寇偷袭新加坡，英主力舰两艘被炸沉，于是太平洋战争之幕揭开。新加坡为日寇志所必得，岌岌可危，先生以新加坡关系重大，援英即不啻援助祖国，因组织华侨援英动员会，发动华侨参加防御工作，抵抗共同之敌人。一面屡函英总督汤姆士，请从速武装华侨，尽量发给军火。乃英总督只是一味敷衍，延不颁发。迨马来亚尽失，新加坡被围，英总督始从先生之请，召请华侨欲加以武装，及华侨遣领军火，则枪仅千余，子弹亦仅数千发，无济于事，而局势已不可挽救了。

1940年10月27日，陈嘉庚赴安溪视察内迁的集美学校，并在文庙发表演讲

先生一商人，数十年来为祖国奋斗，屡结仇于日寇，为日寇所欲得而甘心之者，至是见局势危殆，自念既无官守，又无言责，而新加坡又非祖国之土地，徒死无益，遂于新加坡弃守前数日离新而去。及新加坡沦陷，英军七万众投降，备受日寇的凌辱，而我华侨被屠杀亦不在少数，使先生见几不早，临时不能脱身，则非被杀亦被俘了。先生的幸运，也是祖国的幸运。先生今年七十岁了，矍铄如恒，天固将留先生之老眼以见祖国的最后胜利呵！

于此有一事不得不谈及之者，当先生离开新加坡后二日而英军正准备投降的时候，竟有一些人因平日受先生的责备怀恨在心，以先生的人格在常时无可指摘亦不敢指摘，乃乘此混乱之时，竟偷下一手，大造先生的谣言，谓先生不顾侨胞骗取护照卷款潜逃，其言至幼稚而可笑，稍有常识的人皆能加以辨别。须知先生在新加坡不过为一商人，其组织筹赈会，亦系人民自由团体，毫无实力，更非领事一类的官吏可比，于新加坡临危前能脱险而退，已属万幸。何以谓之不顾侨胞？以先生在新加坡的名望，何至于骗取护照？且英政府的护照亦绝不至受先生的骗取。至谓卷款潜逃，尤为卑劣之谣。先生毁家兴学，世所周知，抗战后举债献金，至恨无百万资产以购买救国公债。此种襟怀，与天下人以共闻共见。造谣的人欲中伤先生，而不知反自污其人格。难道造谣的人心中必欲先生被俘被杀于日寇而后快吗？

四

福建省政治，在民国二十八年（1939）以前，各方多所改进。自二十八年以后，省政府因奉行国策之故，不免多所纷更。实施之际，因人事及积习关系，人民颇以为苦。统制运输一事，尤为众矢之的。适先生自新加坡返国，闽民素知先生刚肠侠骨，仗义敢言，因争走诉冤苦于先生之前。

民国二十九年（1940）十月，先生返闽。是月十九日先生行次泉州，以调查所得致电福建省政府主席，为民请命，电云：

庚回闽以来，已历延建邵福泉各郡，一路所见工商学报各界级一般民众，诉述米物腾贵，民生惨苦，原因固多，而政府统制运输，流弊尤甚。盖主管机关多方舞弊，延阻货运，因之

陈嘉庚在大田

粮食缺乏，饿死自杀者不可胜数。庚详查深察，事实昭彰，非同响壁虚造。为减轻民众痛苦，似应先将统制撤销，任民众自由运输，货物流畅，民食可增，物价亦可望回减。谨电恳切请命。

十一月三日，先生抵龙溪，后致电省主席，恳请撤销运输统制，谓如不见效愿负罪咎。电云：

庚由永抵漳，经过各处，民众惨苦，不满统制运输，处处皆然。由闽北至此，一路所亲闻亲见，确可代表全闽，万无错误。泉米每斤一元，漳柴每担四元六角，皆由运输迟滞所致，比较商民自由运输，何啻差迟十倍。此为庚所亲见者。漳运输公司，前月公开报告获利十余万元，闻私利所得更远过此数。运输诚有巨利可收，而自杀饿死者，却亦难以数计。此亦为庚历十余省所未闻。抗战后，政府发公债三十多万万元，各省免第二次认买公债之烦，华侨外汇资力实占大半。庚不久回南洋，侨胞闽人居多，如斯惨象，庚将如何报告，违良心则不可，据实言则影响外汇。所以再三代闽人请命。万乞鉴纳愚诚，急切撤销运输统制，则物价立即降低，民众便庆更生矣。撤销后如不见效，庚愿负咎。

越二日，先生以省主席尚未有复电，特于五日再致一电，极论运输统制之弊害非根本撤销不可。电云：

货物奇贵，缘于统制运输。而舟车不及之地，缺乏挑夫，弊害尤著。主事者挞詈剥削，视挑夫如奴役。又如守办公时间，不能迟早随意赶运，货物起卸动辄迁延，守候之日多，挑运之时少，戋戋之获，不足资生，安得不逃避？且征发登记，民情未习，名入公门，即惧有无穷后患，匿而不报，亦自难免。总之统制运输，弊端千万，枝节改善，必无是处，惟有断然根本撤销，恢复商运，方期有济。庚此行十余省，未闻有此现象，更自审平生阅历，暨回省后考察所见，决无些许错误。如有欺罔，甘为当罪。弱者饿死、自杀以为耳所恒闻，悍者铤而走险恐亦势所必至。千祈俯纳舆情，迅予撤销，闽民幸甚，抗战幸甚！

至省政府方面则以勿轻听一面之言、政令出自中央两点为解释之词。先生得此复电，后于六日四电省主席加以剖驳。略谓：

支电敬悉。庚自到南平，便闻统制运输之害，然犹未遽信。

迨自闽北经福泉而漳,沿途所知,乃各界各方之报告及庚亲见者,即军政界亦有是言,非轻听一面之词,便贸然请命。至云政令出自中央,庚经历十余省,但闻政府加设驿站系助商运之不足,绝未如本省统治之苛,拒绝数十斤挑贩。设中央由此违忽民情之政令,地方长官亦应力白不可,料无强施之理。千万附纳鄙言,不胜感盼!

计先生前后许多恳切直率的电函,皆不为省政府所采纳。先生知此事无可再言,即十一月十七日,行至赣州,乃致电蒋委员长控诉其事,并及闽省苛征田赋及逮捕省参议员两事。越二日,先生至泰和,复上蒋公长电痛言闽政。及二十三日,先生路抵桂林,复上蒋公一电,请派员彻底清查。迨十二月三日,先生抵达昆明,即将出国,复电致蒋公辞别,并论及统制事宜。

蒋公得先生四电曾于十二月二日、八日先后复以两电。第一电中有"指陈各事,均已转嘱闽主席特别注意,设法改善。对于各种统制业务,应于适应抗战需要之中,兼顾人民疾苦所在,严防流弊,免滋苛扰"之语。第二电则蒋公与先生兼叙离别之情,略云:

江电悉。(按:先生上蒋公之第四电)先生此次回国,屡度晤教,并时承建议,得益实多,殊深感慰。经济统制,易滋流弊,诚所难免。但值此国家空前之艰难期中,若一切全采放任,实恐贻误抗战之大业。要当衡量轻重,在兼顾民生预防流弊之原则下以求之,则固战时国家所必循之途径。先生热诚元爽，至所钦佩，尚盼南返之后，善为宣慰侨胞。卓见所及，随时赐教。海天在望，不尽驰溯。

民国三十年（1941）四月闽海沦陷之消息传到南洋，各地闽侨闻之悲愤不可遏抑，皆纷纷电请中央惩办省主席，先生更致电中枢极论此事。中央至此亦俯顺舆情，于八月中改组省府。由事控诉半年之案件，至此始告解决。

五

述嘉庚先生创办实业，毁家兴学，祖国第一，仁者之勇的

厦门大学群贤楼群

事迹既竟，吾人将结论先生之总人格以告于世人。惟此非笼统数言所可尽，姑就品性、识力、精神、态度四方面略作赅括的报告。

就品性言。先生继续他父亲的事业而能发扬光大，不辱其先。及经营实业又秉承先训，毁家兴学，继志述事，以天地为父母，推民胞物舆之心，行育才锡类之事，数十年如一日，可谓之孝。先生令弟敬贤先生少先生十四岁，一切以教以长均先生是赖。敬贤先生在南洋时能代先生经营实业，在祖国时能代先生兴办学校，而先生之爱护敬贤先生更是无微不至，可谓之友。先生克尽国民之天职，既兴学报国，复为国奋斗，参加革命，努力抗战，不辞劳瘁，可谓之忠。先生素性最重然诺，经营实业从无后期，破产以偿债，言出而必行，不以强御而扪舌，不以困难而中止，可谓之信。先生律己甚严，待人弥恕，耳不听靡曼之音，目不视邪愉快之色，认真生活，毫不苟且，可谓之礼。先生具己溺己饥之怀，行济世救民之志，筹赈既全活甚众，论事复慷慨陈词，可谓之义。先生不苟取不苟予，好劳恶逸，公而无私（先生所经营之实业全部为自己的资产，而先生每月亦与其他职员相同，除薪水外不取分文，余款尽以办学。厦大、集美两校建筑费数百万元，先生自己仅建住宅一区，价一万元，如斯而已），绝无老悖戒得之讥、特富输财报国之念，可谓之廉。先生恐祖国文化不若人，特凤夜以办学为事；恐祖国抗战之或败，特奔走呼号劝人有力出力有钱出钱。盖深知国与民之关系，休戚与共，惧国族之或衰而亡，可谓之有耻。此孝、友、忠、信、礼、义、廉、耻八者，实先生固有的品性。

以识力言。南洋橡皮业甫在萌芽，先生即首先种植，终获

厦大与集美排球比赛

巨利，以为兴学之资。此一识力也。先生以为商人苟欲报国惟有捐资，而捐资之道惟有以教育为宜。此又一识力也。先生以为，救国必须办理教育提高文化，否则国家必将退处于野蛮时代。此又一识力也。先生又以为欲办教育必须先培植师资，故鉴于小学之缺乏师资，则先行创办集美师范学校；鉴于中学之缺乏师资，则先行创办厦门大学之师范部（厦大开办之初即先设立师范部以培养中学师资。后该部改为教育部及教育科，最后改为教育学院。第一届大学毕业生三十五人，文科一人，商科六人，教育科占二十八人。此后直至改归国立止，教育科毕业生均为各科之冠）。以师资为办学校的先决问题，此又一识力也。先生之创办橡皮熟品制造厂，目的即在于为祖国打一工业人材的基础。故广聘技师，广招技工，加以严格训练，亦如办学之先培植师资然者。后先生工厂虽因世界不景气和日人报复而失败,而技工之回国或留在南洋者,皆能卓然有所树立。此又一识力也。先生以国存与存国亡与亡,故凡遇国家有事,无不努力奋斗,奔走领导,认国民无论如何,苟能为国尽力,于国必有所济。此又一识力也。抗战起初,先生即抱抗战必胜之信念,坚贞淬厉,百折不回,且特提敌军未退出中国前不得言和的主张。今则抗战胜利即在目前,不负先生的信念,此又一识力也。凡斯种种识力,为先生所独有。则先生眼光见识之高,可以想见。

以精神言。先生拥有千余万元之巨产,不贪逸乐,不生淫欲,无声色玉帛之娱,无高楼大厦之奉,任何奢华嗜好,先生都没有,一心一意只计划以全部资产兴学及如何为国努力,可谓富贵不能淫。及至营业失败之时,英殖民地政府愿出全力维持先生之实业,但以苛酷条件为交换。先生毅然拒之,情愿破产偿债,不稍顾惜。迨先生实业失败以后,经济十分困窘,但对于厦大、集美的经费,仍千方百计筹款维持,始终不变初衷。而对因兴学而毁家一事,绝无丝毫怨尤之意;且屡次劝人继起努力,为国育材。而对抗战筹款,尤不惜向人借钱购买救国公债,且首认月捐以为南洋华侨之倡,绝不以无款而自馁,可谓贫贱不能移。先生悲悯闽政现象之不好,毅然函电交驰为民请命,甘当罪责,只求政府之采纳,至三至四,非达到目的不止,自省政府以至于中央,毫不稍沮,可谓威武不能屈。凡兹三者,皆先生之精神。

以态度言。先生平日待人接物,诚恳率直,久而弥敬,对君子则爱敬有加,对小人则训诲备至,是所谓温。信道纯笃,守正不阿，仁慈出于天性，勤劳是其本怀，是所谓良。负责任，守纪律，绝无苟且之行，最恶敷衍之事，是所谓恭（先生所经营的工厂，每天日出即先职工到场，日落必后职工而出，终日指挥监督，恪恭将事）。自奉甚薄，生活只靠月薪，衣裳破敝，粗粝自甘，无任何汰侈之嗜好，一丝一粟时念来处不易，然捐资千万。兴学报国，曾不稍吝，而赈灾助战且举债为之，曾不少却，是所谓真正之俭。谦以自牧，诚以待人，施惠毫无德色，为善不求人知（先生捐巨款办学，厦大、集美两校校舍至全部落成以至于沦陷敌手，十余年间，先生曾未尝一返校门自矜成就）。闻人誉己若不自容（厦大改国立后，教部曾筹有纪念先生之办法数事，先生皆极力坚辞，迄今不受，且以为善不终遗累国家自责。又厦大十周年纪念，在南洋之厦大毕业生曾献旗先生，先生力辞不获，乃告诉他们说，你们的旗很华丽，须有好房子悬挂方能配称，可惜我所置的房子已卖去了，现在没有好房子，实在有负你们的盛意。学生方止），惟正义所在，则守正不阿，仗义执言，绝不妥协退缩，是所谓真正之让。凡此温良恭俭让五者，皆先生的态度。

昔桐城姚姬傅氏论文论人，以为"天地之道，阴阳刚柔而已。其得于阳与刚之美者，则其文，如霆，如雷，如长风之出谷，如崇山峻崖，如决大川，如奔骐骥，其光也如杲日，如火，如金镠铁；其于人也，如凭高视远，如君天下而朝万象，如鼓万勇士而战之"。假使这一节话有可采的价值，则窃谓先生之总人格，实可以"阳刚"二字概括之。此盖与集美之山川有关。前已说过，集美一地为明末忠踪所寄，三百年来落日寒涛，荒鸦古木，犹似当日孤臣之凄咽哀怨，山川灵气，蕴久后宣，间时一出，钟毓先生。故先生爱国发于天性，而刚肠侠骨又与生而俱来。此固忠惯之气，实函阳刚之美。顾先生嫉恶如仇，老而益壮，绝不妥协，毫无隐私，而面折人过又不留余地。所以凡君子无不爱敬先生，凡小人则无不怨恨先生。所谓誉满天下谤亦随之，是已。今年先生七十岁了，距期颐之岁尚有三十年，我固然不愿先生一变初衷，少抑阳刚之气，然自开罗会后，胜利有凭，明年一元复始，否极泰来，驱倭寇于国外，扬大汉之天声，失地尽重光，万民俱复业，方当歌咏升平，从领袖之后以努力于奠安国族万年永固之基，斯时也，则若姚氏所谓"其得于阴与柔之美者，则其文，如升初日，如清风，如云，如霞，如烟，如幽林曲涧，如沦，如漾，如珠玉之辉，如鸿鹄之鸣而入于寥廓；其于人也，漻乎其如欢，邈乎其如有思，暖乎其如喜，愀乎其如悲"者，必将代之以兴。窃愿先生将来于鼓腹含饴之际，颐养余年，一济之以阴柔之美。先生倘有意乎？企予望之！

| 原文载于1944年第11卷第2期《南洋研究》，1944年3月15日出版

魏应麒（1904—1978），福建省福州市黄山村人，中国近现代著名的历史学家，他撰写的《中国史学史》是中国历史上第一部正式出版的史学史专著，在中国史学发展史上具有较高的地位，曾任厦大历史系教授。高中毕业后，入广州中山大学历史研究所，任抄写员，为顾颉刚教授重视。在顾先生的指导下，增长了许多历史知识。1935年，魏应麒任广州中山大学讲师。他编写了我国第一部《林文忠年谱》，详细记录了林则徐爱国的一生，尤其是禁烟抗英的事迹。1978年因病辞世，享年74岁。

　　刊载此文的《南洋研究》由国立暨南大学南洋研究所编印。该文发表后引起广泛关注，在海内外广受好评，是目前已知最早的一篇陈嘉庚传。集美学校还一度将该文翻印，分送给各大、中学校以及图书馆。

　　1948年第42卷第6期《集美周刊》载有《印送魏应麒著之陈嘉庚先生传》的消息，消息称："福州魏应麒先生于卅二年冬撰著陈嘉庚先生传一册，洋洋数万言，内中对校主之创办实业、毁家兴学、忠诚爱国等事迹，记载详尽，最后复以实例，证明校主具有孝、友、忠、信、礼、义、廉、耻之品性，富贵不能淫，贫贱不能移，威武不能屈之精神，温、良、恭、俭、让之态度，以及高超之识力等，持论公正，词不溢美，校主之伟大人格，于此已可概见，本校特将该书再行翻印分赠各大中学、各地图书馆云。"

《陈嘉庚先生传》印发消息

陈嘉庚先生的生平

叶道渊

教育家、农林学家

叶道渊

　　闽南十数县，民俗倔强刻苦，多勇而好义。故国家安，则前贤之遗教，善政之流风，被之乡党者，固已严于法治；国家危，则外侮之捍御，正气之树立，系于人心者，亦有救于沦亡。稽诸近代，自清入主中华，南安郑氏以蕞尔一隅，抗据胜国，潜力之强，奕世未艾，民族精神之所感召，遂启后代革命之源泉。故有清一代，闽南之科名仕进不盛。惟远渡重洋，逐迹商贾而致富者称焉。时至今日，马来、爪哇、吕宋诸岛以及泰、越、缅、印各地，几为闽南人之外府，其间分布数百万众之华侨，盖不少前代义民之苗裔。然以地著之长久，习性之移易，起居、服御、文字、语言，渐与华风相远。非有人焉，为之鼓吹领导，数典不忘其祖，则海外之贡献祖国，而成抗建之大业者，能如斯之盛乎？其人为谁？若同安陈嘉庚先生，是其著者也！
　　先生为人刚直果毅，言无宿诺，事必躬行。少年渡洋经商，声望即孚于星岛。清政凌迟，外侮日迫，革命人士环集海外，累谋举事，先生蒿目时艰，慨然慕义，即预盟焉。辛亥之役，

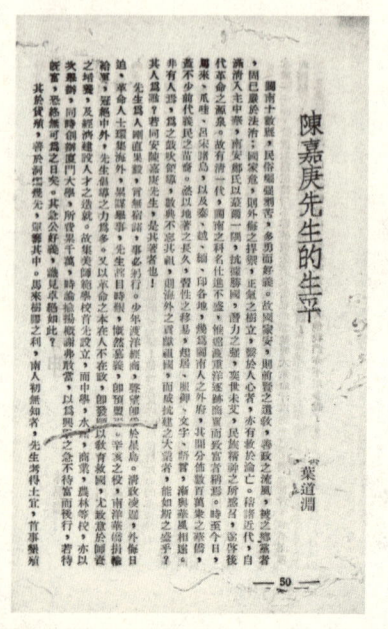

《陈嘉庚先生的生平》

　　南洋华侨捐输给军，冠绝中外，先生倡导之力为多。又以革命之本在人不在政，即发愿以教育救国，尤致意于师资之培养，及经济建设人才之造就。故集美师范学校首先设立，而中学、水产、商业、农林等校，亦以次举办，同时创办厦门大学，所费累千万，时论揄扬慨谢弗敢当，以为兴学之急不待富而后行。若待既富，恐终无可为之日矣。其急公好义，识见卓绝如此？

　　其于货殖，善于洞烛几先，运筹其中。马来树胶之利，南人初无知者，先生考得土宜，首事垦殖，遂成特产；又从而设厂制造，使胶材供给日用，如布帛之不可缺，盖先生深知农产之盛，非继之以工业，无以剂其盈，而化其居也。

所辖场厂规模宏大，役劳工数千，考课有人监领有人，犹必躬亲临视。晨起随所诣察工事，有不中程者，督责纠正无所贷。集美学校之建筑也，鸠工庀材，皆手自办，日躁土木场中，指挥监督无间寒暑。群工皆服其精勤，无敢欺罔者。

性习俭约，平居褐衣布履，服之无数，至补衲而不废。饔飧蔬食，杂饭甘薯，酱蔬盐齑，恒无兼味，自谓非此无以适口体，然先生虽俭以自律，而待人则极丰。其培养学子，礼聘师资，设备仪器，一举数千几金，无不立办。

其应人接物，一以真诚，直道而行，绝无模棱两可虚事委蛇之态。民国二十九年（1940）回国劳军，行旌所至，地方之疾苦，民众之顾望，考察綦详。其急者，虽十有损于己而一有益于民，亦必为之请命当道，剀切陈词，蹈嫌触忌而无悔。太平洋战起，星岛首婴巨创，先生见推为侨民动员领袖，当仁不让，独任巨艰，倥偬于危难之际，奋迅于倾覆之余，纠民给军，相持三月之久，至事无可为而后离境。鲁仲连之慷慨，孟之反之从容，先生盖兼具有其美焉？

总先生之生平，坚贞卓绝，实可表率民彝，匡正邦本。今者，同盟制胜之师屡挫敌锋于海外，国军又从而牵掣之，遐方穷裔，凯奏频闻，最后胜利之来临，先生殆将伴以俱归乎？去岁十月，先生七十初度，集美校友各上文词或酬金为寿。向有寿先生者，当被切峻却谢，无以申祝悃。今先生在远，祝典之重虽非请命而行，然以民族精神之所系，称觞颂德，遥祝健康，为天壤间存此正气，不但为理之当然，亦事之所必要者也！

原文载于1944年7月出版的《爱国老人陈嘉庚》

作者小传

叶道渊（1891—1969），字贻哲，福建安溪人，知名学者、农林学家。北京农业大学毕业。留学德国，获林学博士学位。

回国后应陈嘉庚之聘，任集美高级农林学校校长。嗣后历任国立中央大学、浙江大学、广西大学林学系教授兼系主任，广西、江西省政府顾问。

1943年1月2日，叶道渊与郭季芳、陈济民、陈厌祥被增聘为集美学校校董。

1945年8月15日，日本无条件投降，集美中等各校着手复原。

1949年，因商务关系由厦门赴香港转新加坡，后逝于新加坡。

怀念陈嘉庚先生

蔡力行

记者、编辑家、出版人

蔡力行

　　偶然翻阅民国二十九年（1940）三月份的旧报，看见陈嘉庚先生领导南洋华侨慰劳团到重庆的消息，又使我怀念起这一位爱国老人来。

　　陈嘉庚先生之所以受人钦敬，不是因为他是一位资本家，而是因为他是一个教育家。他在南洋苦斗五十余年，可以说大半时间是花在教育文化事业上面。他在民国纪元前二十一年，即是十七岁的时候，离开福建到新加坡去谋生。卅一岁时才开始自己经营米谷业，后来又继续创办罐头业、树胶业、航海业、渔业、纸业，一帆风顺，成为南洋数一数二的大资本家；但是他却和其他资本家不同，不把赢利所得的金钱，当做自己的财产，供给自己的挥霍，而是把这些钱来创办社会的事业，共谋人民的福利。他特别提倡教育事业，在民国纪元前一年，曾担任华侨所办的道南学校的总理，民国一年（1912）回到福建创办集美学校，民国七年（1918）在新加坡创办南洋华侨中学，民国九年（1920）创办集美水产学校，民国十年（1921）创办厦门大学，民国十五年（1926）创办集美农业学校，同年在新加坡创办《南洋商报》。在他苦心孤诣监督指导之下，厦门大学和集美学校已成为国内著名的学府，为国家造就成千成万的人才。《南洋商报》也为南洋权威的报纸，为华侨从事救国运动的南针。虽然在民国十八年（1929）世界经济恐慌发生之后，树胶业受到打击，他仍以最大的努力来维持教育事业，其对国家民族的贡献是何等伟大，普遍受到人民的敬仰是必然的。

陈嘉庚先生之所以受人钦敬，还不仅是因为他是一位教育家，而且因为他是一个伟大的爱国主义者。他在南洋数十年间，始终领导南洋华侨的爱国运动，当清末叶，国父在南洋奔走革命时，他便加入同盟会，后来清政府推翻，他便募捐援助福建光复运动。民国十七年（1928）济南惨案发生，他又组织山东惨祸筹赈会。民国二十四年（1935）国内各地水灾，他又出来主持筹赈祖国水灾会。同年国内正在建设大空军，乘着蒋委员长寿辰举行献机祝寿，他又推动马来亚华侨成立马来亚华侨献机寿蒋会。民国二十八年（1939）对日抗战爆发，乃领导侨胞组织新加坡华侨筹赈祖国难民会和新加坡自由公债劝募委员会。民国二十七年（1938）黄河水灾，他又奔走筹赈。民国二十九年（1940）复领导南洋华侨慰劳团回祖国慰劳，一向对于华侨救国运动，负起推动与领导的作用，使全南洋的华侨都集合在他的周围，为支持祖国抗战而努力。

陈嘉庚先生在最近卅余年来，把大部分精力用在教育事业上面，用在救国运动上面，这是他成为真正的华侨领袖的原因。这是他为一千一百万华侨热烈拥护的原因，这是他为四万万五千万同胞衷心敬仰的原因，在这里我们还需特别指出的，便是陈嘉庚先生对于中国政治问题的认识，实在超过国内一般政治家之上，他能够接近大众，爱护大众，向大众学习，为大众说话。他认为热心赞助祖国抗战的，愿意在抗战中对祖国投资的，不是南洋的资本家，而是广大的劳苦大众，所以他也承认自己不是资本家，而是劳苦大众的同志。在民国二十九年（1940），经过千山万水，回到祖国，当时政府决定优厚招待，预备以头等旅馆给他和团员住宿，但是他认为这种招待太过浪费，坚持搬到公共机关，团员皆睡自己带来的帆布床，他自己住在嘉陵新村工业合作协会的房子，每天上坡下坡，丝毫不怕跋涉，后来，他又坐汽车、坐轿子或骑马走到成都、兰州、西安、延安、洛阳、宜昌、沙县、桂林、长沙、福建各地，也是丝毫不感觉到辛苦。每到一个地方，必须会晤当地党政长官，访问一般老百姓，参加集会演讲，他都聚精会神地应付。正因为他能够接近大众，爱护大众，向大众学习，为大众讲话，所以他对于政治问题的认识非常正确和深刻。他是坚持抗战到底的人，当汪逆精卫在国内暗中主张妥协求和的时候，他老人家乃向国民参政会提出日寇未退出中国前不能言和的提案，足见他坚持抗战反对妥协是何等的坚决。他又是坚持国内团结的人，在南洋听见中国国民党和共产党对于政治问题意见不一致，非常担心，到重庆后即和白崇禧、黄炎培诸先生讨论这一个问题，后来又不辞辛劳到延安，希望研究巩固团结的办法。他一再向人表示，他曾参加同盟会，对于国父的救国精神及救国主义非常服膺，但后来因为人事关系，未加入中国国民党，对于任何党派均无成见，完全凭良心，凭事实，希望大家精诚团结。他又是坚持力求进步的人，他认为抗战胜利固然要争取外援，但主要的却是自力更生。在民国二十九年（1940）前后，有一部分人认为抗战胜利，或者由于敌人久战无功，不能不自动撤退；或者是敌人内部发生革命，不能继续作战；或者是各国压迫日寇放弃侵略政策，没有估计中国本身有力量将敌人打垮，他认为这是非常危险的看法，而迫切要求自力更生，力求进步，坚信进步的一定胜利，退步的一定失败，倒退现象不能长久。这一切，证明陈嘉庚先生不只是一个伟大的实业家，伟大的教育家，伟大的爱国主义者，而且是伟大的政治家。

我不是陈嘉庚先生的弟子，但我自信对于这一位爱国老人的钦敬和怀念，当不在他的任何弟子之下。在这个狂风暴雨的黑夜里，让我们遥望南天，敬祝这一位爱国老人的康健吧！

原文载于1944年6月10日出版的《联合周报》

作者小传

蔡力行(1917—1999),广东澄海人,名侠兰、敬昭,后改名水泽、力行、大丰,曾用笔名蔡求生、江子扬、立信、张光鲁、大江、康健、曾烈家、陈利加等,妻张光鲁。民国著名记者、编辑、出版人。

1944年2月3日,蔡力行创办坚持抗战、追求进步的《联合周报》正式在福建永安出版发行,蔡力行任发行人和编辑。撰稿人均为在永安的抗战进步文化人士,如羊枣、王亚南、章靳以、王西彦、赵家欣等,国内著名人士郭沫若、巴金、柳亚子、朱自清、茅盾、邓初民、金仲华、张友渔、夏衍、郭大力等也为该报撰写文章。有些文章转载自重庆《新华日报》。1945年7月,国民党在永安进行大逮捕后,《联合周报》被迫停刊。

不久,蔡力行又在永安创办了联合编译社,出版了一套《联合文艺丛刊》,计有黎烈文翻译的《战斗在顿河》、彭世桢翻译的《俄罗斯母亲》、谷斯范著的《紫藤花》等。日本宣布无条件投降后,编译社又先后出版谷斯范著的《新水浒》,张光鲁编的《爱国老人陈嘉庚》和《自学手册》。《爱国老人陈嘉庚》一书中有陈嘉庚率领华侨慰劳团访问延安的记载。编译社还将斯诺所著的《西行漫记》中的《毛泽东自传》翻译出版。当时重庆《新华日报》曾在报头免费刊登广告,广为介绍。1999年9月9日,蔡力行在上海逝世。

蔡力行主办的《联合周报》

五言一百韵寿陈嘉庚先生七十

潘国渠

著名诗人、书法家,曾任陈嘉庚的秘书

潘国渠

  陈公金天姿，骨貌削华岳。拔地何孤高，合沓动寥廓。
  容止简而庄，怀抱盖淡泊。即之亦春温，望之乃秋肃。
  读书好读史，过眼期烂熟。俯仰五千年，呼吸入胸腹[1]。
  余书有所观，要在得大略。从来豪杰士，岂受书拘束。
  清政既不纲，委身适蛮貊[2]。扁舟变陶朱，长风送宗慤。
  深藏渐若虚，待价或韫椟。故应掣鲸手，江海王百谷。
  富者方斗奢，贵者方汩欲。而公美布衣，而公甘馕粥[3]。
  毅者近乎仁，诚者重乎诺。是曰公韦弦，佩之老弥笃[4]。
  低徊念神州，万姓尚婢仆。豚尾拂蹄马[5]，颠倒困纣桀。
  谁与悦吾民，谁与拯吾族。奋臂吾往矣，自反吾其缩。

---

1 强记而熟于史。
2 清季出国，客新加坡。
3 衣厌华丽，食好馕粥。
4 生平服膺诚毅二字，创办集美学校，即取此以为校训。
5 清时辫发及马蹄袖。

罢钓翊周文，血盟誓匡复[6]。前辈竞挥戈，绝域遥挽粟[7]。
鼎革开新运，电扫荡旧局。囊倾卜式赀，屣弃卜式爵。
还念国始基，无材国且弱。人必尽其材，胥赖师之作。
临渊当教渔，食野当教牧。养蚕则教桑，买牛则教谷[8]。
张骞快浮槎[9]，曹叔频振铎[10]。货殖参计然[11]，疾病问崔彧[12]。
稚幼谱弦歌[13]，少壮探橐龠[14]。图籍夸石渠[15]，黉舍耀银阁[16]。
慷慨毁吾家，宏吾乐育乐。美哉集美乡[17]，芃芃多械朴。
尽瘁于树人，亘古见公独。煦物初不倦，偏有阳春脚。
举世称二难[18]，元季真雍穆。门外连枝荣，门内共被宿。
惊飙撼鸰原，季也忽摧落。掷杖竟西飞，早证弹指宽[19]。
平生致远愿，惨淡异踊跃。惕厉懔守谦，损益颇斟酌[20]。
一筹揆以断，蛟龙未易度；一事决以行，骅骝无其速[21]。

---

6 追随国父，加入老同盟。
7 奔走筹款，不遗余力。
8 集美学校分水产部、农林部。
9 水产部兼授航海术。
10 师范部。
11 商科部。
12 崔彧，谓校内自办医院。
13 幼稚园。
14 创办厦门大学，分设文理法商教诸学院。
15 图书馆藏书极富。
16 厦大、集美两校区并周数十里，朱莹碧瓦，栉比鳞次，极堂皇壮丽。
17 此居福建同安集美乡，亦即集美学校所在地。
18 令弟敬贤先生。
19 令弟敬贤先生以痛习静坐，随精研佛典，出家为僧，七年前圆寂。
20 虚怀守谦，所营商号，亦命曰谦益。
21 临事果断迅速。

谓公太固执，择善正宜若[22]，谓公太矜严，色亲斯不恪[23]。
避誉如避污，惧闲如惧毒[24]。短须磔猬毛[25]，刚肠信嫉恶。
耿耿舍锋棱，终与时枘凿。徒抚直绳心，难教枉木斫。
忆我龆龄日，公名已谔谔。偶传公沉疴，我父眉辄蹙[26]。
我之获识公，公以文相属。稍稍接謦欬，殷殷垂吐握。
洪水滔尧疆[27]，凭陵飒泂洝。减餐悯哀黎，请命假丝竹[28]。
五岭暗翻云，旌旗森剑镞[29]。呼号息阋墙，毋蹈前车覆[30]。
寰宇讴总戎，献寿荐醽醁[31]。结队遣青鸟，用代华封祝[32]。
西北狼星缠，豫且射鱼服[33]。寄愤将苦辞[34]，痛定怒犹蓄。
关河乍凄凄，灾厄值百六[35]。虾夷挟腥臊，势拼共工触。
吾责敢旁贷，吾力敢自薄。四极颓更支，众志立鳌足[36]。
咄彼汪廷俊[37]，鼓簧肆狂聱[38]。都下唱董逃，媚赋幻虺蝮。

---

22 或诋公，因而执不受言。
23 或病公矜严不近情。
24 恶誉好劳，殆出天性。
25 公鼻下蓄短须。
26 公四十许得剧病，先君未识公闻之，忧念累日，时予六七岁耳。
27 民国二十四年（1935），十一省水灾。
28 演戏、开音乐会筹募赈款。
29 民国二十四年（1935），西南异动。
30 电粤陈等，责以大义。
31 蒋介石五旬大寿。
32 筹款献飞机祝嘏，得十余架命曰马来队。
33 西安事变。
34 身陈苦辞。
35 卢沟桥变起。
36 组织南洋华侨筹赈祖国难民总会，号召全侨，输财出力。
37 南宋奸相，借指汪兆铭。
38 汪自政府迁移武汉，重庆，叠肆盅说，力主屈膝求和。

寒夜噪群禽，整翮盘一鹗。乾坤莽峥嵘，斗起酣捽搏[39]。
吴越急同济，邦谊久敦睦[40]。后路系安危，绝吴忍倍约[41]。
赍兵资盗粮，抗舌喷雷雹[42]。但求赵璧归，不效秦庭哭。
凡公诸所施，我皆操笔牍。许我匪顽疏，巨细引商榷。
翩翩丁今威，施化辽东鹤[43]。巾履我忝陪，劳军并驰毂[44]。
廊庙瞻忧勤[45]，闾阎访习俗[46]。桥陵祭轩辕[47]，茂陵谒卫霍[48]。
旅席奚遑暖，眷眷切民瘼。照怪秉灵犀，调辰思玉烛。
剪莠务存禾，扬清先激浊[49]。遂轻随侯珠，而加千仞雀。
吁嗟汲黯戆，朝夕俄宠辱。纫兰制芰荷，转以丛谣诼[50]。

39　公素与汪有旧。汪叛国之念甫起，发为荒谬言论，公即首电劝告，继以痛斥。汪长参政会，公以参政员资格，电提案数条，间一条云：在日寇未退出国土前，任何公务人员，妄谈和平条件者，当一律以国贼汉奸论。意盖指汪。汪有难色，而出席参政员十九附议，经激烈争辩，卒通过。有某参政员曲解国父遗教，谓公非是。出会后立遭大学生聚殴。汪离都奔越南，公又电中枢请予削籍通缉，以申国法。汪遇刺不死，赴宁受伪职，制造蜚语，散寄海外，图反噬公。

40　中日战后，中英邦谊骤如唇齿。

41　英怵于寇威，封锁滇缅公路。

42　滇缅公路封锁后次日，公召开新加坡侨民大会，电英首相及其他政要交涉，有赍寇兵而资盗粮之痛语，丘吉尔、伊登、泊伦敦援华会负责人等，俱有复电。

43　民国二十九年，公自新加坡至缅甸转飞渝，盖二十四年不抵国门也。

44　予偕南洋各属华侨筹赈会代表，兼程继进，遂分道劳军。

45　留渝半月，晋谒元首总裁及中枢各长官致敬。

46　中原各省周遭几遍。

47　入秦恭祭黄帝桥陵。

48　汉卫青、霍去病二将军墓在武帝茂陵附近，霍墓祠廊列汉代石刻多座，间一马踏匈奴最饶意味。公邀侯西反先生及予三人同立其旁，留影纪念。

49　公切于求治，于时政得失颇多指陈。

50　忌公者散播蜚语，淆乱听闻，欲以毁公信望。民国三十年（1941）四月，南洋华侨筹赈祖国难民总会举行二次大会，宣言有日往以守正不阿刚毅质直，每当有事之时，辄召无报之谤，即为公鸣不平也。

返棹狎旧鸥[51]，解缨沧浪濯。虚懋处怡和[52]，顾盼犹矍铄。
妖氛卷南溟[53]，谈笑恣杀戮[54]。吾言卒不听，糜铁空铸错[55]。
纵苇觅遁栖[56]，采薇寻芝药。仙凰及雏凤，分为绕枝鹊[57]。
九死招我魂，闻道西窜蜀[58]。每梦邂逅公，知公健逾夙。
今公届古稀，皓首无住著。人争颂松椿，我泪窃盈掬。
亦拟进霞觞，公本厌酬酢[59]。亦拟进蟠桃，公本是方朔。
裁云写诗篇，三揖三薰沐。公乎盍归来，中兴已可卜。

| 原文载于 1945 年第 5 卷第 7-8 期《文史杂志》

51 民国二十九年（1940）除夕，回抵新加坡。
52 新加坡怡和轩俱乐部，为公与友人晤言憩息之所，公每日必来，夜常居之。抗战后，筹备会秘书处收款处皆假此。公晨昏擘划指导，略无暇晷，遂劳形悴影，四载长寓，咫尺之家会未一返，坚苦精神使人不可置信。常笑语予曰，吾在怡和轩为僧，但未落发穿袖耳。
53 南太平洋战起。
54 新加坡沦陷，英军七万众投降，华侨被屠杀者，亦以万计。
55 马来范公组织华侨援英动员会，面告总督汤姆士曰：事急宜速武装华侨。总督唯唯，徐曰吾备三十万条枪，配足弹药，日内可发，久之，竟若忘其言者。迨马来亚尽失，新加坡被围，始大声急呼曰，勇敢好义之华侨乎，请前来，吾武装尔，至则枪仅千余，弹各四五，而局已不堪问矣。
56 新加坡弃守前数日，公从小艇他去，不知所至。
57 夫人暨男女公子仓皇走散，或返闽或入蜀，或滞印度或在美洲。
58 停战后三日，予乘武装商船离新加坡，绕南印度洋至孟买，自加尔各答飞滇，阅四月转蜀，舟中一遇鱼雷，两遇潜艇，七遇空袭，濒死者数。
59 公屏绝烟酒，并茶亦少入口，极厌弃无味应酬。

潘国渠（1911—1999），又名潘受，字虚之，福建南安人，被称为新加坡书法泰斗和国宝诗人。一生创作1000多首诗，写下3000多幅书法。《联合晚报》《联合早报》报头的书法都是他在1986年的墨宝。

潘受出生于福建泉州，书香世家，从小爱读诗词，自学临摹各种书法。17岁时参加全国拒毒运动论文赛，获第一名，被誉为"民国第一位少年状元"。他在中学母校教书一年后，19岁因逃避土匪而来到新加坡，当上《叻报》副刊编辑，发表许多诗作，包括18岁创作的《花尸》。后到华侨中学教书，24岁当上道南学校校长，共六年。

26岁那年，潘受爱妻郑尔芬病逝，留下一双儿女，他因不堪太多人提亲，娶了妻子的亲姐姐郑文慧。抗战后，他请人将爱妻尸骨挖出火化，骨灰瓮长伴身边，也为她写下不少悼念诗。

潘受在新加坡义务当上"南洋华侨筹赈祖国难民总会"主席陈嘉庚的秘书，陈嘉庚的主席宣言、重要电文和许多讲稿都出自他手笔。1940年4月16日，南洋华侨回国慰劳考察团在团长潘国渠的带领下，一行44人抵达重庆。慰劳团后分三路进行慰劳，潘国渠任一分团团长。团队从中缅公路到中原战区，行经大半个中国，"八千里路云和月"中交织着血与火、生与死、爱与恨。潘国渠在劳军期间留下不少诗篇，诗风于"雄古郁勃"之中更增添了亢奋、豪壮和激愤。其中收入《海外庐诗》卷二的这首七律可推代表作。

老河口
百战山河此久支，劳军细柳我来时。
天围大野风云壮，日落孤城鼓角悲。
破庐心争摧壁垒，遗民泪尽望旌旗。
可堪再话襄樊役，先轸归元恸六师。

陈嘉庚去世后，潘国渠写了一副挽联：

争义务不争权利，以在野之身，系社稷安危，谤满天下，名满天下，盖棺定论，公实伟大爱国者；

是前辈亦是知己，执后生之礼，随杖履左右，声留梦中，影留梦中，临风泪落，我如少小失亲时。

庆祝陈嘉庚先生
安全回到新加坡歌

陶行知

著名教育家

陶行知

（一）

南风在欢呼，

大海在微笑，

海浪在奏乐，

人民在舞蹈：

欢迎老朋友安全来到，

依旧是脊梁竖起，

不屈不挠！

（二）

南风在欢呼，

大海在微笑，

海浪在奏乐，

人民在舞蹈：

欢迎老先生安全来到，

得英才而教育之，
　泽被幼苗！

　　（三）
　南风在欢呼，
　大海在微笑，
　海浪在奏乐，
　人民在舞蹈：
欢迎老战士安全来到，
　救中国惟有民主，
　　靠你领导！

　　（四）
　南风在欢呼，
　大海在微笑，
　海浪在奏乐，
　人民在舞蹈：
欢迎老福星安全来到，
　第一要停止内战，
　　做和事老！

　　（五）
　南风在欢呼，
　大海在微笑，
　海浪在奏乐，

人民在舞蹈：

欢迎老禄星安全来到，

振兴中国新工业，

全民温饱！

（六）

南风在欢呼，

大海在微笑，

海浪在奏乐，

人民在舞蹈：

欢迎老寿星安全来到，

长寿赛过马相老，

月圆花好！

三十四年十一月二十四日

原文载于1945年出版的第9期《民主》

作者小传 陶行知(1891—1946),原名陶文浚。安徽省歙县人,中国人民教育家、思想家,伟大的民主主义战士,爱国者,中国人民救国会和中国民主同盟的主要领导人之一。

陈嘉庚创办集美学校,采取开放、改革的办学方针,他吸收了蔡元培、黄炎培、陶行知三位教育家的办学精神,把北京大学倡导的"学术自由"的办学方针引进学校。聘请黄炎培为学校的高级顾问,创办一批适合我国国情的职业学校。聘请陶行知的得意门生张宗麟为集美试验乡村师范学校校长,该校是继南京晓庄学校在我国南方成立的一所革命学校。

1940年,当国民党为发动"皖南事变"制造舆论时,陶行知与邓颖超、许德珩、陈嘉庚等参政员在国民参政会发表谈话,呼吁"抗战必须精诚团结停止摩擦",反击国民党的阴谋。

太平洋战争爆发后,陈嘉庚处境凶险,他被迫化装逃难到印度尼西亚的爪哇玛琅避难。1945年8月15日,日本宣布投降后,南洋各地纷纷解放。隐姓埋名三年多的陈嘉庚在1945年10月6日,从印尼飞返新加坡。11月18日,重庆10余团体假重庆江苏会馆举行"陈嘉庚先生安全庆祝大会",遥祝陈脱险。毛泽东专门为陈题写"华侨旗帜,民族光辉"的条幅。周恩来和王若飞为陈送祝词:"为民族解放尽最大努力,为团结抗战受无限苦辛,诽言不能伤,威武不能屈,庆安全健在,再为民请命。"冯玉祥、邵力子、郭沫若、黄炎培、柳亚子、陶行知、沈钧儒等各界名流到场。

邵力子首先致词,他肯定了陈嘉庚一生为国家民族贡献的辉煌业绩。曾任陈嘉庚秘书的潘国渠报告陈嘉庚的脱险经过,略述其生平事迹以及日常工作生活等。育才学校演唱陶行知作词的"庆祝陈嘉庚先生安全回到新加坡歌",歌词充满了敬爱和期望,歌毕来宾演说。

当陈嘉庚得知著名民主人士李公朴、闻一多在昆明被国民党特务暗杀,陶行知在上海遽然病逝后,心情悲愤。1946年9月16日,陈嘉庚等60余人、40多个学校、社团等发起,在公商学校大礼堂召开新加坡华侨追悼李公朴、闻一多、陶行知大会。陈嘉庚先生在追悼会上,含着悲痛之情写了一副挽联:

君等入地登天,争取民主,争取自由,但凭赤手空拳,洒尽人间血泪;
我亦痛心疾首,反对独裁,反对贪俟,悉本侨胞公意,只求国跻三强。

陈嘉庚与华莱斯

胡愈之

著名记者、编辑、作家、翻译家

1931年1月，胡愈之回国途经德国，在世界语的《国际主义者报》编辑部留影

在十天前，东西两方面，不约而同地放射出两枚原子弹。其中一枚是南侨总会主席陈嘉庚从新加坡发出的通电，另一枚是美国商业部长华莱斯在纽约发表的演说。

这两枚原子弹恰巧打中了中美两国反民主阵营，比一年前落在广岛、长崎的两枚还来的惊人。不但中美两国反动派大受震动，在全世界各处都发生影响，至于马来亚当地一些耗子，受原子放射线的刺激，乱叫乱跳，则其更是小事了。

陈嘉庚先生是无党无派的华侨领袖，华莱斯先生却是美国民主党的阁员。两人的出身经历无相同之处，可是两人却都站在人民的立场，代表人民的意见，所以这一次两人行动不谋而合，并非出于偶然。

陈嘉庚先生是孙中山先生革命主张的忠实信徒，华莱斯先生却是罗斯福总统民主主义的忠实继承者。

孙中山先生去世以后，已经二十二年，国民党政府不但没有实行三民主义，而且凭借外援，进行内战，佣雇特务，消灭异己。陈嘉庚先生信仰真正的三民主义，反对口是心非的三民主义，所以他反对贪污营私，反对独裁专政，反对特务暗杀，最近他又反对美国以金钱武器接济国民党独裁政府，分裂中国。他没有党，没有派，不就官职，不慕虚名，不怕权势，不受利诱，但是他却维持正义，主持公道，自始至终，不屈不挠。他的主张是人民的主张，他为人民的利益而奋斗，所以他不仅是名实相符的华侨领袖，而且也是中国人民的领袖。

罗斯福总统去世已经一年半了。继任的杜鲁门总统与庞尼斯国务卿用原子外交代替罗斯福的民主外交，准备进行反苏战争，而对德日法西斯，反取宽容政策，甚至帮助中国反动派进行内战，分裂中国，以至三强不能合作，和会数度搁浅。华莱斯先生是民主党的阁员，应当服从党的领导，接受政府的政策，但是因为他忠于美国人民，忠于罗斯福路线，所以不得不对民主党政府的现行政策，来一次清算。他坚决主张恢复三强合作，缓和美苏冲突，促成中国民主团结。他这种主张就是美国人民的主张，他有美国爱好和平的人民作后盾，他是真正的美国人民领袖，所以就是杜鲁门总统对他也无可奈何。

这么一来，中美两国的顽固反动分子，自然要把陈嘉庚、华莱斯恨之入骨。他们曾说华莱斯是斯大林的儿子，陈嘉庚是共产党的尾巴，但是蚍蜉撼大树，对这两位真正的人民领袖，无损毫发。记得八年以前，当时国民党副总裁汪精卫发出了主

《南洋商报》

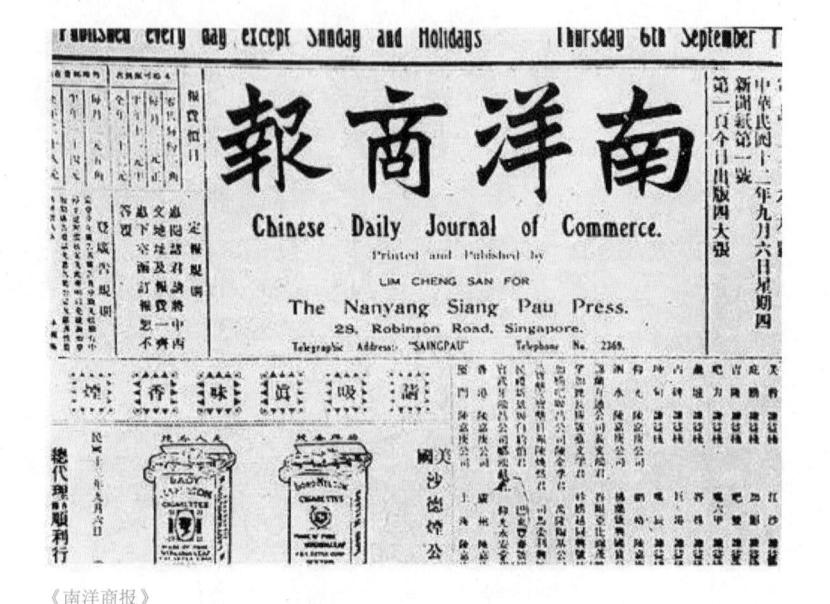

和通电,陈嘉庚先生代表南洋华侨通电驳斥。新加坡总领事高凌百,当时就以为陈嘉庚先生不能用南侨总会名义来反对党国领袖。但是人民真正拥护的是国民党副总裁汪精卫呢,还是南侨总会主席陈嘉庚?现在还不够明白吗?

陈嘉庚先生电文中说武力不能灭公理,奸谋不可欺上帝。华莱斯也曾创造了一句名言:"现代是人民的世纪。"人民是拥护公理的,上帝也一定站在公理这方面。不必多说,谁主张公理,谁就代表了人民。而真正代表人民的,也一定得到最后的胜利。

| 原文载于 1946 年第 42 期《风下》月刊

胡愈之(1896—1986),《光明日报》首任总编辑,集记者、编辑、作家、翻译家、出版家于一身,"是一位廉正勤奋、博爱慈祥、淡泊名利、无私奉献的文化巨人,其崇高品德永远值得我们学习和景仰"。

1940年11月,胡愈之受周恩来派遣,应陈嘉庚之邀去新加坡主持《南洋商报》笔政,配合南侨总会会长陈嘉庚开展抗日救亡活动。胡愈之撰写了大量社论、专论、时评,宣传抗战、民主、团结、进步,在华侨社会产生了巨大的影响。《南洋商报》也成为当时南洋最为畅销的报纸。

1941年12月,太平洋战争爆发,日军在马来半岛北部登陆,胡愈之立即投入了抗日救亡运动。他参加了星州华侨文化界战时工作团并亲任副团长,又参加了陈嘉庚领导的新加坡抗敌动员总会,任执行委员兼宣传部长。1942年2月4日,由于新加坡沦为"四面倭歌"的孤岛,胡愈之、沈兹九夫妇和郁达夫、王任叔、王纪元、邵宗汉、张楚琨、汪金丁等28人,搭乘一艘长仅4米的摩托舢板船,越过布满水雷的马六甲海峡,逃往苏门答腊,以酿酒和做肥皂为生,度过了三年零八个月的流亡生活。

后来,在胡愈之等人提议下,陈嘉庚决定出版《南侨日报》,面向侨界招股。当时陈嘉庚的产业已经破产,但他依然认股5万元。陈嘉庚是《南侨日报》董事长,胡愈之任社长,夏衍任编辑主任,张楚琨任总经理,温平任报社经理。此报在南洋影响极大,毛泽东、周恩来曾为该报题词。毛泽东为该报的题词是:"为侨民利益服务。"周恩来的题词是:"为宣传新民主主义的共同纲领而奋斗,为保护国外华侨的正当权益而奋斗。"这份报纸自1946年11月创刊,1950年9月终刊,出版了将近四年。

陈嘉庚为《南侨日报》的出版发表《告读者》一文,他说:"我海外华侨本爱国真诚,求和平建设,兹故与各帮侨领,创立《南侨日报》,其目的在团结华侨,促进祖国之和平民主,俾内战早日停止,政治上早日修明,国民幸福早日实现,以达到孙(中山)国父建国之旨。"胡愈之在《创刊词》中说:"以前南侨是抗日长城,现在南侨是和平先驱,是民主堡垒","本报言论,卑之无甚高论,唯以和平民主为宗旨。"

在南洋等地的七年多时间里,胡愈之除了主持《南洋商报》,创办《南侨日报》《风下》周刊外,撰写发表了614篇、共计70余万字的社论、时评等文章。胡愈之文思敏捷,文理清晰,文笔流畅,文风淳朴,被郭沫若称为"做文章老手",被邹韬奋誉为"文章万人传颂"。

鲁迅与陈嘉庚

胡愈之

著名记者、编辑、作家、翻译家

十年以前，我在上海参与鲁迅先生的丧仪。当时上海各界救国会，赠送一面大旗盖在灵榇上面，旗上绣着三个大字"民族魂"。

鲁迅先生是一个作家，一个文化工作者，他不加入任何政治党派，他不是一个政治家，为什么他被上海的市民称为"民族魂"？这不是为了别的，就是为了鲁迅先生的著作、思想、人格，处处代表了中华民族一种最优秀的德性——正义感。

什么叫作"正义感"？用旧的名词来说，就是"仁义"或者"气节"；用新的名词说，也就是所谓"革命精神"。中国人民大众所最崇拜的历史人物是关羽和岳飞，就因为关、岳是最富于正义感的，富贵不能淫，威武不能屈，是为大丈夫。大丈夫就是有正义感，有革命精神的伟大人物。

在不良政治之下，有正义感的人，虽然获得大多数人民的拥护，但一定不免受统治阶层的迫害、压迫、谩骂、侮辱。鲁迅先生晚年在上海依靠卖稿为生活，不断遭受反动派拘捕、绑

胡愈之（左二）、宋庆龄（右一）和鲁迅合影

架、暗杀的威胁，也曾经被骂为"堕落文人""共产党尾巴""领卢布的作家"。在一个时期，用"鲁迅"笔名的文字，不能在报纸上发表，他在申报自由谈上只好每天用一个新的笔名，以避免检察官的注目。

但是正义到底不是用任何暴力所能摧残的。鲁迅虽然过了穷苦的一生，但当他去世的时候，上海有十万群众参加殡礼。每年十月十九日，海内外各地都有纪念鲁迅先生的集会，鲁迅先生的伟大，在鲁迅去世十年之后，是越加被人民大众所认识了。十年，百年，千年以后，鲁迅精神将愈益发扬光大，与中华民族长存于天地之间。

在海外，由于祖国反民主逆流的激荡，华侨社会闹得乌烟瘴气。鲁迅生平最痛恨的是"宁赠外人，不与家奴"的那种奴性思想，而现在这种奴性思想正操纵着祖国的政治。鲁迅所讽刺的阿Q，现在正到处都是。自称为民族英雄的，高喊"美国万岁"，自命为超党派的却天天捧这党骂那党。甚至昭南旧人，摇身一变，大呼其"国家至上，民族至上"而恬不知耻。

但是正义到底是掩没不了的。正义老人陈嘉庚先生，大声疾呼，要求美军退出中国，痛斥国民党政府引狼入室之后，全南洋的华侨，到处响应，一些妖魔小丑，魂飞魄散，到了最近已渐渐销声匿迹了。

陈嘉庚先生不是作家，不是文化人，但是陈嘉庚精神与鲁迅精神，却有相同之处。陈嘉庚先生的伟大人格，为正义真理斗争的精神，从善如流嫉恶如仇的作风，是和鲁迅先生完全一样的，不过陈先生从他的言行与事业中发挥正义感，而鲁迅先生则从他的作品中表现出来。

尽管时代十分黑暗，正义的光明却永远不没。海外的青年男女们，在纪念鲁迅先生逝世十周年的今日，我们学习鲁迅精神，鼓起勇气，在正义老人的号召之下争取和平民主运动的新胜利罢！

| 原文载于1946年出版的第46期《风下》月刊

陈嘉庚

徐盈

著名记者

徐盈

　　在南洋，寻觅中国籍的百万富翁并不是什么难事，但是要在这些工商巨子中间找出一位领导人，那无疑的，那只有七十老人陈嘉庚。

　　华侨爱国，在欧战爆发之前，成为一件犯法的事。南洋华侨筹赈祖国难民总会在"联合华侨八百万，复兴民族一条心"的主旨下，若没有这个老人常住在会内坐镇筹划，那么，恐怕又是一个泡影，然而，这个会，从中国抗战开始，一直到中华民国三十年（1941）十二月八日的太平洋大战爆发，当真作到"缩衣缩食，出钱出力，任劳任怨，不馁不骄"的程度，成为抗战的三大支柱之一。

　　这位受南洋二百多团体所拥护的巨人，陈嘉庚，出生在民国纪元前三十七年十月二十一日，也就是公元一八七四年，也就是清同治十三年，也就是孙中山先生诞生的第九年，也就是日本大举侵犯台湾的一年，他在福建同安县的集美社出生了。

　　这个风景明媚的区域，和厦门的江头社仅有一水之隔。明朝末年，延平王郑成功举义金门、厦门的时候，鲁王南下，就以此地为根据地。这里的人习惯过海长征，陈嘉庚的父亲，那时已在新加坡经商有年，因为不十分得意，所以仍然把眷属留在故乡，他的童年是在私塾里度过的，父亲如松先生到他十七岁时，就带到南洋去，此后直到三十岁，中间有三次返国。

陈嘉庚三十一岁时，才自己集资办了一个谦益粮店，顾名思义，可以想到陈氏的家风与作风。跟着又得风气之先地创办了一家菠萝蜜罐头工厂，次一年买了山地五百英亩种植菠萝，一年取益二万元，使他有力发展自己的事业。那时，南洋种植橡胶皮已在开端了，他又设法买到二千元的橡皮树种子，在菠萝树旁试种。

当他在主持粮店的时候，同时注意到粮食加工工业。三十三岁的时候，他从盈余中提了二十万元，又买了一家熟米制造工厂。所谓熟米工厂，原先是印度人所开，把黄谷先行煮熟，再行晒干脱粒；这样一来，米内营养不失，吃了也就不至于闹脚气病，工厂每天出五百担以上，分销南洋及印度。这种加工米的原理，去年英美才正式发表而且大规模制造，为在战争中的军人的营养改善之一端。

民国纪元前三年，是清朝最末一个皇帝溥仪登基的时候，陈氏年三十六岁，他的革命意识一天比一天浓厚，眼看着清室的误国，愤然剪去了自己的辫子，表示关系断绝而为反徒。就在这一年，他试种的橡皮树已经陆续长成，就以三十五万元之代价，转让给一个英人，以这钱为资本，再买山地二千英亩，大量栽植橡皮树。

孙中山先生带着他的革命主义到了南洋，陈嘉庚和一些有

徐盈、彭子冈夫妇

　　头脑的人都加入了同盟会。在三十八岁那一年，他以商业经营所得，建立了道南学校，亲任学校总理，团结一批同志，用来散布革命种子。这一年十月十日，武昌起义全国响应，陈氏的故镇也在十一月九日扬起义旗，他翌日就在新加坡福建会馆举办保安捐款，他以人望甚高，被推为会长。

　　中国国民党这一年在南京建立了中华民国，改元第一年，陈氏带着一个志愿和一批机器，作第四次返乡。他的志愿便是宣布要创办一个集美两等小学，要中国人和西洋人一样的，不分贫富都有受教育的机会；他以所携回的机器，想要发展海产，请了一位日本教师来制造海蛎罐头，不幸后一个计划，不为地方所欢迎，便又改制其它食品，以资维持，这就是陈氏返国办学校与实业的开端。这以后十二年中，集美从幼稚园进而到厦门大学，先后耗资八百余万元。对实业则以内战频频，他不能不失望了。

　　民国二年（1913），陈氏由家乡重返新加坡，专心改进

1936年8月10日,《人物杂志》刊发徐盈写的《陈嘉庚》

他的菠萝蜜罐头工厂。民国三年（1914），欧战爆发，他租了有限期的轮船四艘，常川行驶南洋印度之间，获利甚大。五年（1916），又以百万元，自购七千吨轮船二艘，航行欧亚。中国参战了以后，派华工到法国参战，所坐的就是这两只中国经营的海船。这时，橡皮的价格在战争中也一天高似一天，陈嘉庚先后把菠萝、熟米两厂改为橡胶制造厂，以他自己有运输机构不受别人辖制，可以直接运销美国，获利更为可观。不幸到了民国七年（1918）秋天，那两只七千吨的大轮船先后被打沉在地中海内，幸赖先期保有兵险收回了一百五十万元，陈氏就以这笔款子中四十万元，到冬天又买了橡皮园一千英亩及山地数千英亩，又在霹雳邦的太平洋埠和槟榔屿创设橡皮分厂，一心一意专理橡胶事业。

民国八年（1919），陈氏四十六岁，这年因他清算了一下自己的债务，结余净赚了四百万元，而欧战也结束了，他乃作第五度的返国，八月到了故乡，对于学校要发挥他的更大怀抱。翌年十月，他特到上海，访问教育名流，商谈建立厦门大学的计划。他聘有余日章、郭秉文、李登辉、黄炎培、胡敦复、邓萃英为筹备员，民国十四年（1925）六日（笔者注：应为民国十年（1921）四月六日），在集美学校开幕，推邓萃英为校长，五月八日在厦门演武场行新校址奠基礼。邓校长不久便申请辞职，改聘林文庆任校长，林氏为英国爱丁堡大学医学博士，在新加坡行医有年，他参同陈氏的计划，决心回国任教，他受聘后即为厦大的发展努力，直到民国二十六年（1937），厦大改为国立，才在桃李欢送声中退职，完成了由国家统办教育的目的。

当十一年（1922）二月，厦大正式迁入厦门演武场时，陈嘉庚特别注意为闽南造就水产人才，先资送吴淞水产学校的毕业生赴日深造，后来又以三万元建集美渔船第一号，给学生来实习［十二年（1923）又以七万元购得法国渔船一只为第二号，可以出海捞鱼］。陈氏在营业有利，不仅想毁家来扩充他所建的学校，还要筹划捐建厦门、福州、上海三处的图书馆。那时候，爪哇也有陈氏的同乡黄某，拥资千万，谈到兴学，则一毛不拔，后来，他在万隆、泗水又遇到两位无嗣的百万富翁，请他们为厦大捐一座图书馆，仍是一毛不拔时，陈氏叹口气道："闽南富侨在南洋有千家。每人都能在故乡办小学一所，每年所费不过万元，如此教育何愁不能普及，但他们能为而不肯为。"

陈氏认为兴学、办实业及培养人才是有速效的工具，不肯放弃任何一样。在厦大开学这一年，他又将第一生橡皮制造厂改为熟橡皮制造品工厂，以走上工业的途径并纪念厦大的完成。

民国十一年（1922）三月，陈氏第六次回国。当他到了厦门之后，本想返故乡一行，不意新加坡橡皮价格竞争激烈，便取消了原议。这以后，几乎二十年，他在艰辛奋斗，未返家门。返新加坡以后，他参加了大竞卖，努力扩充熟品制造厂，并设分厂九处，曾一度到爪哇去设立分行，推销成品。这一年，他四十九岁，已到了精力旺盛的最高潮。

陈氏的黄金时代是民国十四年（1925），由于英国政府限制橡皮生产，因而价格大涨，陈氏出卖了第二橡皮树园，以此款购山地七千英亩，再种橡树。这一年中，由橡胶厂获利四百万元，除债务外，计有资产一千二百万元，橡皮树园一万五千英亩，每亩每年入息算计一百元，以半数计，亦有七十五万元。次年春天，又以六十五万，购入橡皮树园一千英亩，这个园子距新加坡仅六英里。他的事业中计用工人二万，倚而为生的十万人以上，附设有牛皮厂、肥皂厂、制纸厂。十五年夏秋之交，橡胶价格大跌，陈氏首次感到失利，多少原定计划都无法实现。

从民国十六年（1927）起，不幸事件连续地在打击陈氏，这年他出卖了橡树园二千英亩，得款三百五十万元，仍不足支出。十七年（1928）济南惨案发生后，陈氏举办筹赈会，被推为会长，因为他的抗日态度，使他的橡皮熟品制造厂被人纵火焚毁，损失六十七万。民国十八年（1929）一片世界不景气的巨浪波入南洋，日本资本家以国家力量，在新加坡设树胶公司，与陈嘉庚公司抗争，陈氏孤军奋斗，是年又卖去橡园六千英亩，得银二百六十万元，除还债外，所余无几。十九年，不景气的逆流更行超过以前，陈的事业更走上下坡路了。

到了他六十一岁那一年，是民国二十三年（1934）了，难得他又一拖几年，在此不得不告破产。这个老人的成功处，是得风气之先。当他种植橡皮之初，他就认定了二十世纪是个橡皮时代，马来亚是橡皮出产中心，加之距离祖国不远，如果建立大规模制造厂，不仅可以利益侨民，而且可为祖国未来的橡皮工业奠立基础，因此，他的橡皮熟品工厂一地，就用了资本八百万元，雇用侨工六千名，发售区域有八十处。当他与日人商战失收之后，英国人以陈氏事业过大，影响治安，愿意出来赞助，但是都提出了苛酷的条件为交换，陈氏宁破产而不惜毅然拒绝。

英雄气质的人是不会灰心的，他仍然不以破产而灰心。民国二十四年（1935），国内十一省大水灾，陈氏虽在风烛之年，仍任华侨筹赈祖国水灾会会长。二十五年（1936），蒋主席五十寿诞，陈氏又被推为马来亚购机寿蒋会会长，得机十五架，命名为马来亚队。

抗战终于在二十六年（1937）爆发了，他发起组织新加坡华侨筹赈祖国难民会，同时又被推为马区通讯处主任及新区救国公债劝募委员会主席，他自己每月认捐二千元，先交一年，其中半系告贷所得，由于他的领导得方，一时成为风气。

"恨无百万元，"陈氏说，"若有我将全部购债，贡献国家。"

二十七年（1938）十月十日起，统一机构产生了南洋华侨筹赈总会，一致推陈氏领导八百万侨胞为抗战努力。在太平洋事变爆发以前，侨胞捐款在八万万元以上，献金二万万元以上，汇款回家在二十万万元以上。假定银行中有一元基金，即可发四元钞票的话，政府发行三十万万的公债除第一次五万万元外，其余皆为银行所买，其实，直接为银行，间接仍是华侨，因为银行准备大半是靠了侨汇。

二十八年（1939）春，第一届第二次国民参政会开会，陈氏提出了"敌军未退出中国前不得言和案"，三月里又请通缉汪精卫以正国法，秋天又电英国领袖，请勿卖友，以主公道。并在这年募得寒衣五十万件及药品分别运输回国，前方和后方的国人，无人不知道这个大伟人。

陈氏以南洋华侨慰劳团团长资格，先后到过川甘青陕新宁夏豫鄂湘浙闽粤黔桂滇十六省，二十九年（1940）三月起，这位六十七岁老人，对于闽省建设，对团结问题，对各种要事都有意见贡献……

二十九年十月十七日，他到泉州故乡，在欢迎席上他说："我二十年没有回来，今天回来了，仍然不能替两个学校募得理想中的经费，我很惭愧。"抗战以来，集美和厦大，一迁再迁，厦大有并入他校讯，以陈氏反对乃告终止。

三十年（1941）十二月八日，日寇偷袭新加坡，英国两个主力舰被炸沉，陈氏祈求英国总督动员人民，汤姆士只肯给他们以木棍，后来新加坡已被围，华侨发到步枪千支，但已无济于事。

这个七十老人今天到了什么地方，我们不能知道，也不必知道。本年集美学校在他七十大庆的纪念会宣布了这个老人安全的消息，他一定是安全的。因为他的五十年努力，他不仅成为中国人的代表，也是马来亚人士所拥护的企业家。

当盟军光复新加坡的时候，一定又是陈嘉庚出头的时候了。

| 原文载于1946年8月10日出版的《人物杂志》（创刊号）

徐盈(1912—1996),原名绪桓,山东德州人,现代著名作家、新闻记者。毕业于金陵大学农业专修科。曾任上海《大公报》记者、重庆《大公报》采访部主任。他和夫人彭子冈都是《大公报》的著名记者,是民国时期为数不多的夫妻档记者之一。

徐盈与彭子冈一道在1938年入党,主持入党宣誓仪式的是何凯丰(即《在延安文艺座谈会上的讲话》一书中提到的凯丰)。为了两人的安全起见,何凯丰当场交代他们三件事:一、不交党费;二、不过组织生活;三、不发展新党员。

在抗战期间,凡《大公报》的读者,几乎每天都能读到他们的专栏(特写)、报道,所涉及的领域极为广泛。在抗日战争中,徐盈写了《朱德将军在前线》《陈嘉庚》《战地总动员》等许多脍炙人口的文章。

新中国成立后,历任天津《进步日报》编委、主笔,国务院宗教事务管理局副局长,全国政协文史资料研究委员会副主任委员,是第六届、第七届全国政协委员。著有小说集《战时边疆故事》《苹果山》,专著《抗战中的西北》《烽火十城》《当代中国实业人物志》,小说《前后方》,回忆录《北平围城两月记》。

徐盈和彭子冈的独子徐城北是著名京剧理论家、民俗学者。

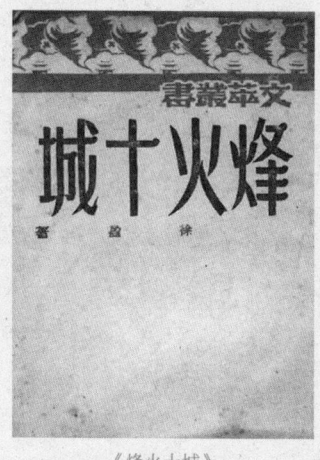

《烽火十城》

陈嘉庚的廿四小时

潘国渠

著名诗人、书法家，曾任陈嘉庚的秘书

潘国渠（中）与陈嘉庚（右）、郭美丞（左）

  南洋的季节，一年到头总差不多的，陈老先生每晨五点多些就起床，走到阳台上，在上面用极速的步子来回不停的走，约有半个小时，算是运动。走累了，他静下来休息一下，吃早点，三片面包，一杯茶，或再加一些果子。

  早餐后，他看报，几乎新加坡所有的报，都看了，看的时候，从报头起，广告都一条条过目，由新闻社论直到最后小广告他都看。接着，开始他的工作，思考、计划、批阅有关的业务的文件，会客，每封信经他详细的注明如何批复，由秘书写后，他再要看一遍。

  中午照例吃稀饭，里面永远是掺着红苕，在一张大圆桌上，陈先生和他的家人、秘书。甚至低级的打字员、助手都坐在一起吃，他认为工作能力不同，吃饭地位是绝对平等的。午餐后休息半小时，下午的工作和上午一样，平凡、严谨。

  晚饭一定吃干饭，也是大家一起吃，还吃果子。饭后休息一下，或者和家人谈谈，走一走。到七点左右，他又开始工作，直到午夜十二点就寝。

| 原文载于 1946 年第 9 期《周播》

陈嘉庚论

高友庆

即高云览,著名记者、作家

其为气也，至大至刚，以直养而无害，则塞于天地之间。其为气也，配义与道；无是馁也。是集义所生者，非义袭而取之也。行有不慊于心，则馁也。

——孟子

一

陈嘉庚这名字，人们对他的向往，和对他所引起的兴味，已经不仅仅是在于他对团结民主的呼吁和对贪污奸顽的痛击，而是关联到他整个性行所表现的"异迹"。

他的一生是一部传奇。他确是个典型的人物。在国内，有人称他为"异人"。其实他一点也不异。他未尝标奇立异，也未尝学古今名流装模做样，故示不凡。然而正因为他从未想到自己的不凡，反而让别人看出他的不凡了。

这老人，在别人无法再坚持的时候，他坚持；在别人不能不接受花言巧语的奉承时，他拒绝接受。这并不是他走极端，

高云览一家人

而是他干得彻底。也正因为这原因,他被另一些人认为"怪癖"和"偏颇"。

他是又慷慨又俭节、又热情又冷静、又仁慈又刚硬的一个人。试看他:曾经倾家兴学,毫无顾惜;但个人对生活的俭节却又和他的慷慨有着相反的程度。再看,他的实业过去曾经发展到千万以上,但钱财本身,并不使他感到兴味,倒是把钱财用到人群社会去时,他才愿足。自然,他不是中古世纪的骑士,也不是大吹大擂的大炮手,但他向黑暗掷投枪,和丑恶剧斗,却不曾退避过一步。在这一点上,这老人显得比任何年轻人还要年轻。

虽然他有着典型的性格,但在周围的环境中,我们却罕少发现到类似他这种典型的人物。在这里,我们没有法子拿他去跟哪一个人物比拟。记得过去读《左宗毅公轶事》时，我曾经从这位"铁石心肠"的左光斗推想到他，随后又读罗曼·罗兰的《群狼》，我再从这书中的主人翁推里耶，想象到类似这种性格的人物，但仍然觉得并不完全同模同型。自然，人与人的性格某些部分相仿佛那是十分可能的事。

他曾经连任两届南侨总会主席，马来亚好几个地方自动的举行热烈的"拥陈献金"。虽然这个运动使他老人家不以为然，但群众仍然没法压止他们自己对老人拥护的热诚。日本投降后，当他还安全在爪哇这个消息被传出来时，有些人欢喜到流泪。还有许多住在山芭里的树胶工人，从报纸上剪下他的照片悬挂起来，当做什么似的来崇拜。这种情景和一部分印度人的崇拜甘地是有点相仿佛的。

二

近几年来，我们罕少见到像他这样"疾恶如仇"的人。对于恶人的无情、严酷，一点都不肯宽让。有些人奇怪：为什么他到处攻击陈仪？甚至有些人奇怪：为什么陈仪那样礼待他，而他给予陈仪的酬答竟然是如此无情。

这老人从不曾感谢过恶人送来的人情。不只没有感谢，而且深恶痛绝。他知道这种铺张的人情是包裹毒药的糖衣，是收买的钓饵。一个人怎能够为着糖饵一时的甜嘴，就把水火中受灾的大众一笔勾消了呢？自然，碰到这一个无私的老人，陈仪以前的那一片礼待的人情是白费了。陈仪错了，陈仪当时如果能接受诚意，用事实和行动去表现他对闽政的改善，陈仪即使用一杯开水去接待这老人的辛劳，也比那万人空巷的欢迎还要

陈嘉庚与新闻记者谈话

真诚千倍。无如陈仪这种人，要他放下屠刀怕比骆驼穿过针眼还要困难。所以第一个苛政在福建才倒台，第二个苛政在台湾又开始"续编"了。

其实不只陈仪一人，差不多他所攻击的贪恶，没有一个不是曾经诚惶诚恐的礼待过他的。可是礼待是礼待，善恶是善恶。一个守正的人，绝对不能因为礼待而转移他对善恶的判别。铺张的礼待，对于一个小人是一笔贿赂的资本，对于一个正人却是种自身降格的侮辱；陈嘉庚在回国的路上，西南运输处对他的逢迎，简直是弄得手足无措，但是陈嘉庚照样攻击他的"腐弊"。蒋鼎文在西安的欢迎，算是无微不至的，但是陈嘉庚照样攻击他的"暴攻"。中枢保管外汇大员，在重庆欢宴席上称老人"不爱名不爱利"，但是陈嘉庚照样攻击他"贪黩营私"。陈嘉庚一路上攻击大贪污小贪污，而大贪污与小贪污对他的逢迎又何尝不是"鞠躬尽瘁"。有人发出这样的疑问了：为什么陈嘉庚要攻击这些对他表示"亲善"的人呢？为什么陈嘉庚要多树于他不利的敌人呢？是的，论人情世故，陈嘉庚应该放松那些陪笑脸的恶人；但拿出正义和良心，他就不能不打破情面了。对事对人，只有公义，没有私情，只有公敌，没有私怨。

这老人，当别人正想用敷衍去酬答那使人过意不去的逢迎和谄谀时，他却始终是铁板着脸孔，一手拒绝逢迎，一手拒绝谄谀。而且，拍达一声，回头一枪，望着贪恶的脸上打过去。轩然大波就这么的掀起来了。他自讨苦吃，但从不曾迟疑过。他情愿正当的失败，不愿不义的成功。他情愿因义而招怨，不愿装聋以自安——在这只讲利害不问邪正的世道人情里面，他的确有点傻硬。然而正因为这点傻硬，他受人崇敬。

他从延安出来后，许多人劝他别太说实话，应当婉转隐约一点。他呢，还是实要实，无所谓太不太。至于婉转隐约那一套儿，他可不懂。不是不懂，而是于他个性不合。他贯打明枪，耻放暗箭。阴谋家们用"受异党包围"这种诬陷要去压他，却没有想到这种诬陷到后来反而伤害到阴谋家自己。

他揭发闽政时许多人劝他"别多言招尤"。他呢，言还是要言，无所谓多不多。至于招尤，那是事前明知的。既然要说，还怕什么招尤；怕招尤，又何必要说。话尽管说，尤尽管来。正义要伸张，不义会挣扎。纵使正义暂时失败了，但最后还是要伸张的！纵使一个人失败了，但千万人还是要伸张的！问题绝不是在祸尤有多少深，多少浅；而是在呼吁的是否切乎事实，发乎公义。这老人，在别人认为可以省事的他不省，可以舍责的他不舍，可以装瞎的他不装，可以敷衍的他不敷衍，可以含糊推诿的他不含糊推诿。他偏偏要认真，要自讨麻烦和对人麻烦。于是闽政的改善哪，贪污的揭发哪，民主的呼吁哪，接二连三的提出来了。他单枪匹马的和贪恶们在那里冲，连一点掩护也没有，环绕在他周围的群众，为着他惊心，为着他捏汗，他却神志定着，没有一点慌乱。他不擦他脸上的血，不抚他身上的伤，不在敌人面前叹气，不在友人面前蹙额。他还是平常那模样儿。在敌人围攻他最利害时候，他从未曾显出丝毫懊恼，晚上的睡眠照旧十分酣畅。

三

　　一般人到老年，总想到养老和退休，因为精力松了，兴趣变了。

　　自从陈嘉庚的名字加上"老人"，我们还不曾听到他想"偷闲"过。软骨的人所羡慕的苟息和偏安，对于他却没有一点兴味。年龄的并不把他拉向后退，只推他向前进。他看的世界越广多，生命的活力也越强健。一踏进老年，筋骨的松弛并不使他的精神也跟着松弛。他的生活硬得像一块干土，找不到一点软泥。也不曾想把自己的衣食住变得优越一点，虽然他曾经是南洋一位千万富翁。他经营得来的钱财用在他自己的身上的不过是沧海一粟，他为着创建集美和厦门大学，他差不多毁家了，连在他最困窘的期间中也不推避责任。他没有把钱财留给子孙的传统思想，却因为把财散在教育，散在别人的子孙身上，而感到如愿的快意。他是真正把别人的儿女看做自己的儿女的人，虽然，他在口头上从不曾表示过他的"慈善"。

　　在家中，他不曾向家人问寒问暖，不曾说："大小都平安

陈嘉庚木板雕像

吗"，或是说"你的身体要保重"这一类婆婆妈妈的话，他不会"送温柔"。他的儿孙从他身边得不到抚摸，但别人的儿孙却为他的"人类爱"所燃烧。他曾经帮助他认为可以造就的青年出洋去留学，而自己的子女却放到各处去学习吃苦。你说他不爱自己的子女吗？那是完全错误的。在他那"无我"的怀抱里，他差不多分不出"自己的"和"别人的"了。只要那是一颗"成器"的种子，他就愿意拿出栽培的土和浇灌的水，不问那一颗种子的来源是属于自家的或是别家的。好的种子会开好的花，他就欢喜了。

　　有人说他差不多好像一个没有家庭的人，因为他长年久月的住在怡和轩里面。抗战发生后，他甚至整年都忘记回家，像三过家门而不入的大禹。家人不敢把家庭琐事去麻烦他，而他在筹赈的几年中，都几乎一天二十四个钟头，除睡眠与休息外，整个人都沉浸在筹赈与救亡的职务里面。他不看电影，不喝酒，不抽烟，不饮茶，差不多忘记了娱乐。他惟一的娱乐就是读书和工作。只有工作的效果能够娱乐他的精神。

在抗战发生的那几年中，他不大闻问家事，只闻问国事。当汪精卫发表"和平之门未闭"的谈话，他在报上见到这路透电时，愤怒使他几刻钟也不能熬忍的就发电去驳斥反对。那时举国还处于副总裁的声势下面，敢怒而不敢言，这老人却第一个出面声讨，一直把汪贼原形完全揭露才罢休。

他是一个很严肃的人。他不曾跟人说过一句戏言，以致连最亲切的朋友，也不曾跟他开过一句玩笑。他很缺少幽默感。他不说讽刺话，听到别人说讽刺话时，也不感兴味。他发言从不转弯抹角，从不结结巴巴、吞吞吐吐。世界上没有任何一件事可以威胁他，可以使他有片刻的不自在。他心里从不慌张过。

世界上有许多大人物，他们的严肃是给地位和声誉硬造作出来的。又有许多将军，他们的严肃是用卫兵号令、勋章和佩刀去装饰出来的。而陈嘉庚则反是，他不要装饰也不要造作，他不曾想用哪一种动作或哪一种声调去维持那虚伪的外表。他根本不去注意哪一样是严肃哪一样不是。因为他是整个生活都溶化在严肃的气氛里面，连他自己也不觉得。六十七岁那年，他第一次飞抵重庆看见祖国的河山和陪都的人士时，破天荒的开口大笑。这笑声——传到南洋，关心的朋友都认为奇迹。

他的感情不容易表外。不论快乐或哀伤，他罕少在脸上显露出来。他的自信心和自制力都一样的强。所以遇到难言的苦痛时，他总自己解决。他不喜欢拿自己困难去请人家帮忙。人家的怜悯和同情在他看来是多余的。虽然过强的自信心有时也

陈嘉庚之弟陈敬贤

使他吃亏，但他决不后悔。人家对他的帮忙和爱戴只能在背地里干，如果当面对他说，就会遭他的拒绝。

如果因为上面的各种原因，就说他是个感情冷酷的人，那就大错而特错了。他的感情是含蓄的，潜藏在他每一个细胞和神经里面。有人曾看他在野战医院中，见到伤兵的苦痛时，转过脸去揩老泪。当他的老友侯西反要出境那一天，他生平第一次亲自到火车站去送友。他很少当场感情激动，可是当火车快要开行时，他突然的发出"西反兄，南京再会"，使送行的人也止不住流泪。别人也许没有想到当侯西反在新加坡时，陈嘉庚曾经因为他做事稍有疏忽，严责他，像长兄严责幼弟一样。

他不容易流泪。几年前，他的弟弟陈敬贤在杭州逝世，他接到电报时，哀默了半天，一句话也不说。谁都知道他兄弟骨肉感情很好，然而谁也无法从他的脸上去揣度他内心的哀伤。

在陈嘉庚一生的性格里面，我们可以明白看出"坚持"这两个字，对于他有着怎样具体的实践意义。

在暴风雨中奋斗的人，支持不住的人倒了，支持得住的人咬住牙根。而陈嘉庚是一个不倒也不咬住牙根的人。他坚持，镇定而且沉着，豪迈而且直爽。他不皱眉，不忍泪，不涨红额筋，不咬牙切齿的发抖，不用吃紧的表情去显示他内心的熬忍。他是不适合在人生舞台上作任何表情的一个角色，然而他的肃穆与坚冷也不是任何角色可以作皮毛的摹仿的。

在《三国演义》里面，有这样一段故事：

有一次，关云长的臂膀中了敌人的毒箭，请当代的神医华佗给他治疗。华佗便在那毒烂的骨肉上面，施行外科手术。这时关云长和人对坐下棋，刀剪削骨之声切切，旁观者面皆失色，独有关云长身受钻骨之痛，反而神色不变，若无事然。关云长不咬牙根，也不用吃紧的表情去显示他内心的熬忍。

关云长是千古奇人。我们明白他为什么在后代的民间社会会被当做神来崇拜。

这一个传奇的故事，使我们想到另一个不是传奇的故事，和另一个不是传奇的人物。

自然，我们不曾看见陈嘉庚的臂膀受过什么外科手术。但我们却的确见到，有许多有形无形的毒箭，针对着他老人家，从每一个黑暗的角落暗射过来。这老人，为了攻击丑恶，便不顾丑恶的反噬。他，永远的站立，永远抬头，他，走他的路，把他的舵。尽管同船的人在险风骇浪中惊呼，他照旧神色不变，望着彼岸，硬着头皮，继续在逆流中挺进。他不用骑士的姿态去显示豪迈,不假勇敢的声色去镇压神经。他踏实步,说实话,开实枪。凡是认为合乎正义,就是天塌下来,他也不退缩。他永远是那样的镇定,镇定到不必借助任何自制的力量。尽管泰山崩倒于前,他的心仍然是安如泰山。

黑暗势力曾经用最卑劣的毁诬去袭击他,但他却好像不曾遭受袭击一般,冷冷静静。尽管来罢,一切奸顽贪污!他公开地吹起"反对"的喇叭,正式地向丑恶声讨。那魔的杀声越高,良心的照射越明。他手里没有武器,但公义便是他的武器,良心便是他的武器,敌人已经心力俱疲了,他却安然泰然。涓滴之水,加之于河海,不觉其盈。这老人,纵使在别人看来同河海一般大的反击,也仍然不慌不忙。更何况河海在他看来,才不过涓滴而已。他用不着费劲儿去咬牙根的。他从来不曾骄矜过他自己的胆力。在别人认为可惊奇的,在他反而觉得"没有什么"。一个气魄雄厚的人,是常常不把自己的"成功"当做什么一回事的。

人家拥护他,他干;人家反对他,他一样干。

只要他认为对的,认为应该做的,他就拿定主意去做,而且彻头彻尾的做了。尽管人家怎样大喝倒彩,他可以不听;不是不听,而是听见了跟不听见一样的不能动摇他。

他认为不对的,认为不应该做的,他就一刀斩绝,而且连根带蒂的斩绝了。尽管人家怎样鼓掌怂恿他,他可以不听,不是不听,而是听见了跟不听见一样的不能动摇他。

他坚持于平常的时候,也坚持于非常的时候。

在他一生的传记里面,可以看出这老人对事物和义理坚持的地方很多:在十年前,他个人实业失败时,曾经坚持着支持厦大和集美的经费。抗战第二年，汪贼谬谈和平时，他曾经坚持着斥驳，直到汪贼现露原形。抗战第三年，他回国考察时，曾经坚持着华侨无党无派的立场，始终不肯入党。南返后，他又坚持着改善闽政，坚持着揭发贪黩奸顽，坚持着呼吁团结与民主，坚持着独往独来不偏不阿的态度。

尽管你们软做硬做罢，尽管你们也拉也打罢，应当坚持的义理，依然是要坚持的。假设黑暗时代又要到来，爱义理的人依然是要用独立去坚持义理的。即使明知独立将遭受惨痛的失败，也无法去和黑暗妥协。

和黑暗妥协的成功，违背义理的成功，诚然是名利双收，也和狼犬一样鄙恶！

这就是陈嘉庚的哲学："情愿为义坚持而失败，不愿不义妥协而成功。"

| 原文载于 1946 年 5 月 26 日《现代周刊》复刊第 1 期，当时署名为高友庆

陈嘉庚先生在星洲

赵家欣

著名记者、作家

1939年元旦，郁达夫（前坐）和（左起）赵家欣、郑子瑜、马寒冰合影

陈先生，即嘉庚，对人好，谋国忠，一言一动皆大公，闻已返旧居，远道得讯喜难名。

——冯玉祥

太平洋战争爆发后，陈嘉庚先生的安全，始终在人们的怀念中，四载的流亡，敌寇的魔手没有损害这爱国老人的毫末，今天，这屹立在万千侨众中的巨人，依旧是南海之滨一颗光芒四射的彗星。他正直倔强的性格，忧国爱民的怀抱，获得南洋侨胞的热爱和拥护！在陈老先生的领导下，南洋侨胞的团结运动和爱国运动，正热烈展开中。

四年中的逃亡生活

朋友自新加坡回国为记者详述陈老先生数年来逃亡生活及回到星洲以后的情形，民国三十一年（1942）元月卅一日，柔佛通新加坡大桥自动破坏，炮声隆隆不绝，英政府无意死守新加坡，陈老先生乃决心离星，避往荷印。二月三日晨搭小火轮出发，同伴仅三人，四日午间，到苏门答腊淡美那岸，九日抵宁岳，十二日改搭汽车至直落关口，十五日，搭车赴巨港，行至中途，赴巨港已沦陷，乃折往巴东，廿一日夜趁轮往爪哇，廿八日至万隆，三月一日，与荷印侨领庄西言君偕往芝安。住华侨陈泽海君之树胶园，五月十七日移居梭罗，八月四日复移往玛琅，时历半年，敌人在荷印统治已渐巩固，敌宪兵队四出侦查陈老先生踪迹，先后又迁避数处，由于侨胞的致力掩护，敌宪兵队始终未获确实消息，在玛琅居住九个月。三十二年（1943）五月六日，日人又来侦查，翌晨迁居峇株，其后在玛琅、峇株两地，更番居住。三十三年（1944）二月七日，复移居距峇株三公里之晦时园，直到三十四年（1945）十月二日回星洲时才离开。四年中，陈老先生过着黯淡的逃亡生活，但他早置生死于度外，他的意志始终是那么坚决，三十三年（1944）四月十四日在晦时园赋诗明志，尤可表现他威武不能屈的伟大人格。

领导南侨捐抗敌，会场鼓励必骂贼。
报章频传海内外，敌人恨我最努力。
和平傀儡甫萌芽，首予劝诫勿昧惑。
卖国求荣甘遗臭，电提参政攻叛逆。
强敌南侵星岛陷，一家四散畏房逼。
爪哇避匿已两年，潜踪难保长秘密。
何时不幸被俘虏，抵死无颜诏事敌。
回检平身公与私，尚无罪迹污清白。
冥冥吉凶如有定，付之天命惧奚益。

重返星洲万众来归

　　日寇投降后一月又二十天，民国三十四年（1945）十月二日，陈老先生由峇株至吧城，受侨胞热烈欢迎，他时时以国内团结建国为念，要求侨胞必须明辨是非。十月六日由吧城飞返新加坡，受五百侨团的热烈欢迎，席上建议电我国政府且向全国提出严惩七七事变的日本祸首。

　　南洋华侨帮派极多，各立门户，不能合作。经历了以次血火的锻炼，大家都感到团结合作的需要，星洲光复后，当地华侨拟组织马来亚华侨总公会，作为促进南洋华侨团结的核心组织，请陈老先生出为领导，陈老先生乃发表他的华侨团结观，认为促进华侨的先决条件，必须统一教育，裁并会馆及同宗会，先消除彼此门户之见，方可进及其他。教育方面，主张设星洲华侨教育会，总办全坡华侨教育，统筹全坡华侨教育费，适当分配，公平办理，多设贫生免费名额。会馆同宗会方面，主张每帮各留存会馆一所，如福建会馆、广州会馆、潮州会馆、客属会馆等，一府一县会馆，可合并于以上之大会馆，同宗会馆取消。所取消各会馆及同宗会等产业，概归教育会管理，俾合小群为大群，化无用为有用。这一主张，获得南洋各地有识侨胞的热烈赞同，在陈老先生的领导下，南侨的团结运动会现着光明的前途。

华侨筹赈会的结束

　　新加坡华侨筹赈祖国难民大会委员会，创自民国二十六年（1937）八月十五日，在陈老先生领导下，每年汇归巨款，赞助祖国抗战，至南洋陷落后始告中断，该会于本

《陈嘉庚先生在星洲》

年三月底结束，在结束之前曾组织调查委员会，调查新加坡侨胞在敌寇占领时代人命财产的总损失。调查结果，市区内外被害人数达五千名，受酷刑者三百九十三名。财产损失个人方面叻币一千一百七十八万一千四百元，又日军用票一亿四千六百九十四万八千元，商店方面，叻币共五千五百八十三万六千八百元，又日军用票一亿二千三百八十七万四千元，合计叻币六千七百六十一万八千二百元，日军用票二亿七千零八十二万二千元，人命损失，或不止此数，因全家遭难或只余童稚无人填报者甚多。虽调查结果不能十分正确，但筹赈会所提供的资料，是供当地政府做宝贵的参考。

印度尼西亚发生排华风潮，印尼与华侨不断发生冲突，陈老先生由爪哇返星后，人民与华侨保持密切之友好关系，期两民族间之睦谊，更益增进。

言所不言为所不为

为促进祖国战后建设，改良卫生环境，陈老先生就数十年观察计划，手著《住房与卫生》一书，寄赠国内各省当局，作为战后城市重建的参考。同时，并组织"南洋华侨归国卫生观察团"征求团员及书记三十二人，返国观光，分赴各省市县城，实地考察报告，并由南侨总会发行月刊，促当局注意各种改革事宜。该团经长期的筹备，大体已告就绪，不久即将出发。

"金钱如肥料，散播才有用。"这是陈老先生说的最服膺的西哲名言。重庆陈嘉庚安全庆祝会上，黄炎培先生说："发了财的人，而肯拿出来的，只有陈先生。"陈老先生把他一生辛勤所得到的大部分金钱用以办理教育，厦门大学、集美学校成绩斐然。在逃亡期间，到处获得厦大、集美校友的协助，这便是陈老先生用金钱的肥料辛勤耕耘的宝贵收获。新加坡自英军接收后，华校复办者寥寥，失学儿童近万，陈老先生乃号召侨胞，建造一大规模的侨校，不分势派地域，广纳华侨失学儿童，经过半年的筹备，已择定校址，开始建筑，预计可容纳学生两三万人。

以上所述，是陈嘉庚先生逃亡生活及安全返星的情形。陈老先生今年七十三岁，精神、身体均甚健旺，由于他多年来为祖国为侨胞奔走呼号的正义的感召，南洋侨胞大部分团结在他的周遭。他已成为侨众中不可摇撼的中心力量，他的一生，可用邵力子先生的话来说明："陈先生的一生就是，兴实业，办教育，为勤劳国事，言人之所不敢言，为人之所不敢为。"

《今日的厦门》

| 原文载于 1946 年 7 月 15 日《侨声报》

作者小传

赵家欣（1915—2014），福建厦门人，笔名诸葛朱、赵壁。1932年毕业于厦门双十中学。1935年任厦门《星光日报》记者，开始走笔人生，一生从事新闻、文学写作。

1936年12月30日，郁达夫在游览南普陀的时候，希望能一见仰慕已久的留日前辈弘一法师。由法师弟子广洽先通款曲后，第二天上午，郁达夫即请广洽法师和《星光日报》记者赵家欣等陪同渡海到鼓浪屿日光岩下拜访弘一法师。已跳出三界外的法师对这位蜚声文坛的作家一无所知，所以接见时，只是拱手致意，合十问讯，赠予佛书而已，谈话极少。他留给郁达夫的印象是：清癯如鹤，语音如银铃，动止安详，仪容恬静；言谈虽只一二短句，却殷勤至极，使人入耳难忘。

1937年夏，赵家欣被选为厦门文化界救亡协会执委，参加抗日救亡活动。1938年5月，厦门沦陷后，活跃于东南前线。

抗日战争时期，他曾是战地记者，他回忆说："（1938年）4月8日，我和一些战地记者采访了浴血作战回来的池峰城师长。这位30多岁的青年指挥官，头发蓬松，声音嘶哑，几天没有睡眠，眼睛布满红丝，但仍神采奕奕，向我们介绍战斗的经过和歼敌的数字。我被抗战军民前仆后继、英勇奋战精神所深深感染，连夜疾书，写了长篇通讯《台儿庄血战记》。"他以笔为枪，除了《台儿庄血战记》，还写下了《陇海线上》《血火中的行旅》等有影响的通讯。1942年，赵家欣在福建永安任《现代青年》月刊主编，是永安抗战文化活动的骨干之一。

1946年8月9日，作为特派记者的赵家欣在《侨声报》报道了陈嘉庚所著《南侨回忆录》，文称："在南洋福建一带获得广大欢迎，没有美丽的词藻，没有惊人的故事，以陈先生的奋斗史为经，以南洋侨胞的爱国运动为纬，朴实无华，却获受万人的传诵！"大篇幅详细报道了陈嘉庚先生的事迹和书写《南侨回忆录》背后的故事。中华人民共和国成立后，他满腔热忱地投身社会主义建设，笔耕不辍，收获颇丰，出版了《今日的厦门》《沦陷区的故事》《风雨故人情》等10多部著作。

赵家欣是福建省惟一到抗日前线（台儿庄）采访过的战地记者，惟一在武汉参加过中华全国文艺界抗敌协会（中国作协前身）和中国青年记者协会（中国记协前身）两个成立大会的记者兼作家；全国最早、福建省惟一出版抗敌通讯特写集的作家；惟一同时获得中国记协所颁老新闻工作者荣誉证书和中国作协所颁抗战时期老作家铜匾两项殊荣的老记者、老作家。

校庆日敬念陈嘉庚先生

虞愚

著名佛学家、因明家、诗人和书法家

虞愚

陈公嘉庚，福建同安县人，世居集美社，少倜傥有大志，随父奋迹新加坡商旅之间，备极困苦。三十七岁加入同盟会，集闽侨讲求摩历，倡办保安捐，筹款资助光复事业，虽古之弦高、子文，无以过也。自三十八岁回里，慨然以开化闽南为己任，大集乡长于集美大祠堂，创建集美小学；厥后集美师范、商科、幼稚园、女子师范、水产各校，以次成立，风气大开。于时华南尚无大学，公又斥资筹设厦门大学以造就建国人才。民国十年（1921）四月六日，假集美学校开幕，五月九日厦门演武场厦大校舍奠基，寓明耻御侮之旨。十一年（1922）二月迁入新校舍。延揽硕师大儒，相与讲论学术，切磋道义，而以"至善"为鹄焉。

自"九一八"事变以来，国难日亟，公忠义奋发，数为筹划捐款，奔走呼号如不及。民国二十九年（1940）莅陪都，鹄立江于迎候者数万人，瞻其丰采，俨然儒者。愚时预其列，不禁为之奋迅。时重庆厦大校友分会校友，谋为洗尘，公体念时艰，坚辞弗应，惟共摄一影为别耳。及太平洋战事发生，新加坡沦陷，公遂遁迹荒山，历尽艰危，卒不为屈，为国之忠，从善之勇，操守之坚正，孰与我公比哉！卅二年（1943）春，愚至长汀厦大任教，翌年，适我公七十览揆之辰，校友假阅览厅为寿，愚遥祝以诗曰：

南极星光耀，澄江万景新。足音寻绝域，胸次迈千春。
漠漠风云际，堂堂道义身。收京期不远，重与接清尘。

非溢美也。抗日胜利，闻公安然无恙，辄惊喜相告，盖公之获存，实华南多数学子所共庆也。年来公因政见不合，对政府措施，时有不满，然皆有激于官僚腐败、贿赂公行、植党营私诸弊端，不胜感慨，发为有激之言，所谓言之者无罪，闻之者足以戒也。公平生最服膺美国汽车大王之言："畏惧失败，才是可耻。"曾以此为题，撰文露布东方杂志（十一卷七期春季特大号），所以匡持教育，振兴实业，激励华侨者，又无不至。溯公数十年来，笃学力行，倡办之事，不一而足，而以创建大学，最为盛业。尝曰："我国国运危如累卵，存亡未可预卜，然吾族赖以维系于不坠者，统一之文化耳。昔波兰为强邻所灭，而今日得以复国者，为能保存其民族文化耳。"深知远识，殊高人一等也。

孟子曰："诸侯之宝者三：土地、人民、政事。"后二千余年，泰西国家学者，亦谓国家构成，由于领土、人民与主权。持较亚圣所言，后先如出一辙，实则三者之外，尚有一事，尤为重要，是曰文化，与领土、人民、主权，合为现代国家构成与兴存在之四维，如大厦之四柱，盖缺一不可者也。文化之所以比其他之事尤为重要者，又有说焉。旷观古今中外历史，有若干民族国家，于其他三事，时或不能保守，甚至亘数十年乃至数百年之久，果其文化绵延弗辍，则此民族此国家，一遇适当时节因缘，即有中兴恢复之可能，反是者，有土地供人移植，有人民被人驱使，有政事被人劫持，则此国家此民族，真陷于万劫不复之绝境矣。

我中华本一金瓯无缺之国家，此四维者，各个独立自然发展，又相互撑柱，于今已有四千三百年或三千七百年之历史，（若据尚书尧典始于西纪前二四〇〇年，迄今共约四千三百年；若以殷朝龟甲文为实物证据之时期，始于西纪前一七六六年，迄今则达三千七百年）中间虽经戎狄、荆舒、淮夷、猃狁、匈奴、五胡之侵扰，辽夏金元之割据，蒙古满洲之并吞，卒能凌轹波涛，穿穴险固，破碎敌阵，而且式新廓猷。其故盖悉由于文化之保全与发挥。逊清中叶以来，主权与领土之得失，时有更迭，最痛心者，厥为文化侵略，使我国家民族根本为之动摇。公早见及此，故创建厦门大学以维护之，独捐巨款，几破其家，如是者，历十七年之久。民国二十六年（1937）公与教育部洽妥改归国立，迄今又十年有奇矣。然八楼二院伟大之基础，图书仪器之设备，各科系之并举，实自公始也。今我厦大弦歌不辍，如日方升，俨然为东南文化之重心。愚等饮水思源，忭欢无几。谨略述厥德于校庆之日，表崇敬，示不忘也。

| 原文载于1948年4月6日出版的《厦大通讯》（第八卷第三期）

作者小传

虞愚（1909—1989），原籍浙江山阴，出生在厦门，字佛心，号德元，是我国现代著名的佛学家、因明家、诗人和书法家。1924年入武昌佛学院，从学于太虚大师，与大醒、芝峰等人同学。1929年转入厦门大学，专究哲学，曾至闽南佛学院研读，并从吕澂学因明。后以因明学之研究著称，著有《因明学》一书。

1934年毕业于厦门大学教育学院心理学系，即留校任理则学助教。沪战爆发后曾失业在家，埋头著书，参谒请益弘一法师，书法布局深受弘一强调图案美及其清净、谨严结构的影响。后到南京、贵州等地任职。1943年后，再次回到厦门大学任哲学系副教授、教授。

虞愚与弘一法师

1956年，奉国务院调令进京，撰述斯里兰卡《佛教大百科全书》有关中国古代专著的条目，兼任中国佛学院因明学课程的教授。在北京期间，和厦大创办人陈嘉庚过从甚密，闲暇时他经常到陈老先生的寓所拜访，用闽南话同校主畅叙乡情、书艺，嘉庚先生总是喜欢留他吃饭。

陈嘉庚逝世吃饭20周年时，他在京写下一诗追怀：

> 华侨旗帜堂堂在，民族光辉日日新。
> 病榻犹论天下事，丰碑争仰斗南人。
> 海滨邹鲁饶余地，乡社春秋及北辰。
> 依旧鳌园弦诵里，故山遥想碧嶙岣。

后来集美学校建校70周年时，他又写了一首七律，缅怀校主的高风亮节。诗中有云：

> 弦歌相继无穷世，纪盛先刊教育篇。

陈嘉庚先生诞辰110周年时，他怀着对陈嘉庚的真挚感情，不顾75岁高龄，邀请各界知名人士题词，启功、李一氓、赵朴初、舒芜等学者纷纷挥毫。

虞愚一生致力于因明学的研究，对因明的发展作出了重要贡献。近代著名学者陈衍称他："书法闯北魏之室，诗不暇苦吟，自有真语言。"他的书法独具一体，其墨宝不仅遍及八闽家山、大江南北，而且远涉南洋、东渡扶桑。他擅诗能词，生平吟哦不辍，所作诗词格调清雅，情意真挚，著有《北山楼诗集》及《虞愚自写诗卷》二书行世。

送陈嘉庚先生回国

洪丝丝

著名侨领、记者

洪丝丝

　　陈嘉庚先生于今日启程回国。这几年来，此老一心眷恋祖国，祖国千万颗心系念此老。现在北望国门，一片朝气，无限光明，此老当不胜其欢欣之情，海内外千万颗心自亦为之兴奋不已。

　　大家知道，陈嘉庚先生是本报的董事长。论私情，我们本来不便颂扬他，也不需要颂扬他，而且他素来不喜欢人家的颂扬（不久以前，香港《文汇报》有一篇赞颂他的文章，他特地吩咐本报不可加以转载，因为他觉得那篇文章把他称赞过甚）。但是就公谊而言，诚如陈六使先生所说，陈嘉庚先生不是福建人私有的，而是全国公有的，本报当然更不敢把此老占为私有，事实亦不许本报加以独占。因此，本报同人在临别此老的今日，抑不住万斛情感，要说几句话。

　　陈嘉庚先生的伟大，根本不需要我们赞一词，两千字的一篇社论也称赞他不了。我们所要说的只是对于此老的一点感想。

陈嘉庚先生在上月二十八日福建会馆和怡和轩的欢送会中，曾自言他的家产损失差不多已经等于"毁家"，应了几十年前世人称赞他的一句识语："毁家兴学。"他还自言把厦大交给国家办理是他一件"虎头蛇尾"的事，反而表示非常抱憾。谁也知道，在我们所处的社会中，多的是喜欢炫耀富贵的庸夫，触目大半是好自骛夸的俗子，可是陈嘉庚先生却尽反这一套作风，未尝炫富，绝不矜功，既坦白，又谦虚。单就这一点而言，他已经非常人所能及了。

陈嘉庚先生在仅五十二岁那一年中，赚了叻币七百余万元，同年他所支出的教育费以及其他公益费用，亦以百万计。在庸夫俗子看来，一定会以为此老打错了算盘，致使事业失败，而且终于"毁家"。但是此老果真失败了吗？绝不！他不但不失败，借用一句南洋商场的惯用语来说，他是"大赚"的。他赚了什么？他"赚"到了替国家社会培养的无数人才，他"赚"到了全国的敬爱、世界的钦佩和在历史上不朽的地位。那无数的人才以及这崇高的地位，其价值绝非金钱所能比拟，也绝非算盘所能计算。

对于声名地位，陈嘉庚先生一向绝不计较，而且极端鄙视斤斤计较声名地位的人。他出钱，出了便算，未曾要人家造铜像，建纪念碑，登报表扬，或悬挂像片。就是因为他不屑计较这一套，而且极鄙视这一套，所以令人更加敬爱，更加钦佩。即使是他的政敌，如蒋介石与孔祥熙之流，也不得不公开称誉他。

陈嘉庚先生在政治上拒绝国民党千方百计的诱惑，坚持正义，反贪污，反独裁，反对祸国殃民的蒋政府。这在他不朽的历史上，更增加万丈的光芒。远在抗战初期，他的巨眼便看出中共政治的优良，断定其苦斗必然成功。在政协时期，他在千千万万的人士中，独能力排众议，预言国共不能妥协，断定向蒋政府要求民主为谋皮于虎。全面内战发生之初，国民党有军队四百余万，中共军队仅有一百万左右，但是陈嘉庚先生于民国三十五年（1946）出席追悼李、闻、陶大会便断定中共在三几年内可得最后胜利。去年解放军尚未发动秋季大攻势的时候，他就预言蒋军打到去年十二月底便将如臂挡车，不能再与解放军抗衡。此外，对于蒋府经济的前途，尤其是金圆券的命运，也所料辄中，几乎分毫不爽。至于在全面内战之初就电阻杜鲁门援蒋，而且预断美国援蒋必败，也足见其眼光如炬。党棍特务过去每骂他"坐井观天"，他们如果也有一点羞恶之心，回忆那句骂语，不知何以自容？陈嘉庚先生既非蒋府的威武所能屈，也非四大家族的利禄所能诱，对于党棍特务的叫嚣、诬蔑、漫骂，当然不屑一顾。他的坚定，是始终屹然如山岳的。

有人说陈嘉庚先生要回国参政。其实，虽然国内有许多人士热望他参加新政协，毛泽东先生又特电邀他参加，但是据我们所知此老直接参加政治的兴味非常淡薄，所谓"作官"，更非他的素志。不过我们期望，同时也相信：他这一行对于国家一定又有相当的贡献。虽然他意在游历，但是一定不虚此行，这是可以预断的。

陈嘉庚先生今天就要启程了。在私的方面，我们实在不胜依依惜别的情怀。但是祖国需要他此行，千千万万的同胞期待他此行，我们也只好跟着大家欢送他此行。谨祝他一路康泰！

| 原文载于1949年5月5日的《南侨日报》

作者小传

洪丝丝（1907—1989），本名洪永安，笔名丝丝、漱玉、徐必达，福建金门人。1923年，在集美学校商科学习。

1932年，他南渡马来西亚，在槟榔屿主编《光华日报》副刊《槟风》，提倡马华文艺，一开始用女儿的乳名"丝丝"作笔名，发表针砭时弊的文章。后曾到日本留学，1936年任《光华日报》驻东京通讯记者，抗日战争爆发后返回马来西亚，先后任《光华日报》和《现代周刊》编辑主任。其间，他用几个不同笔名，每期包写一半以上的文章，由于他的辛勤笔耕和卓越成就，获得"南洋邹韬奋"的称誉。

1941年，洪丝丝辗转到了新加坡，与同仁创办《现代三日刊》，得到陈嘉庚的大力支持，并在新加坡星华文化界战时工作团青年抗敌干部培训班任讲师，当时任讲师的还有胡愈之、郁达夫、王任叔等人。

1946年，应陈嘉庚邀请，参加编辑《大战与南侨》并兼槟城《现代周刊》主笔。同年在马来西亚加入中国民主同盟。1947年，任《南侨晚报》主任兼《现代周刊》主编，同时在陈嘉庚领导的"华侨促进祖国和平民主联合会"任秘书长。翌年任南侨报社经理兼社论委员会主席。1950年9月，《南侨日报》因宣传新中国和抗美援朝，被新加坡当局查封，洪丝丝被拘捕，12月被新加坡英国殖民当局驱逐出境。

洪丝丝是陈嘉庚挚友，跟随陈氏多年。他认为："陈嘉庚一生所得金钱几乎全部用在爱国事业，其中绝大部分用在教育方面。"这些钱"如果当时买了黄金，估计现在当等于一亿美元左右"。

陈嘉庚的儿子陈厥祥时任香港集友银行总经理，在轮船上被海盗绑票。洪丝丝得知这个消息后，就去告诉陈嘉庚，没想到陈嘉庚却对洪丝丝说："我有一件事正要同你商量。"陈嘉庚着急商量的不是私事，而是福建会馆建校的问题，因为当时陈嘉庚任会馆的主席，洪丝丝是董事和教育组主任。他与洪丝丝谈完学校的事情之后，才考虑如何救自己的儿子。他打电报给在香港的李济深、蔡廷锴，托他们设法营救，后陈厥祥平安获释。从这件事上，可以看到陈嘉庚先公后私的精神和对教育重视的程度。

1951年初，洪丝丝回国，受到陈嘉庚、廖承志等欢迎。后洪丝丝任全国侨联主席、中国新闻社社长，还进行华侨题材的小说创作，晚年致力于华侨史研究，著有《辛亥革命与华侨》《海外春秋》《异乡奇遇》等。

1989年，洪丝丝在北京逝世，享年83岁。

从陈嘉庚谈到华侨投资祖国

吴明

爱国人士

吴明

陈嘉庚先生，这海外一千一百万华侨的领袖，在祖国行将全面解放、新中国要建立起来的前夕，欣然回来了。全国同胞怀着热烈的心情欢迎着他。

陈老先生也如一般华侨一样，在早年就背乡离井、出洋经商的，但他在经营他个人的事业中，没有忘记了祖国，忘记了社会，他把他个人的事业与社会的事业联系起来。他努力他个人的事业，同时，更努力国家民族的事业，在他一生中，毁家兴学，捐助祖国建设事业，领导海外华侨筹款支援祖国抗日工作，声责汪精卫卖国，反对陈仪贪污，并为了支助全国人民反独裁、反侵略，争取人民解放及建设新民主主义中国的积极努力，受尽了一切诽谤与辱骂，在精神上受尽了一切的压迫，但他不但不向恶劣的环境低头、妥协，且更倔强，更积极。这点他是与一些只知唯利是图，投机取巧，专为个人及儿孙之利益、幸福打算的华侨资本家的性格，是有显著不同的，这也是他老人家之所以受到广大同胞所崇仰的伟大处。

在《南侨回忆录》的序言里，他自己把自己的个性写得很清楚，他说他："生平志趣，自廿岁时，对乡党、祠堂、私塾及社会义务诸事，颇具热心，出乎生性之自然，绝非被动免强者。"他一生中所做的事业，既不是为名，更不是为利，而是出乎天性之自然，是与"沽名钓誉"之流，有天壤之别的，他领导的海外华侨支援中华民族解放事业，是没有个人野心的，并不是为了做大官，只是欲尽国民一份的天职，这也完全是"出乎天性之自然，绝非被动免强者"。

他具有远大之眼光，绝非一般只顾目前蝇头小利者所能比拟的，所以他认为应做的事，不管怎样的困难，也不管阴谋家的破坏与阻挠，更不计个人的得失、荣枯，都要干到底，有始有终，绝非利诱威迫所能阻止他的。相反的，他认为违天伤理、可憎、可恨的事，就要反对到底，绝不受人利用，免强而为。他痛恨蒋介石领导下的国民党反动政府，把中国弄得民穷国弱，而另一方面他看到了中国新生一代，在滋生壮大及摧毁反动政权的力量，于是他个人虽受到种种毁谤与辱骂，但他还是为反独裁争取人民解放、国家主权独立而奋斗到底。不畏缩，不妥协。又如他兴办教育——个人创办集美学校及厦门大学，独自支撑十余年，牺牲教育费数达叻币千万元左右，而且在他个人事业碰到最困难的时候，虽然三四年间全无毫利可收，他还是维持集美、厦大两校，每年叻币三四十万元的经常费，当时亦曾有人劝他停止校费，维持个人营业，但他却不忍放弃义务，毅力支撑。他认为，纵令"因肩负校费致商业完全失败，此系个人之荣枯，与社会绝无关系也"——见《南侨回忆录》之个人企业追记一篇。

《南侨日报》出版预告

陈先生为人重实际，绝不夸夸其谈，说到做到，并重事实，而非艳词饰语所能蒙骗得过他。他在抗战期间领导华侨回国慰劳团回国以前，他是拥护中央的，拥蒋的，但至他回国之后，他亲眼看到了国民党反动政府的腐败无能，四大家族贪污窃国的劣迹，他预见了国家民族的前途，如再任国民党反动政府搞下去，定必断送在他们的手里。但在另一方面，他到了延安，他看到了另一种有生力量，他看见了延安的俭朴无华，政治有条有理，人民生活安定，真正过着民治民享民有的自由生活，于是他清楚了谁是真正的爱国者，谁才是真正为人民服务。他认为只有在毛泽东先生领导下之新生力量，才能真正解放中华民族，保卫中国领土的独立与完整，人民才能安居乐业。所以，从此他一变过去拥护中央，拥蒋的态度，而积极支援了中国人民反独裁，争取解放的神圣事业了。

记得他在抗战期间回至国内的时候，马寅初博士主持的"全国经济学社"，曾请他演讲"华侨投资祖国问题"，当时他就正视事实指出，华侨资本家尤其是积资无多的资本家，是热心投资祖国的，然而，为何迄而今，华侨投资祖国没有一件事业成就呢？关于这点，他指出，无非由于过去负责招募侨资回国投资的负责当局，有始无终，以及营私舞弊，致使事业半途而废，因此丧失了华侨投资祖国的信心所致。同时，自民国以来，军阀劣绅，土豪盗匪，欺凌抢劫，甚于清廷。华侨几于视家乡为畏途，空身回省庐墓尚不自安，奚敢言及投资祖国呢？所以他认为只要抗战胜利后，政府能改善政治，才能使华侨热诚内向，投资祖国的。

然而，抗战结束之后，国民党反动政府恃其相有三四百万的军队，并恃有美帝作其后盾，不惜掀起内战，以期确保其反动政权，压迫人民，剥削人民，结果弄得民不聊生，社会治安比战前更乱，国内人民逃出虎穴已唯恐不及，哪能谈到华侨投资祖国呢？现在祖国全面解放已在眼前，新中国就要出现，华侨投资祖国已到准备时期了。所以，陈嘉庚先生在临别马来亚返国之前夕，便在新加坡福建会馆常年大会席上发表演说，鼓励华侨投资祖国。他认为在新中国实现之后，华侨必踊跃投资祖国，他且认为到那时华侨资本家，可能有以资本家私人个别投资，和创立各种事业，组织股份有限公司，招侨众投资等两种组织形式向祖国投资各种事业。不过据陈先生的看法，以为私人资本家，能备数十万至百万元以上，亲往经营，在近年间，恐不可多得，设使有亦极少数；至创立股份有限公司，若素乏信用，亦非易事。他说过去所谓华侨投资祖国，甚多为空雷不雨，欺人自欺的，但他希望此后则不可再有了。最后他老人家建议，若新政府兴办某种事业，需要华侨投资时，可由政府负责组织股份有限公司，其中政府得若干股，余则向华侨招募，而且政府要担保每年有若干本息，及该公司不至蚀本。如不幸蚀本，亦不干华侨股之事，并订若干年原本交回。因为此种鼓励华侨投资祖国，比获得公债券更为有利，同时，新政府初步，非如是恐不能收效。

陈老先生所言，至情至理，不啻为金石良言，因为投资祖国，并非件小事业，必须要靠大众之力量方为有效。同时，陈先生深悉侨情，并深切了解侨胞，过去之所以不愿运资回国投资，纵有亦当作是捐款性质，而不当作件真正之事业办的原因，主要当然由于国民党反动政府，为了确保其政权，不惜将国家一切主权与开发资源之优先权利，出卖给外国，借此勾结帝国主义来剥削中国人民的利益。并以四大家族的官僚资本来打击民族资本家，于是民族资本没有一点保障，华侨回国投资也无法律保护。在过去华侨虽曾数次投资祖国，但结果所投之资，如投大海，一无所得，如漳厦铁路、矿山、公路、汽车公司等大规模投资事业，华侨都投过很大的资本，但结果因负责当局的腐败无能或舞弊营私，华侨的全部股资，不是被侵蚀，就是被没收掉。战后某些分子也有一次招募华侨投资之举，即所谓"福建经济建设"之投资，当时有一般华侨也相当热心，购买了许多股份，但是，资本集合了而事尚未进行，全部资本几乎都给国民党反动政府的法币吃光了。因为这种种事实摆在侨胞的眼前，侨胞虽然有心投资祖国事业，但均踌躇不前，最多不过当作捐款式而已。正因为过去侨胞确有这种惧怕的心理的存

《南侨日报》

在，所以，陈老先生今天的建议是完全正确和合理的。因为没有信用昭著的政府来负责组织股份有限公司，向华侨招募资本，是不能取信于侨胞的，同时如果政府对于侨胞的投资没有确实的保障，也是不能吸引侨胞踊跃向国内投资的。但关于这个问题，在今天我们是很有理由可以相信，在将来新的民主政府是能切实做得到的。

因为我们已经知道，新民主主义的中国的工商业政策，是切实保护民族工商业的，毛泽东先生说过，新民主主义革命的三大经济纲领就是：（一）没收封建阶级的土地归农民所有；（二）没收蒋介石、宋子文、孔祥熙、陈立夫为首的垄断资本归新民主主义的国家所有；（三）保护民族工商业，而在中国土地法大纲上也明文规定"保护工商业者的财产及其合法的营业，不受侵犯"。在一九四八年十二月二十四日，中国人民解放军平津前线司令部，向平津等大城市人民约法八章里，关于保护民族工商业，一章里有如此规定："凡属私人经营之工厂、商店、银行、仓库等一律保护，不受侵犯。"最近随着人民解放军向南方及西北各省进军，人民解放军总部，在四月二十五日颁布约法八章（见本期经营新闻），第二章关于保护民族工商农牧业的条文，又一再申明："凡属私人营业的工厂、商店、银行、仓库、船舶、码头、农场、牧场等，一律保护，不受侵犯。"同时根据新中国的工商业政策，不只一般工商业之应当受到保护，就是地主富农所经营的工商业，也不应当没收，同样是应当受到民主政府的保护。因为保护和鼓励这些工商业，对于繁荣新民主主义中国的经济是有利的，而且是需要的。华侨的资本，可说是百分之百的民族资本，如果将来向国内投资开发资源，或建设各种工业，当然是可受到民主政府的切实保障的，这是毫无疑问的了。

至于说到有政府负责组织股份有限公司，与华侨资本家合作，兴办各种事业，这一点，也是不成问题的，因为按新民主主义经济的构成，民族自由经济还占重要部分，所以一切建设还需民族自由经济努力协作。华侨经济也是民族自由经济一部分，故将来在建设新民主主义中国的过程中，是极需要华侨资本协作的，此其一。

无可否认的，华侨不只是有雄厚的资力，同时，具有建设各种工业及开发各种资源的高度技术与经验，在以"发展生产，繁荣经济，公私兼顾，劳资两利"为经济方针的未来新民主主义中国的工商业政策之下，民主政府是极需要与华侨合作经营各种事业的。如果华侨欲要投资祖国，而需由政府负责组织股份有限公司，政府当然是极端欢迎的。此其二。

同时，新民主主义的中国，为要发展生产，繁荣经济，国家的专利范围也是不宜太大的，据华北解放区民主政府与去年五月十七日召开工商会议，经过四十二天的会议时间，对于有关各商业各种问题的具体决定中，关于确定公营私营工商业的关系里的第一项就有这样的决定："除军火工业及具有操纵国民经济或独占性质与私人所不能经营之工业外，其余工商业均准私人经营，或公私合营，公营工业是集中力量举办重工业、军火工业、机械制造工业、重要工业的原料、器材制造工业；在工业方面，国家主要经营私人财力所不及，而又为国民生计所急需的企业，这样使私营工业有广大的发展的可能。欢迎国民统治区工商业家到解放区投资工商业，并给以各种帮助与便利。"

另外一点我们应了解的，新民主主义国家是从官僚资产阶级接收过来的控制全国经济命脉的巨大的国家资本，来领导民族工业向前发展的，并在平等原则下，在技术上，生产力上，尽力促进竞资，以期刺激生产，力求进步的，这是与蒋介石专以官僚资本来打击和侵蚀民族资本的蒋介石反动政权的经济政策，是显然不同的。前一个是刺激生产的，后一个确是生产的。所以，华侨资本家向新中国投资不只受到政府欢迎，而且是有着绝对保障的。我们从上面华北解放区对于确定公营私营工商业的关系的条文就可以看出，其所定公营私营的范畴是很宽的，况且国民党统治区的工商业界到解放区去投资都受欢迎，并且给予各种便利与帮助。那么，对于祖国民族解放事业有过大贡献的华侨，将来向祖国投资，要与新政府合作兴办的事业，不但范围很广，而且更受欢迎与给予更大的帮助，是不在话下的了。

　　海外华侨创设的事业很多，尤以开矿及经营交通事业最有成绩，最有经验。至于办理工厂，如胶制工业、机械工业、饼干制造厂、罐头工业、油脂提炼厂等等工业，更为熟练，而这些事业，在新中国是极需要积极去发展的，也更需大量的资力与人力去努力开办的。我们要知道，建设新民主主义的国家的首要工作，就是恢复和发展工业和农业，特别是工业，因为只要工业达到高度的发展，才能巩固中国的独立与统一——这是任弼时先生在中国新青团首次全国代表大会指示我们的。同时毛泽东先生也说过："夺取全国胜利，这只是万里长征走完了第一步。"毛先生并着重指出说："从中国境内肃清了帝国主义、封建主义、官僚主义和国民党的统治，还没有完全解决中国的独立自主的问题。只有待经济上获得广大的发展，由落后的农业国变成了先进的工业国，经济上完全不依赖外国了，经济上完全独立了，才算最后地解决了这个问题。"任弼时先生更具体地指出说："我们要使中国在经济上达到完全独立，则不独要努力争取被破坏的工业能够在三五年内恢复，而且要有计划地在十年至十五年之内，使工业在国民经济中由百分之十左右的比重，上升到百分之三十到四十的比重，使中国有相当强大的机器制造工业，生产大量发展工矿交通事业所需要的机器和车船，而且要达到中国自己的工业所能生产国防上需要的大炮、坦克以及飞机等。到了那时，才可以说中国不仅在经济上达到独立的地位，而且在国际上也具备足够力量来保护自己神圣不可侵犯的边疆。"华侨在过去对于祖国民主事业，有过莫大的贡献，今后在建设新民主主义中国的过程中，是应该将在海外经营各种企业的经验来贡献祖国的生产事业，并集合华侨的资力组织合作企业公司向祖国投资各项生产事业部门，帮助新中国发展生产，繁荣经济，以其巩固新民主主义中国的独立与统一，这是责无旁贷的任务了。

中国人民解放军，百万雄师已渡过长江向南挺进了。中国全面解放已为期不远。海外华侨在陈嘉庚先生号召之下，对于投资祖国的准备工作，是应该及早积极进行了。

民国三十八年（1949）五月六日写于香港旅次

| 原文载于1949年第120期《经济导报》

作者小传

吴明（1901—1968），即陈公培，又名陈伯璋、吴寿康，湖南长沙人。1919年在北京参加工读互助团。1920年赴法国勤工俭学，旅法期间，曾和张申府、赵世炎、周恩来、刘清扬等5人发起组织旅法中国共产主义小组，这个小组是中国共产党旅欧支部的前身。后因参加占领里昂中法大学事件被押送回国。1924年入黄埔军校第二期，后参加两次东征战役和北伐战争。1927年参加南昌起义，1933年参加李济深、蔡廷锴发起的福建事变，曾代表十九路军与红军联络谈判。福建事变失败之后，陈公培躲到鼓浪屿，三四个月后潜到香港。

1936年，毛泽东写给陈公培的信中对他依然奋斗不懈表示十分钦佩，希望他大力斡旋，促成各方统一战线，以求对内化干戈为玉帛，对外则一致抗敌，为争取民族革命战争与民主共和国之彻底胜利而继续奋斗。

中华人民共和国成立后，陈公培曾任政务院、国务院参事，是第二至第四届全国政协委员。

《陈公培文集》

我所敬佩的陈嘉庚先生

黄炎培

教育家、实业家、民主同盟发起人之一

黄炎培

　　陈嘉庚先生是我一生几十年来最敬佩的朋友中间的一个。
　　我第一次认识先生，是一九一七年去新加坡，当时，华侨领袖林义顺在会场介绍相见。那天的会，是我向侨胞报告祖国情况："那时叛国称帝的袁世凯死不久，军阀混战，帝国主义步步进逼，政治不上轨道，人民说不尽的痛苦。人民受了痛苦，还不认识痛苦从哪里得来，和怎样解除痛苦。看到祖国危险的前途，只有把人民唤醒起来，特别是青年一辈，不论在国内在国外，急需展开教育。"我所报告，大意是这样。嘉庚先生会后特约我谈话，并告我，他在原籍厦门，已从一九一二年在本乡同安县办一学校名集美学校，但难得相当的校长。新加坡也正在创办一华侨中学，槟榔屿也创办一华侨中学。都要我介绍校长。我那次去南洋，原是为国内创办暨南大学——初名暨南学校，向南洋各大小埠宣传办学目标和招收学生。先生对这点，尤表深切的同情。我回国后，很快地为嘉庚先生介绍了集美学校陆校长、新加坡中学涂校长、槟榔屿中学徐校长。

不久，嘉庚先生回国了，在种种困难之下，一心一意的独立经营集美学校，扩充为小学部、中学部、师范部、女学部、蒙养园部、通俗教育部、同安教育部。——还资助同安县立男女小学。——一切由先生亲自督导。所有经费完全由他个人担任。

先生资源的一大部分是在南洋种广大的橡树园获得的。华侨橡树园，先生是先导。为了专心回厦门办学，不再去南洋，嘱弟陈敬贤去南洋经营一切。所有收入，每年几十万，百万，其中很大部分汇归厦门，为祖国办教育事业。

新加坡西洋人商于嘉庚先生，筹办一大学，要求先生捐款，先生提出条件，要设华文科，学生至少读华文两年。订了约，先生自捐十万元，还募集几十万。先生的散财，是处处掌握原则的。

先生长期在厦门办教育，专心研究，发现种种问题，随时向我函问，一问一答，既答又问，还涉及祖国政事。先生亲笔复写给我的信，二三年间，前后积有三十余封，后来嘉庚先生决心进一步办大学了。

我应嘉庚先生的邀请，一九一九年去厦门，既看到集美学校的校地、校舍一切设备，师生朝夕认真教，认真学，又带我看到即将开办的厦门大学基地和建筑中的校舍。我也同意于他预定聘请南洋华侨界负有盛名的林文庆为校长。所特别使我大大感动的，先生自身衣服朴素，起居俭约。我曾访先生的家庭，先生先辈是寒苦的。先生发了那么丰富的资财，从没有在故居添置一椽一瓦，添一些时新装饰，完全符合"敝庐"两字。而先生所办的学校校舍那么辉煌宏伟，都是我所亲眼见到的。"大公无私"，先生真当得起这四字。

先生给我看亲笔所写筹办厦门大学附设高等师范学校通告，附大学计划：（节原文）中国"门户洞开，强邻环伺，存亡绝续，迫于眉睫。吾人若袖手旁观，放弃责任，后患何堪设想！"我"久客南洋，心怀祖国，希图报效，已非一日"。拟"创办大学校附设高等师范学校于厦门"。"大学生不分省界，高等师范，闽省、他省规定名额"。"民心未死，国脉尚存，四万万人民的中华民族决无甘居人下之理。今日不达，尚有来日。及身不达，尚有子孙"。"惟是个人之力有限，望海内外同志共同负责"。这些话，给予海内外同胞以大大感动。

对日抗战开始，我全心全力的忙于当地组织和各地奔走宣传，这一时期，和先生失却直接的联系。

中华人民共和国成立了，我和先生很早就通电致意，先生很早来京参加新中国组织，在党和毛主席领导下，致力于祖国社会主义建设，并努力推动海外侨胞的团结。先生凡有发言，都忠诚鲠直。这是先生一贯的作风，他的内心总是拥护党、拥护政府。

先生患了顽固的疾病——癌症，由于党和政府对先生的种种关怀，医务工作者积极治疗以及医药方面的种种优越条件，绵延了三年多。我以老朋友资格最后省视，先生慷慨地对我说："我太惭愧了，你我年龄相差不过三四岁，你能跑来跑去为人民服务，我常年在病榻上，真对不起老百姓。"我答："先生贡献太多了，国内国外，那么多的新生力量。中间一部分，还不是先生一手培育起来的吗！新中国的社会主义革命和社会主义建设的光辉成就，都有先生贡献的一份力量在内。"

嘉庚先生长逝了！中华人民共和国成立十多年来，先生所办各类学校，早整个地捐献给国家了，但先生还不断为厦门大学和集美各校建筑许多堂皇壮丽的校舍。

我所认识不少不少资本家，尽管是"民族资本家"，很少像陈嘉庚先生尽其所入归公，一点不留私有。我愿再说一遍：陈嘉庚先生是我几十年间最敬佩的朋友中间的一个。

| 原文载于1961年出版的《陈嘉庚先生纪念册》

纪念爱国老人陈嘉庚先生

蔡廷锴

著名爱国将领、曾任全国政协副主席

蔡廷锴

　　嘉庚先生逝世的消息，我是在八月十二日下午，在北戴河海滨从电台新闻广播里得到的。第二天，我匆匆赶回北京，就去中山公园中山堂吊唁。十五日，我又随着悲恸的人群护送陈老的灵柩到北京车站。几天来，我的心情久久不能平静，和嘉庚先生订交以来的许多往事又一件件回应在我的脑际了。

　　嘉庚先生不愧是一位爱国老人。记得一九三二年初，日本海军陆战队向上海攻击，当时十九路军和上海人民一起对敌人展开淞沪抗战。有一天，我们忽然接到从海外寄来的一笔巨款，汇款人就是陈嘉庚先生。当时，全军听到这个消息，都受到极大的鼓舞。但是，由于蒋介石的出卖，淞沪抗战终于失败了。随后，十九路军被蒋介石迫离上海，调到福建。一九三三年十一月，我们反对蒋介石卖国独裁，联合各方面主张反蒋抗日人士，成立福建人民政府，与工农红军成立抗日反蒋的协定。这时，嘉庚先生又从海外发来电报，对福建人民政府表示同情和支持。

嘉庚先生的爱憎是极其分明的，对于帝国主义及其走狗，他从来不甘屈服，多少年来，一直表现他那坚韧不拔的精神。在抗日战争以及抗战胜利后蒋介石发动反革命内战的时候，嘉庚先生都是团结广大侨胞，积极支持祖国人民爱国反帝的斗争。

一九四〇年，嘉庚先生率领南洋华侨慰劳团回国慰劳抗战将士，我们在重庆相见了。嘉庚先生乘辗转各地慰劳的机会，对蒋介石的反动统治，进行实地调查。回到重庆，有一次他对我说，蒋介石的军政人员贪污腐化，无恶不作，后方人民简直要活不下去了！对蒋介石的积极反共、消极抗日，极表不满。后来，他又访问了陕甘宁边区，到过延安。一回到重庆，盛赞解放区政治清明，士气旺盛，艰苦卓绝，坚持抗日，他兴奋的说："中国共产党和毛主席才是中国的希望和救星。"

抗战胜利，日本帝国主义被打垮了，却又来了美帝国主义。蒋介石依附美帝国主义，发动反人民的内战，疯狂的进攻解放区。嘉庚先生义愤填膺，他曾经对我说过："蒋介石独裁卖国，屠杀人民，人人都可起而诛之！"他并以实际行动支持人民解放战争。

一九四九年，新中国诞生前夕，嘉庚先生欣然回国，参加中国人民政治协商会议。从辛亥革命支持孙中山先生的民主革命那时起，嘉庚先生就向往着有一个不再受帝国主义欺凌压迫、独立富强的祖国，这个四十多年的愿望，如今在中国共产党和毛主席的英明领导下，终于开始实现了，他感到非常兴奋。那时，我们同住在北京饭店，天天见面，相见时就畅谈祖国建设的未来美景，愈谈愈兴奋，往往谈到深夜而忘却了睡眠。

中华人民共和国成立以后，嘉庚先生致力于祖国的社会主义建设和文化教育事业，关心祖国的昌盛繁荣。同全国人民一样，他也感到生逢毛泽东时代是最大的荣幸和骄傲。一九五五年冬天，我曾经去福建视察，那时嘉庚先生正在厦门家乡养病，路过厦门时，我特地到集美镇他家里去看他。他虽然正在病中，但精神仍然很好。那天，他对国家建设谈的很多，谈到全国持续跃进时，他说："突飞猛进，真了不起，真了不起！"连说了几遍。后来，他从厦门回到北京，因病情转重，再进京医治。几个月以前，我又去北京寓所看过他，我们相见的时候，他还是念念不忘祖国建设事业。临别，我请他好好养病。没想到那次的谈心竟成了永诀。

　　陈嘉庚的一生，是一个爱国者的一生，他以自己的言行，为广大侨胞树立了良好的榜样。他对祖国、对人民所作出的贡献，人们是永远不会忘记的。

八月十五日于北京

| 原文载于 1961 年出版的《陈嘉庚先生纪念册》

作者小传

蔡廷锴（1892—1968），字贤初，1892年4月15日出生于广东罗定，毕业于护国第二军陆军讲武堂，早年参加同盟会。曾任孙中山大本营补充团连长、营长，参加孙中山领导的第一次北伐、讨伐桂军沈鸿英及东征讨伐陈炯明等战役。十九路军上将总司令，1968年4月25日逝世。

1932年上海"一·二八"战事爆发后，消息传来，陈嘉庚深为十九路军奋起抗战的英勇行为所感动，积极向华侨筹募巨款，汇往上海，支持蔡廷锴领导的十九路军的抗战。当陈嘉庚将巨款汇到上海时，十九路军全体官兵受到了极大的鼓舞。后来，蔡廷锴将军代表十九路军登报公开鸣谢，表示："敝军将士誓以最后一滴之血，洒在黄浦江头，以副我爱国同胞之期望。"

蔡廷锴凭过人的战功，率领十九路军奋起抗击日军，致使日军侵占上海的阴谋终不能得逞，使得世界上知道在东北不抵抗之后，中国还是有一批能打的热血的军人。后参与领导福建事变，与中华苏维埃共和国临时中央政府和红军签订了《反蒋抗日的初步协定》，1934年1月因内部瓦解而失败。抗日中一度复出，因无兵而没有大的作为。

新中国成立后，任中国人民政治协商会议第四届全国委员会副主席。写此文时任中国国民党革命委员会副主席。

悼念陈嘉庚先生

胡愈之

著名记者、编辑、作家、翻译家

陈嘉庚先生逝世一个月了。

当这个不幸的消息传来的时候，我正在由昆明去椰加达的旅途中。在北京，两个多月前，我曾经到他的病榻前去探望过他。病势是沉重的，但是我暗中祝愿他老人家有一天还能恢复健康，却没有料想到从此竟成永别了。

回想在抗日战争和解放战争那些艰苦的日子里，我和从国内出去的一批文化工作者在南洋工作，和帝国主义及反动派进行错综复杂的斗争，得到陈嘉庚先生的大力协助和支持，直到中国人民解放战争胜利的前夕为止。一九四八年四月，我在新加坡怡和轩辞别了陈嘉庚先生回来，到了解放区。时光过得很快，相隔十三年了，这次我才有机会重新来访南洋，从飞机上眺望，马六甲海峡的波涛依然澎湃汹涌，南洋群岛的风光明媚如昔，却再也见不到爱国老人刚健凛烈的丰姿，真不胜触景伤情之感！

在印度尼西亚和缅甸，接触到的人们，有些是中国侨民，有些是华裔当地公民,一提到陈嘉庚先生,无不肃然起敬。海外各地都举行了空前盛大的追悼会,参加悼唁的人群,包括华侨各阶层和友邦人士。据说,有不少人,由于政治见解的歧异,或地域习惯的不同,在过去曾经顽固地反对陈嘉庚先生,现在自觉自愿的参加追悼和吊唁,单是这一件事,也说明了陈嘉庚先生的生平事业和奋斗历史深入人心,对于海外华侨大团结,起了巨大作用。

陈嘉庚先生去世了。毫无疑问,他将活在人们心头,他将永远活在海外千千万万爱国侨胞的心头。

陈嘉庚先生的一生是和本世纪以来海外华侨为反对帝国主义、殖民主义,争取祖国独立富强而进行长期斗争的历史不可分的。陈嘉庚先生和我们前一辈的许多爱国志士一样,首先参加了孙中山先生领导的旧民主主义革命,经过无数崎岖曲折的道路,才由旧民主主义革命转变过来,拥护中国共产党领导的新民主主义革命,最后回到祖国,参加社会主义革命和建设。陈嘉庚先生所走的道路,也正是海外广大爱国华侨所走的道路。华侨中极大部分由于遭受帝国主义和封建势力的双重剥削,从破产的农村流亡到海外,在殖民地内从事牛马不如的辛勤劳动,因而渴望祖国的独立富强,憎恨帝国主义和封建统治。在早期的反帝国主义斗争与辛亥革命中,华侨曾经作出巨大的贡献。但是由于中国资产阶级本身的软弱性和妥协性,旧民主主义革命遭受挫折,以致失败,在帝国主义和封建主义的双重压迫下,民不聊生,民族危机日益深重,苦难的华侨成为"海外孤儿"。在大革命失败,以蒋介石为首的国民党反动集团背叛革命以后,中国人民面对着两条道路:殖民地化的道路,或者是彻底的民族解放的道路。前者是反革命的道路，后者是革命的道路。在这期间，华侨中间不少先进分子选择了革命道路，少数反动分子走反革命的道路。此外，也有一些人徘徊观望，以至于消极沮丧，对祖国前途丧失了信心。

一九四〇年，陈嘉庚先生率领慰劳视察团，突破国民党的封锁，进入陕甘宁边区，会见了毛主席，从黑暗中看到光明，认识到了共产党和毛主席是中国的救星，党和毛主席所指引的彻底的民族解放的道路，是祖国走向独立富强的惟一康庄大道。从陈嘉庚先生一生的政治生活来说，从海外华侨的爱国运动来说，这是一个重大的转折点。从一九四〇年回到新加坡以后，陈嘉庚先生继续领导南侨筹赈总会，向广大的海外华侨进行宣传号召，坚持抗战，反对投降，坚持进步，反对独裁，坚持团结，反对分裂。在日本投降以后，陈嘉庚先生坚决反对美帝国主义干涉中国内政，反对蒋介石集团"媚外卖国，一夫独裁"，坚决拥护党和毛主席，支持人民解放战争。在这期间，陈嘉庚先生领导海外爱国进步华侨，在困难环境中，对国内外反动派进行不屈不挠的斗争，一九四九年中国人民民主革命的彻底胜利，中华人民共和国的建立和以后十一年间，社会主义革命与建设的突飞猛进，证明了陈嘉庚先生所走的道路是正确的，他一生奋斗的目标也完全达到了。

陈嘉庚先生一生的奋斗历史，反映了爱国华侨的意志和愿望。由于党和毛主席的英明领导，一个独立强盛的社会主义的新中国，屹立于亚洲大陆。陈嘉庚先生以及海内外为国献身的无数先辈，已经完成了他们的志愿。更进一步团结海外华侨，发扬爱国传统，高举三面红旗，为解放台湾，完成祖国的社会主义建设而奋斗；更进一步团结亚非拉丁美洲各国人民，团结全世界人民，为从地球上消灭帝国主义、消灭新老殖民主义而斗争到底，这是我们后死者之责！

| 原文载于1961年出版的《陈嘉庚先生纪念册》

追忆陈嘉庚先生

许德珩

著名爱国人士、政治活动家、教育家

五四运动时期的许德珩

八月十二日的清晨，突然传来陈嘉庚先生病逝的噩耗，使我不胜哀悼。

我和嘉庚先生相识已有四十二年了，记得初次和他见面，还是在一九一九年的十二月。那时，我们一些赴法勤工俭学的学生乘轮船路经新加坡，在新加坡受到了嘉庚先生热烈的欢迎和亲切的接待。当时，我们这些住的是四等客舱的穷学生，是不受人重视的，而嘉庚先生却不同一般的欢迎了我们。在初次会晤中，反映出他对国内大事是十分关心的，对当时的学生爱国运动深表同情，给我留下了深刻的印象。嘉庚先生对我们的欢迎，并不是对我们当中任何人的欢迎，而是出于他的赤诚爱国之心，所以对我们这些勤工俭学的学生给予了如此的鼓励和关怀。我们从这里可以看到他爱祖国的热忱是一贯的。

抗日战争期间，打败日本帝国主义的侵略，早日实现独立、民主、统一和富强的新中国是祖国人民的迫切愿望，也是海外广大侨胞的共同愿望。一九四〇年，嘉庚先生带着广大侨胞这一热烈愿望，回国慰劳抗战将士。他通过亲身的观察，目击蒋介石为首的国民党反动集团贪污腐化、独裁专制、对抗战消极怠工、遇敌人未战即逃、出卖国家利益、破坏民族团结等一系列祸国殃民的罪行，对蒋介石反动集团的狰狞面目有了新的认识。同年六月，他在陕甘宁边区的访问中，清清楚楚的看到了中国共产党和毛主席克服一切困难，坚决领导人民同日本帝国主义进行斗争的伟大卓绝精神，表示衷心的感戴和拥护。他深切的体会到，中国共产党和毛主席领导的人民政府和军队才是真正代表中国人的愿望，处处为人民打算。他在重庆期间，我和他有时晤面，每一次谈及蒋介石的积极反共、消极抗战的反动罪行，他就十分愤慨。他坚定的反帝爱国的正义表现，益发增加了我对他的敬重。

一九四九年六月，新政治协商会议筹备会召开之际，嘉庚先生欣然回国参加会议，随后参加了中央人民政府的工作。近几年来，我由于业务上的关系和他有所接触。在我们谈话中，他总是热情洋溢的叙述祖国各方面建设的辉煌成就。嘉庚先生以自己的亲身体会，日益感受到中国共产党和毛主席领导祖国人民进行伟大的社会主义革命和社会主义建设的无比正确，从而更加激励了他爱祖国、爱家乡的热忱。嘉庚先生对新中国的教育事业不断地获得巨大成绩，也非常兴奋。他这种关心当然和他数十年来热心教育公益事业是分不开的，他深深的懂得，祖国的教育事业，只有在中国共产党和毛主席的英明领导下，才真正得到了史无前例的蓬勃发展。

嘉庚先生生前是一贯维护国家民族利益的，他在坚决反对帝国主义的侵略、反对国民党反动统治、真诚拥护中国共产党和毛主席的领导、拥护社会主义革命和建设事业，以及在促进海外华侨爱国大团结等方面都作出了很大的贡献，给海外广大华侨树立了一个好榜样。现在，嘉庚先生虽然和我们永别了，但是他对祖国的热忱和贡献会被一切爱国的中国人民永远记住的。

| 原文载于1961年出版的《陈嘉庚先生纪念册》

作者小传

许德珩(1890—1990),原名许础,字楚生,江西德化(今江西省九江县)人。著名爱国人士、政治活动家、教育家、学者,九三学社创始人和杰出领导者。早年参加毛泽东发起组织的新民学会,青年时代入同盟会参加辛亥革命。五四运动时是著名学生领袖,起草《五四宣言》。

许德珩早年和毛泽东一起参加过少年中国学会和北大平民教育讲演团。1919年4月30日,巴黎和会对山东问题作出最后裁决,将德国在山东的一切权益让给日本。消息传来,举国激愤。北大学生高声喊出"还我青岛""国家兴亡,匹夫有责!"作为学生领袖的许德珩奋笔写下著名的《五四宣言》。为寻求救国救民的知识,30岁的许德珩于1920年赴法国勤工俭学,毕业于里昂大学,后入巴黎大学,师从居里夫人研究放射性物理学。1927年学成回国后,他先后在中山大学、北京大学等国内高校讲授唯物辩证法,传播社会主义知识。

1948年夏,在北京大学毕业生典礼大会上,胡适校长劝大家要多研究点问题、少谈些主义,要自我奋斗,争取做人上人。紧接着,许德珩也发表了讲话。他对同学们说:"你们走入社会后首先要深入到人民群众中间去,多为人民办实事,做好事。切不可做什么人上人,而应该立志做人中人。"

许德珩的妻子劳君展是居里夫人惟一的中国籍女学生。许德珩的女婿邓稼先是著名核物理学家,中国核武器研制工作的开拓者和奠基者,为中国核武器、原子武器的研发作出了重要贡献。

许德珩与女婿邓稼先及孙辈

悼念陈嘉庚先生

王亚南

著名经济学家、教育家,曾任厦门大学校长

王亚南

　　八月十二日，爱国华侨巨子陈嘉庚先生在首都病逝了。他虽然活到了八十八岁的高龄，虽然已为祖国为人民做了许多有建设意义的事业，但他在弥留前一分钟一秒钟，仍念念不忘他打算努力的计划和工作。

　　凡属和嘉庚先生有过交往的，谁都会对他留下深刻的印象。他是个热爱祖国的人；他是一个识大体，有定见，爱憎分明，言行一致的人；他是一个脚踏实地，不尚空谈，把事业看得比什么都重要的人；此外，大家还都知道，他是勤俭持身，律己甚严的。

　　在抗日战争以前，我和国内外很多人一样，是由他创办集美学校、厦门大学，而知道他是一位爱国的华侨领袖的。此后，在抗战期中，我又听到他因为热爱祖国，从国内各方面的情况，看出什么是爱国救国的力量，什么是卖国祸国的力量，而把他的希望，完全寄托在中国共产党方面；他在言论和实践方面，做了不少有益于人民事业的工作。等到全国解放的新局面出现，他看到他所深恶痛绝的帝国主义势力和买办官僚资产阶级全被打倒了，人民政权确立了，他多年期待的民族独立，民主改革的愿望实现了，他以无比兴奋的心情，积极参加人民政府，积极团结海外华侨。从他的高度爱国主义精神出发，他衷心拥护人民政府对内对外的各项政策。他对于我们的社会主义建设，对于我们纯朴优良的社会风气，对于人民政府各级干部的廉洁勤勉精神，时常津津乐道，赞不绝口。他是一个重视实践的人，对人对事的态度，是做了再说，是观察好了，打算好了，才表示意见。他对于新社会的热爱，是由于他亲身体会到我们新社会从各方面表现了他殷切期待的东西。

全国解放后不久，政府派我到厦门大学工作。嘉庚先生就住在和厦门岛隔海相望的集美。为了协助扩建厦门大学校舍，嘉庚先生经常到厦门大学，我也不时到他居住的集美学村，接触的机会多了，使我更了解他的为人和性格，更多认识他对新社会的热爱心情。当有人担心在逼近敌人前哨阵地修建高楼大厦是否相宜时，他的回答是："敌人一边炸，我们一边建；今天被炸毁了，明天再建造起来。"我从他的这种严肃谈话中，看到他的决心和气魄，同时也不难想到，他对他生活周围的环境的改变，该是多么兴奋啊！就在协助扩建厦门大学并修建新建集美学校的前后，把厦门岛和大陆连接起来的十里长堤的伟大工程，在敌人炮火下，用名符其实的移山填海的力量在兴建着；接下去，在短短三数年内，长达七百余公里的鹰厦铁路，穿越千山万壑，绕过集美，通过长堤，在厦门大学旁边，有了它的终点站台。这变化已经是非同小可的。我有一天问他："你是否感到这些伟大工程做的太快了呢？"他发出从来少见的爆笑声:"人民政府很快实现了我几十年的愿望。"鹰厦铁路通车后不到几年功夫,厦门市的面貌迅速改变了。就在离集美仅及五里路程的杏林地方,一下由聚居几百户的农渔村落,变成了几万人的工业城市;大型的纺织厂,新型的玻璃厂,糖厂,各种化学工厂相继建立起来。嘉庚先生站在他的寓所楼上,亲眼看到这个奇迹似的变化。然而,这变化,不仅在厦门看到,在全国到处可以看到。他每从全国各地视察回到厦门时,我总要听到他的生动描述,表示福建、厦门还要在哪些方面迎头赶上去。

如果说,对于祖国的热爱,对于祖国建设事业的无限关怀,是每个爱国华侨在当代具体历史条件下形成的优良特质,嘉庚先生就因为他亲自参加祖国建设,亲眼看到祖国建设事业的蓬勃发展,而把他的这种优良特质表现得更加突出了。他也许很惋惜他来不及看到祖国更富强的未来,但是他的言论和行动,会在千千万万的侨胞中,留下深刻的印象,树立起光辉的楷范。

| 原文载于1961年出版的《陈嘉庚先生纪念册》

王亚南（1901—1969），又名渔邨，湖北省黄冈人。我国著名经济学家，教育家，《资本论》译者之一，曾任厦门大学校长。

王亚南从小就养成了刻苦学习的好习惯，用他自己的话说：读书早成了自己"生活中不可缺少的一部分"。早在念小学时，他就读书到深夜，有时灯油点完了，自己规定要读的书还没读完，就跑到村里的晒谷坪，借着月光继续读书。念中学时，他更是抓紧时间学习。那时有些学生热衷于游玩或闲谈，王亚南则连看戏也不去，集中精力读书。为了保证不受干扰，他在自己宿舍的座位上贴了这样的字条："来客接谈十分钟，超过时间恕不奉陪！"他始终认真学习，像一名不知疲倦的老农民在知识的田野上勤奋耕耘。1933年，他参加了十九路军发起的福建事变，事败后为了躲避追捕，不得不取道红海去欧洲。船过红海时，碰上了风浪，颠簸得使人无法站立，一个浪头打来，人会被摔出几尺远。王亚南叫来餐厅服务员把他绑在圆柱上，好让自己聚精会神地读书。船上外国人都用惊异的眼光看着这位中国青年，连声说："中国人，了不起！"

王亚南和郭大力用10年心血，克服重重困难，于1938年出版马克思伟大著作《资本论》三大卷全译本，是马克思经济学说在中国系统传播的里程碑。《资本论》是公认的博大精深的巨著，但在此之前我国一直没有完整的全译本。

1950年6月，王亚南被任命为厦门大学校长，任职期间，他同著名数学家陈景润的故事是一段佳话。陈景润本是厦门大学数学系的高材生，可是分到北京某中学时，却不适应数学教师的岗位，工作和生活曾一度陷入困境。王亚南得知这一情况后，设法让陈景润返回母校，让他安心地从事数学研究。后来陈景润科研取得成绩，中国科学院数学研究所要调他去，又得到了王亚南的支持和成全。著名作家徐迟在他的报告文学《哥德巴赫猜想》中，生动地记叙了这件事。

《资本论》

陈嘉庚先生与厦门大学

王亚南

著名经济学家、教育家,曾任厦门大学校长

中华人民共和国成立以来，厦门大学在党和政府的领导下获得了不断的进步和发展。这里有许多雄伟的建筑物、美丽的校园和充裕的教学设备，为教学、科学研究提供了良好的条件。我们全校师生员工能够在这样优越的环境中进行学习和工作，除了感谢党和国家的正确领导之外，不禁缅怀学校创办人陈嘉庚先生辛勤办学的精神和长期以来对厦门大学的支持与关怀。

　　厦门大学创办于一九二一年四月六日。迄今已有四十年的历史。一九一九年陈嘉庚先生从南洋归国，鉴于福建省有一千余万人口，而竟无一所大学，不但高等专门人材缺乏，即中学教师也无处可以培养，乃决心创办厦门大学。这是他在集美办小学、办中学后的又一壮举。创办厦门大学的经费完全由他独自负担，全部开办费共一百万元。而学校经常费三百万元，也由他分十二年支付，每年二十五万元。他认为办教育是百年树人的大计，因此，不仅出钱，而且还认真地考虑决定建校过程中的重大问题，如亲自选择校址，参加校舍设计，身临工地检

1952年，陈嘉庚在厦大建筑部

查，多方奔走物色聘请校长及主要教师等。现在三面环山，一面临海，以郑成功演武场为中心的美丽而又有历史意义的校址，就是由他亲自选定的。在校舍的设计方面，现在的群贤、集美、同安、囊萤、映雪五座大楼采取一字形排列，也是他当时考虑到学校日后的发展，而修改了上海、美国设计师设计的结果。一九二一年春，由于厦门校舍尚未建成，厦门大学先假集美正式开学，设有师范、商学两部，本科四年，预科二年，学生一二〇人。翌年二月，厦门"演武场"校舍落成，才由集美迁回，以后系、科辄有变动。曾设有文、法、教育、理、工等院。招收的学生大部分是本省的，同时也注意了对归国华侨学生的培养。厦门大学是福建省的第一所大学，当时在培养中学师资和造就专门人材方面曾起了相当大的作用。一九三三年前后，由于世界经济危机的影响，陈嘉庚先生在南洋所经营的橡胶、凤梨等事业大受打击，对厦门大学的经济支持发生困难，虽经劝募办学经费，奈所得极微（仅二三十万元），而国民党政府则幸灾乐祸，袖手旁观，但他仍多方设法勉力维持。在他负责学校经费的十六年间从未拖欠校款，凡是学校所需费用总是及时筹措，教、职、工的工资也从未迟发或少发过。这与国民党统治下的其他一些学校时有欠薪、扣款的情况相比，也是难能可贵的。直至一九三七年，他确已无法负担办学所需的大量经费，而又不愿意让学校停办，为了使厦门大学能继续办下去，才忍痛将学校交给国民党政府，改为"国立"。他追忆当时的情形，在《南侨回忆录》中写道："每念竭力兴学，期尽国民天职，不图经济竭蹶，为善不终……"回忆陈嘉庚先生创办厦门大学的历史，他那种热心教育、苦心经营的精神使我们深受感动。

从一九三七年至一九四九年，厦门大学改为"国立"的十几年间，国民党政府对学校的发展毫不关心，反而只注意在学校中加强他们反动统治，建立训导处和军事训练处，发展国民党、三青团及特务组织，欺骗青年参加反动的青年军，镇压学生运动，迫害进步分子。对学校建设更是毫无建树，除了有一些零碎的质量很差的建筑外，所有教室、宿舍主要还是陈嘉庚先生创校时所建的那些。这个时期学校发展很少，师生动荡不定。

一九四九年全国解放后，厦门大学才回到人民的怀抱。十二年来在党和政府的领导下，经过了院系调整，教学改革，深入的进行思想政治战线上的社会主义革命，贯彻执行的教育为无产阶级政治服务，教育与生产劳动相结合的方针，党在学校的全面领导得到了巩固和加强，教学与科学研究的质量有了进一步的提高，现在厦门大学已经发展成为一所新型的、具有特色的综合大学了。

厦门大学的主要任务是培养人文科学和自然科学方面的专门人才，即高等和中等学校师资、科学研究人员及有关事业、企业、国家机关工作人员。并要求培养对象在德育、智育、体育几个方面都得到发展，成为有社会主义觉悟、有文化的劳动者。由于厦门大学的历史地理状况及其长期以来与海外侨胞的密切关系，使厦门大学具有与其他大学不同的特点，因此，一九五六年中央规定了厦门大学"面向东南亚华侨，面向海洋"的发展方向。创办了"南洋研究所"，专门从事南洋华侨历史和现状的研究工作，建立了"华侨函授部"，培养海外华侨函授生，现在"华侨函授部"所收的侨生已遍及东南亚各地，并已向东南亚国家以外发展，现计有函授生一五九四名。现在厦门大学设有中文、外文、历史、经济、数学、物理、化学、生物等八个系，十七个专业。在文、财科各系都开设或准备开设有关东南亚方面的专业和专门化，如东南亚文学、东南亚经济、

东南亚历史等。在理科各系已开设有关海洋方面的专业或专门化，如海洋物理、海洋化学、海洋生物等。历年来许多华侨学生在这里进行学习，有的已经毕业走上工作岗位，学校关注他们的生活习惯、学习基础和思想状况等特点，不断关怀他们进步成长。不少华侨学生学习成绩优良，生产劳动积极，思想进步很快。而华侨学生的热情洋溢、坦率活泼和他们对音乐、体育的爱好，也使学校生活更加活跃。华侨学生和国内同学在共同学习、共同生活中，关系很好，能够做到互相帮助，团结无间。

厦门大学在中华人民共和国成立后，由于党和国家的无限关怀，随着祖国社会主义建设事业的发展，厦门大学也有了很大的进步和发展。现有教师共七百五十二人，学生三千四百六十人（其中华侨学生三百一十二人），除了各系、教研室的教学组织之外，还设有南洋研究所、中国经济问题研究所、中国经济史研究室、海洋研究所、催化电化研究室、亚热带作物生理研究室等研究机构和人类博物馆。现有图书六十四万余册，仪器设备逐年增加。校舍的基建也有长足进

1928年的厦门大学

步。现在全校占地面积达三千亩，建筑面积由中华人民共和国成立初期的二四九八一平方公尺增至目前的一四九八二〇平方公尺，其中有可容五千个座位的大礼堂和可容二千个座位的图书馆。各系均有主楼、实验室、资料室，还有附属工厂和农场、大型的游泳池和宽广的运动场。中华人民共和国成立后，厦门大学飞跃发展的十二年和之前在国民党政府统治下苟延残喘的十二年恰好成为显明的对照。陈嘉庚先生创办厦门大学的整个理想，只有在社会主义国家的关怀下才能实现，并得到了极大的发展。但是我们也必须提出，在中华人民共和国成立后学校的进步和发展中陈嘉庚先生又献出不少的力量。

陈嘉庚先生在回到祖国后仍然十分关心厦门大学的建设和发展，在我和他的过往中，他表示了对厦门大学的期望，他认为厦门大学应该办成为东南亚地区的一所知名的大学，还要多培养华侨学生。他拥护党的教育方针，对国家的教育措施和学校的校务都采取信任的态度。他自己则专心考虑学校的建筑规划，请人绘制图样，并大量投资建筑校舍。从一九五一年到一九五四年，由他经手筹措建筑的达五九〇九五平方公尺。在这些新建筑中有大礼堂、图书馆、生物馆、物理馆、化学馆、教工宿舍、学生宿舍、游泳池、大操场，等等。在施工过程中，他还不辞劳苦，经常亲临工地察看，提出改进建议。

陈嘉庚先生创办厦门大学辛勤筹划，独资维持十六年，为厦门大学今日的发展打下了基础。中华人民共和国成立以后仍不违初衷，又给学校以极大的支持和关怀，他这种真诚办学，以发展祖国教育事业、培养人才为己任，而且持之有恒的精神是值得我们永志不忘的。更值得提起的是，他对厦门大学的建设与发展虽然贡献了不少力量，但从无沽名钓誉之心，在厦门大学现有的大量建筑物中没有一个地方是用他的名字命名，他也不愿意人们在书刊上对他歌功颂德。当抗战期中他曾回国特地到长汀去看看厦大的情况，见各系的办公室命名为"嘉庚堂"，他很不以为然，责怪学校当局未经他同意就这样办，因为他绝不是为求名而办学的。

现在陈嘉庚先生已经逝世，但是他的办学精神却永远印在我们的心里。我们深信，在党和国家的领导下，厦门大学的教学质量必将进一步的提高，厦门大学的特色必将更为鲜明，陈嘉庚先生对厦门大学的期望必将更好的实现并得到更大的发展。让厦门大学在祖国的社会主义和共产主义建设事业中发挥更大的作用吧！

一九六一年十月十六日

| 原文载于1961年出版的《陈嘉庚先生纪念册》

值得钦佩的陈嘉庚先生

张国基

全国侨联主席、著名华侨教育家

张国基

　　陈嘉庚先生和我们永别了，可是他的精神，却活在广大华侨和广大人民的心中。陈嘉庚先生出生华侨工商界，他有爱国的理想，卓越的才能和事业。他一生累积的巨额资金拿出来举办教育公益事业，为社会为国家作出了很大的贡献。想到他生前的事业，使我最钦佩的有下列三点。

　　第一是他自奉俭朴而热心办教育的精神。

　　我认识陈嘉庚先生是在一九二○年。那时，他任新加坡华侨中学的总理（董事长），他的介弟陈敬贤先生任新加坡道南学校总理，我那时适在这两间学校教课，故对陈先生的勤俭治家热心办学就十分了解而敬佩。陈先生少年出国，以经营橡胶园等事业起家，立志兴办教育，但他持身治家仍很朴素。记得他的公子陈厥祥君（这次来京奔丧的）那时在道南小学读书，家住在丹绒加东，距学校约七八公里。厥祥君每日乘电车来回走读，从不用汽车接送。还有陈先生对学校教师不但彬彬有礼，而且十分关怀，常叫我们到丹绒加东他海滨住家去打网球，作海浴，因此我们见到陈先生的住家不是高楼大厦而是一座普通的平房，陈设亦极为简朴。但是陈先生捐资巨万，除在海外赞助华侨教育公益之外，还在他的家乡福建集美办有幼儿园、小学、中学、师范、水产、航海等规模宏大的集美学校，并创办规模雄壮的厦门大学。几十年来，这些学校为国家造就了不少优秀的建设人才。抗日战争时期，厦门大学和集美学校都曾遭日军毁损；日军投降后，先生又回国亲自规划修复和扩建。一九五八年十一月，我到厦门参观了集美和厦大两校，看到它们建筑辉煌宏壮，设备尽善尽美，两校学生万余，一片蓬勃景象，已看不到兵燹痕迹。这时嘉庚先生的健康虽不好，但他每日尚拿着手杖巡视集美一周。先生热爱教育五十年如一日，即此可以概见。这是我最敬佩的第一点。

第二是他的爱乡爱国的精神。

嘉庚先生除一生热心致力于教育事业之外，他的爱乡爱国的精神，也是很突出的。先生早年出国，就亲身受到帝国主义者压迫，回头又看到清朝末年祖国门户大开，许多帝国主义者横行无忌，先生为了挽救祖国危亡，希望建设新的祖国，曾经加入同盟会，赞助孙中山先生革命。尔后革命失败，袁世凯称帝，军阀混战，帝国主义加紧侵略，政治愈弄愈糟，人民生活痛苦，先生痛心疾首，冀图设法挽救。一九二八年，济南惨案发生，先生领导新加坡华侨组织"山东惨案赈济会"，募捐赈济惨案受难者家属。一九三七年，中日战争爆发，先生在新加坡召开南洋各地华侨筹赈会代表大会，成立"南洋华侨筹赈祖国难民总会"，支援祖国抗日战争，先生被选为这个南侨总会主席。一九四零年，先生率领南洋华侨筹赈祖国难民总会慰劳团，回国慰劳抗战将士。一九四一年十二月，日军南侵，不久新加坡沦陷，先生避难印度尼西亚的爪哇玛琅，日军特务虽多方搜捕，但先生为爱国侨胞掩护，安然度过三年又八个月的避难生活。一九四五年八月，日军投降后，先生经雅加达重返新加坡，继续进行爱国工作。上面所举，仅仅是几件比较重大的事。总之，陈先生的爱国精神是很值得敬佩的。

第三是他的明辨是非，有卓越政治认识。

嘉庚先生虽是从事工商业，但他能跟着时代进步，有明辨是非的正义感，有卓越的政治眼光和政治理想。当辛亥资产阶级革命失败之后，接着袁氏称帝，溥仪复辟，军阀混战，帝国主义步步入侵，先生对这一混乱的政治局势，是深恶痛绝的。在大革命时期，曾对某些假革命的反动分子，寄以奢望，及至一九四〇年先生率领南洋华侨筹赈祖国难民总会慰劳团回国慰劳抗日将士之时，他亲眼看到蒋介石反动集团的贪污腐化，专制独裁，蒋介石直系军队消极抗战，积极反共反人民，于是他认清了蒋介石反动集团的狰狞面貌，知道它不可救药。后来嘉庚先生访问延安，看到中国共产党和毛主席克服一切困难，坚持领导人民对日本帝国主义进行抗战的伟大精神，表示真诚的拥护和爱戴。先生离开延安以后，即在国内外据实报告延安政治清明情况，唤醒不少海外侨胞，认清了祖国政治道路的正确方向。及至日本帝国主义投降后，蒋介石反动集团发动全面内战，先生就严辞电斥蒋介石罪恶"较石敬瑭，秦桧，吴三桂，汪精卫诸贼有过之而无不及"。一九四九年解放战争取得决定性的胜利之后，嘉庚先生即回国参加中国人民政治协商会议，被选为中华人民共和国中央人民政府委员，在党和毛主席英明领导下，致力于祖国社会主义建设，并努力推动海外侨胞的爱国大团结。先生的明辨是非，认清形势，这种政治见解是卓越的。这是我敬佩的第三点。

嘉庚先生和我们永别了，我们应继承嘉庚先生反对帝国主义，反对国民党反动统治，真诚拥护中国共产党和毛主席的领导，拥护社会主义革命、社会主义建设事业，拥护总路线、大跃进、人民公社三面红旗，推动海外华侨爱国大团结的遗志，以完成嘉庚先生的理想和事业。安息吧，陈嘉庚先生！

| 原文载于1961年出版的《陈嘉庚先生纪念册》

作者小传

张国基（1894—1992），字颐生，湖南省益阳县（今资阳区）人，曾任全国侨联主席，著名华侨教育家。

张国基与毛泽东同窗五载，期间加入毛泽东发起的新民学会，1919年五四运动时，他是湖南省学生联合会副主席。1920年，前往新加坡道南学校教书。

1927年，受毛泽东邀请，到武汉中央农民运动讲习所任教。不久，他投笔从戎，参加著名的八一南昌起义，并担任中央独立第一师师长。起义失败后，1929年再度出洋任教。

在南洋从事教育工作时，他通过撰写介绍毛泽东为国奋斗事迹的文章，向学生传播爱国思想，以增强学生的爱国意识。他大义凛然，与殖民主义者的奴化教育进行了针锋相对的斗争。

1958年回国，历任北京文史馆馆长、全国侨联主席、全国侨联名誉主席等职。

张国基身居高位，但保持着勤俭节约、艰苦奋斗的优良传统。1984年，张国基当选为第三届全国侨联主席后，还住在北京一套面积30平方米的小公寓房里。侨联按规定给他配了一套大房子，他说啥都不搬家。侨联的同志劝他："您老海外学生多，他们回来看您，房子小了不方便。"张国基回答："学生回来是看我这个人，不是看我的房子。"无奈之下，他们请当时国务院侨办负责人叶飞和廖晖动员张国基搬家。叶飞亲自到张老家做工作，张国基说："华侨领袖陈嘉庚到延安访问时，看见毛泽东住在窑洞里，就非常敬佩共产党的清廉。我们现在住的，比延安窑洞强多了。北京许多归侨、侨眷住房还很困难，等他们住房困难都解决了，再解决我的房子吧。"张国基在此一住就是23年。

陈嘉庚先生办学精神永垂不朽

陈村牧

著名教育家、集美学校校长

陈嘉庚与陈村牧合影

　　爱国老人陈嘉庚先生和我们永别了。

　　陈老先生是一位杰出的华侨企业家，是一位不畏困难百折不挠的教育事业家，是一位明辨大是大非、坚持正确方向、跟着时代不断前进的政治活动家。他经常自谓"对于教育是个门外汉"，而实际上他创办了一系列的规模宏大的学校，造就了大量的革命和建设人才，对祖国的教育文化事业，有了光辉的建树。他又经常自谓"不懂政治"，而实际上他具有锐利的政治眼光和坚定的政治立场，因而能够在反帝、反蒋、反封建和在社会主义革命和建设等一系列的革命运动中，作出一定的贡献，并在广大的华侨群众中起了广泛而深刻的积极影响。他所以能够在各种事业中取得如此巨大成就的因素，是他有强烈的爱国主义思想，有疾恶如仇的正义感，有坚韧不拔的奋斗精神，而尤重要的是有正确的政治主张——拥护共产党，坚决走社会主义道路。他的一生，是光辉的一生，是不断奋斗的一生。

陈老先生毕生致力于教育文化事业，为海内外所共知。他虽然逝世了，但他的不畏困难、百折不挠的办学精神则弥增灿烂，永垂不朽。他在集美、在厦门、在闽南各地，在新加坡先后创办、支持和赞助了许多学校，培育了数以万计的人才。在集美，他以个人力量，从一九一三年起，陆续创办的各级各类的学校：初等学校有男女小学和幼儿园；中等学校有师范（分旧制师范、普师、幼师和乡村师范）、中学、水产、航海、商业和农林等学校；高等学校有国学专门和水产商船专科学校；另外，还有图书馆、科学馆、体育馆、医院、农林试验场和教育推广部（以上这些学校和机构，统称集美学校）。其规模之宏大，设备之完善，在中华人民共和国成立前确为国内外所罕见。在厦门，他于一九二一年创立厦门大学，设文、理、法、商、

陈村牧

教育五个学院。对厦门大学，他原来希望海外殷富侨商共同捐资赞助，使之逐步扩大，但结果，还是他独力支持了十七年。中华人民共和国成立后，他又在厦门倡办了华侨博物院，也具有相当规模。在闽南各地，他通过集美学校的教育推广部，从一九二四年到一九三二年，倡办和补助了两所中学和七十多所小学。这些受他补助的小学，都是当时比较完善的学校，确在当地起了一定的模范作用。在新加坡，他先后倡办了道南小学、南洋华侨中学和南侨师范等学校，还先后办了《南洋商报》和《南侨日报》。以上这些学校特别是集美学校和厦门大学的学生，在民主革命和社会主义革命时期，对祖国、对家乡、对南洋华侨社会，都有一定的贡献。他们之中，有不少人为了抗日救国、反美、反蒋、反封建，牺牲了热血和头颅，为了社会主义革命和建设不断地付出了辛勤的劳动；大多数人在本省和在南洋各地从事文化教育事业，对传播祖国文化有显著的贡献；

还有不少人从事经济建设事业，特别是在水产航海方面有了突出的表现。陈老先生不但以自己的力量创办和赞助了许多学校，而且以他的伟大号召和办学精神，直接间接地鼓励了不少华侨，在他们各自的家乡创办了无数的学校、医院，使华侨兴办文教事业，蔚成风气。一些规模较大的学校如国光中学和小学、荷山中学和小学，以及同民医院、国专医院等，都是直接受了陈老先生的鼓励和影响而建立起来的。

陈老先生办学，纯出于他的爱国心的指使。他的办学过程，并非一帆风顺，而是历经很多困难，费尽无数心血的。在他办学初期，他为觅地建设校舍，延聘校长教师，遭到很多困难。所以他常说："得钱难，用钱更难。"在他办学的中、后期（指中华人民共和国成立前），他为筹划经费，殚思竭力，百折不挠；苦心经营，数十年如一日。早在清朝末年，他感到祖国贫穷落后，即蓄意在家乡兴办学校，所以在一九一三年就回国创办集美小学。当时他所遭到的主要困难，是师资缺乏，延聘校长教师不易（当时全省只有一所师范学堂；同安全县的师范生只有数人）。他深知小学师资缺乏是当时闽南各地以至全省的普遍现象，认为要解决这个困难，必须设立师范学校，大量培育小教师资。因而下定决心，要积极扩展企业，为创办师范学校和其他中等学校筹足必要的经费和基金。这个愿望在一九一八年三月间实现了（集美师范中学开办于一九一八年，水产、商业开办于一九二〇年）。但是，当时师范中学的校长以及绝大多数的教师，都要从外省聘来，师资问题比前更加严重。因此，陈老先生又立了创办大学（包括教育科）以解决中等学校师资问题的宏愿。刚好这时他的企业发展顺利，盈利有所增加，所以从一九一九年他就着手筹办厦门大学，于一九二一年四月开幕。厦大创办的头几年，他的企业续有发展，获利较前大增，他认为这是迅速发展学校的难得机会，所以经常函促厦大、集美两校负责人加速基建和设备，扩大规模，大量增收学生。他曾经说："钱由我辛苦得来，亦当由我慷慨捐去。"又说："钱未到手，就先准备把它用掉。"即系指此。所以在这几年中，两校的基建、设备和师生人数都有很大的发展。但从一九二九年，陈老先生的企业即开始走下坡路，维持厦大和集美的经费日见困难。一些亲友劝他停办学校或缩小学校规模，他坚持不可。一九三二年，当他的企业已至极度困难时，外国某垄断集团要把他的企业作为附属公司而加以"照顾"，但提出以停止维持厦集两校为条件。他断然拒绝，说："宁使企业收盘，绝不停办学校。"他为支持教育文化事业所表现的坚韧精神，由此可见一斑。之后，他的企业因失败而收盘，他迫不得已把厦大移交给当时的政府接办（一九三七年），仍多方筹措经费，维持集美各校的原有规模。抗战期间，集美校舍遭日寇机炮轰炸，毁塌大半。集美各校在多方困难中，分别迁移安溪、南安、大田等地继续上课，从未曾停顿。抗战胜利后，各校迁回集美，这时校舍疮痍满目，破碎不堪，陈老先生又为筹款修复校舍，煞费苦心。当时学校负责人要接受美国"救济物资"修复部分校舍，驰函向他请示，他立即复电严词拒绝。其立场坚定，丝毫不苟，令人肃然起敬。中华人民共和国成立后，在人民政府支持帮助下，集美学校的经费问题已经不复存在。他回国长期住在学校，经常检查学校工作，关心师生生活，为学校进一步扩展，筹划基金、校舍和设备。并亲自主持集美和厦大的校舍扩建工程，以七八十岁的高龄，每天持杖步行数华里，巡视各处工地，非暴风疾雨未尝一日间歇。这样高度的事业心和责任感，实在难能可贵。

当陈老先生创办小学时，同安全县仅有师范生数人，创办师范中学和水产航海时，几乎全部教师都要从外省聘来。当时闽南各地师资之缺乏，可以想见。但当他于一九四零年率领南洋华侨筹赈总会回国慰劳视察团回国时，他所栽培的学生，包括大学毕业生和各种专门人才，已经遍布本省各地和全国各主要城市，即远如西北延安亦有不少校友参加革命工作，这使他感到很大的安慰。中华人民共和国成立后，在党的领导和支持下，厦大、集美的规模迅速扩大，学生大量增加，教育质量不断提高。十一年来，集美校舍面积比中华人民共和国成立前增加三倍左右，学生人数比中华人民共和国成立前人数最多的一九三二年亦增加了三倍以上。所以这几年来，陈老先生得到更大的安慰和鼓舞。现在陈老先生逝世了，今后随着形势的发展，陈老先生所遗下的教育事业，将会更加巩固提高，发扬光大，是毫无疑义的。

| 原文载于1961年出版的《陈嘉庚先生纪念册》

陈村牧（1907—1996），字子欣，出生于福建金门县后浦镇。集美中学毕业后，进入厦大预科，1931年毕业于厦大文学院史学系。曾应聘到集美中学任教，后接任集美中学校长，任职三年，成绩斐然。

1936年底，应聘为马来西亚麻坡中华中学校长，自厦启程准备就任，于1937年1月途经新加坡时，即被陈嘉庚劝留，聘任为集美学校校董。从此，陈村牧与集美学校师生风雨同舟，患难与共，结下了深情厚谊。

1937年10月，金门失陷前后，陈村牧为了师生的安全，经请示陈嘉庚同意，先后将集美师范、中学、水产航海、商业、农林各校迁入安溪。同年11月间，陈村牧接陈嘉庚从新加坡来信，指出："国难日亟，希激励员生，抱定牺牲苦干精神，努力抗敌救国工作，是所至望。"这使陈村牧主持校务和动员师生宣传抗日，有了更明确的方向。1938年5月，日军登陆厦门岛后，陈村牧又紧急组织集美小学迁入石兜上课。

内迁之后，困难重重，他本着陈嘉庚"毕生以诚信勤俭办教育公益，为社会服务"的教诲，着手精简机构，紧缩经费，将集美各校合并，成立联合中学并亲任校长。为了节约开支，度过抗战困难时期，他带头减薪七成。因此，当时学校许多教师薪金高于校长。他以身作则，与学校师生同甘共苦、克服困难的所作所为，为师生所赞扬。

陈村牧在集美学校任教并担任领导工作达60年之久，为集美学校作出了不可磨灭的贡献。著名侨领李尚大曾说："如果没有黄丹季先生，可能就没有陈嘉庚的后半生；如果没有陈村牧先生，就没有集美学校的延续。"

陈村牧和同事在安溪合影

悼念陈嘉庚先生

庄明理

著名侨领、全国侨联副主席

全国人大华侨界代表庄希泉（左）、陈嘉庚（中）、庄明理在中南海

　　陈嘉庚先生热爱祖国、热心文化教育的事迹，大公无私、忠厚耿直的品德，爱憎分明、疾恶如仇的精神，早已为国内外公正人士所承认。自从他逝世的噩耗传出后，国内外许多报刊都纷纷登载他的生平事迹，对他的为人表示景仰，对他的逝世表示哀悼。北京、厦门、福州、广州、上海、南宁等城市和全国各地的归国华侨及新加坡、印尼、缅甸等地的华人团体与港九各界都为他举行了追悼会，可见他的精神感人之深。

　　嘉庚先生出身华侨工商业者，平素自称不懂政治。但是，在他的一生中，数十年如一日地关心祖国的安危，并作出了不少的贡献。他所做的几件事，充分地表现了他具有高度的政治责任感和敏锐的政治眼光。例如辛亥革命前，嘉庚先生就在新加坡参加孙中山先生领导的革命同盟会，并在经济上支持革命运动。抗战期间，当国民党投降派阴谋降敌时，嘉庚先生即挺身而出，斥责国民党副总裁汪精卫卖国求荣，并向重庆"国民参政会"提出"敌人未退出我国以前，公务员谈和平便是汉奸国贼"的提案。当嘉庚先生发现中国共产党和毛主席是中国人民的救星时，就到处赞扬延安的政治制度，指出中华民族的光明前途。在中国人民赶走日本帝国主义之后，美帝国主义者妄想沦中国为其附庸，嘉庚先生即致电美国总统及参众两院，严重抗议美帝干涉中国内政，并揭露其侵略中国的野心。当蒋介石公开投靠美帝，出卖国家民族利益时，嘉庚先生毅然高举反对蒋介石做伪总统，反对伪宪法和否认伪政府签订卖国条约的大旗。当中国人民在中国共产党领导下击败了蒋介石卖国集团，赶走了一切帝国主义在中国的势力，嘉庚先生就欣然回国，并在人民政府成立之后，参加了人民政府的工作。十多年来，他积极拥护党和政府各个时期的方针政策，积极参加祖国的社会主义建设。这一切爱国家爱民族的表现，都在政治上起过了有

陈嘉庚与各界人士在回国船上

利于民族民主革命和社会主义革命的作用。而这种坚持真理的精神，是一切爱国的政治活动家所需要的。

嘉庚先生的政治责任感在不同时期有着各种不同的表现。早在清末，嘉庚先生看到家乡儿童失学的严重情况就非常注意，他常这样说："当时政治腐败，国弱民贫，教育颓废，不可言状，乡村十余岁之儿童，因失学而结队成群，裸体游戏，那种情形，近则败坏风俗，远则贻误民族前途。每念及此，乃默许自己如力之能及，当以竭力兴学，以尽国民天职。"辛亥革命后，嘉庚先生即行其志，先后创办了集美各学校、厦门大学以及在新加坡倡办华侨中学等文教事业。嘉庚先生这种竭力兴学的精神，在国内外起了很大的作用，并受到"倾家兴学"的称誉。

嘉庚先生竭力兴学的精神五十年如一日，一直到他临终的时候，还一再交代集美学校的一些工作。中华人民共和国成立后他对发展厦门大学、集美各校的工作都尽了最大的努力，并且为亲自看到这些学校在国家的关怀和支持下突飞猛进而感到高兴。

嘉庚先生"能爱人，能恶人"，大义所在，力争到底，不屈不挠，这是众所周知的事。但嘉庚先生这种优良的品德，却有一定的发展过程。

嘉庚先生曾经拥护过蒋介石的"国民政府"。当南京"国民政府"成立时，嘉庚先生就亲自写了一张"拥护南京政府为首要目的"的标语悬挂于其创办的新加坡《南洋商报》办公处。一九三六年蒋介石五十岁时，南京国民党政府发动购机寿蒋，嘉庚先生也在马来亚组织"马来亚华侨购机寿蒋会"并担任主席，领导华侨捐献十三架飞机给蒋介石政府。当时有人认为蒋

集美学校图书馆

介石不是好人、蒋介石政府不是好政府,不必为他祝寿。但嘉庚先生却认为:"购机寿蒋是名,献机救国是实。"可见嘉庚先生当时拥护南京政府和蒋介石的目的也是为了救国的。

　　嘉庚先生在新加坡期间,虽然也从少数报纸上看到关于蒋介石政府贪污腐化的消息,但嘉庚先生平素对于没有亲眼看见的事情,尽管别人说的怎样好或者怎样坏,他都不会轻信。直到一九四〇年他亲自率领"南洋各属华侨回国慰劳团"回国考察,才使他有机会亲眼看见蒋介石政府的腐败情形,于是他开始对蒋介石政府失去信心并表示不满,因而对中国前途深感忧虑。当时他不胜感慨地说:"那些国民党中央要员都是身居国家要职,但都假公行私,贪污舞弊,生活奢华。那些人都是四五十岁,既不能做好事,又不会早死,他们最少还要尸位二三十年。中国的救星不知在哪里,即使出世了,或者还在学校读书，恐怕还需三几十年后才能出来担当国家大事，国家前途深可忧虑，但现在又不能说。"这块压在嘉庚先生心头的大石一直到他访问延安之后才放下来。

当他从访问延安回到成都时，我才发觉他对国家的前途的看法已经变了，他不是悲观了，而是乐观了。他以十分愉快的心情对我们介绍访问延安的情况："我未往延安时，对中国前途甚为悲观，以为中国的救星尚未出世，或还在学校读书。其实此人已经四五十岁了，而且已做了很多大事了，此人现在正在延安，他就是毛主席……"

由此可见，嘉庚先生热爱真理，忠于真理，对国家大事具有高度的热忱。当他尚未发现共产党是中国的救星的时候，他曾经把希望寄托于一个标榜继承中山先生革命事业的"国民政府"，他拥护这个"政府"纯粹是出于爱国的忠诚，当他发现蒋介石口是心非的时候，他就不顾一切加以谴责。共产党的励精图治的事实使他对中国前途产生信心，从此，他朝着共产党所指的正确方向勇往直前，迈着大步，没有停止前进。

嘉庚先生由延安回到重庆之后，重庆"国民外交协会"请他去报告西北观感。他在这次报告中有力地揭穿了国民党整个宣传机构十多年来的欺骗、造谣的伎俩，重重的掌击了蒋介石的嘴巴（当蒋介石知道嘉庚先生想去延安之时曾对嘉庚先生大骂共产党）。由于这一次报告说出了延安地区的真实情况，就不仅能够帮助海外华侨正确的认识中国共产党，而且也使当时的抗战大后方同胞得到鼓舞，端正视听。这次报告在当时的重庆《新华日报》全篇发表之后，轰动了"陪都"各界人士，而蒋介石尤感恐慌！报告发表的第二天，国民党企图利用嘉庚先生的数十年之交侯西反先生来劝告他转变态度，当时侯先生对他说："嘉庚兄，你是华侨领袖，你昨日讲的话，未免使人认为有替共产党宣传之嫌……"嘉庚先生听后，严肃地对侯先生说："西反兄，你也与我同到延安，当然知道我所说的是否事实。我所说的话有哪一句失实，你可指出来。我是凭良心与人格照实报告的。无论到何处，我都要说老实话，不能指鹿为马。贵党人不愿听，我也要讲。你也是国民党党员之一，如果说我的报告有利于共产党，那就希望贵党也能实行良好政治，兴利除弊，勿让共产党专美，是乃国家民族的大幸。"嘉庚先生这种耿直忠厚、大义凛然的精神，使我深受感动。

嘉庚先生公开称赞中共的事引起了蒋介石集团的不满，蒋曾决定派国民党中央常委王泉笙及海外部郑善政以"陪伴"嘉庚先生视察为名，暗中加以监视。嘉庚先生立即写信给蒋介石

陈嘉庚与中国歌舞剧社演员合影

谓：“……余一向讲话乃据所见所闻的事实，凭余良心与人格，决不能指鹿为马，亦不会受人包围蒙蔽，请免派人来监视……"蒋介石不得不收回成命，但他并不甘心，反而变本加厉。他一面命何应钦出名，发电报给各省说陈嘉庚被共产党包围，令各省军政官员注意嘉庚先生言论，勿使为共产党宣传；一面电令驻新加坡"总领事"高凌百向新加坡政府活动不准陈嘉庚先生回新加坡；还派"海外部长"吴铁城往南洋各地破坏华侨团结，借以打击陈嘉庚先生的威信。但是嘉庚先生对他们此种卑鄙阴谋，置之度外，他仍然本着大无畏的精神，报道祖国各方面的真实情况。

当我们到上饶时，浙赣铁路玉山铁路局员工派代表来欢迎嘉庚先生去玉山向该局数百名铁路职工报告华侨情况及回国观感。嘉庚先生在这个欢迎会上谈到如何拯救中国。他讲了一个浅显的比喻，听者无不大受感动。

他说："……我对政治是门外汉。我在南洋经营橡胶园有相当经验，对于如何管好橡胶园知之较详。橡胶园最忌的是恶草与白蚁，恶草会把胶树缠死，白蚁会把胶树蛀倒。所以胶园的工人要时时刻刻铲除这两种害物，不让其蔓延繁殖。我想国家有了贪官污吏，无异胶园生了恶草与白蚁。当此国难严重关头，我们如果发现有贪污枉法、假公行私的官员，必须及早加以清除。一人力量不够，必须团结全国人民的力量，群起而诛，始免危害国家民族。"嘉庚先生这个比喻，无情的揭发了蒋介石集团的本质，有力的反映了广大爱国人民和华侨的要求。

嘉庚先生一生做事，始终认真负责，绝不中途而废。在抗战最困难的时候，祖国各重要口岸相继沦敌，而西南大后方的对外交通线也只剩一条绵亘于崇山峻岭中的滇缅公路。嘉庚先生在这时候认识到支援该路的交通运输的重要意义，就号召华侨机工回国服务。在他的号召下，先后回国的机工共达三千二百余人，他们都是技术熟练的司机和修理汽车的工人（简称机工）。他们为了救国，离开了温暖的家庭，有的放弃了优厚的收入，怀着共赴国难的壮志，万里迢迢，投效祖国。不料他们回国后受到国民党官僚的歧视，生活和工作都发生了困难。嘉庚先生听到这个消息之后，寝食难安。他立即派人到滇缅公路沿线视察，发觉所传属实，来打电报给重庆国民党"军事委员会"和昆明"西南运输处"，建议在滇缅公路沿线分为六、七段，设立停车站，修建停车棚、机工宿舍、食堂及医院等。所需一切费用，由南侨总会负责。但是，嘉庚先生的建议没有被接纳，仅在几个月以后才得到一封给他"嘉奖"的电报。嘉庚先生感到很痛心，因为提出上述建议并不是为了沽名钓誉，而是为了解决实际问题，他想不到腐败政府竟如此糊涂。嘉庚先生气愤之余，还连续发了好几次电报去质问重庆"国民政府"和昆明"西南运输处"，结果仍如石沉大海。

抗战胜利后，华侨机工纷纷要求复员返回新加坡、马来亚与亲人团聚，但蒋介石政府却别有用心的不让他们回去。嘉庚先生为此十分愤怒。他于一九四六年六月间在吉隆坡召开一次"支援华侨机工复员大会"。这次大会选出了以陈嘉庚先生为首的五位代表去向当时蒋介石政府驻新加坡"总领事"伍伯胜提出严重质问，要求国民党政府必须立即将那些要求复员的华侨机工送回南洋。

嘉庚先生当时义正词严的告诉了伍伯胜："华侨机工是为

1937年厦大私立改国立，萨本栋校长（前排左三）与林文庆校长（前排左四）等在移交仪式上合影

了抗日救国回去的，抗战既已结束，机工就该复员。华侨反对内战，华侨机工决不能参加内战，必须让他们复员回来。"

嘉庚先生在蒋介石不可一世的时候，不屈于威武，不淫于富贵，不仅拒绝加入国民党，拒绝担任蒋介石政府的官职（嘉庚先生到重庆后，蒋介石曾不止一次设法拉拢他加入国民党及担任"国民政府"要职），并且到处揭发蒋介石政府的腐败内幕和赞扬延安共产党的政策和它的优良政治，这种大无畏精神是令人钦敬的。

中华人民共和国成立后，我陪同嘉庚先生做了三次全国性的旅行考察，最后一次是在一九五五年。当时他已是八十二岁高龄的老人家，但他看到祖国百业繁兴，一切建设都在蓬勃发展着，他感到年轻了。他还和我约定于五年后（一九六零年）再做第四次全国性的旅行。不幸因他在一九五八年初就患了不治之疾，以致没有能够实现这个约定的旅行计划。

　　这位爱国老人对旅行的兴趣那么浓厚，是有原因的。上面已经说过，凡是他没有亲眼看见的事情，无论你说的怎样好或怎样坏，他都不会轻信。"众好之，必察焉；众恶之，必察焉。"嘉庚先生是抱着这种认真不苟的态度来对待一切事物的，这就是他不辞劳苦，喜欢旅行全国各地的原因。

　　一九四九年，新中国成立初期，我陪同嘉庚先生到鞍钢参观时，觉得鞍钢当时虽然有一座二号高炉已修复，勉强可以生产，但全厂情况却是残破不全，据说一些能搬动的机器和其他东西，已被国民党反动派搬走，有些搬不走的也被加以破坏，正待修复。一九五五年我们再到鞍钢时，全厂已经焕然一新，规模也比以前扩大了几倍，大型轧钢车间、无缝钢管及其他各种新产品、新式设备都应有尽有。原被国民党反动派盗卖的机器也有一部分找回来了，新、老技术人员都生气勃勃、意气昂扬、热情积极、努力生产。这种新兴气象，实在令人鼓舞。嘉庚先生看见这些新气象，高兴的说："钢铁是国家工业化的基础。过去腐败政府统治时，连一根小小的针都要靠外国进口，现在我们在短短几年期间，就建成这样大规模的钢铁基地！有了这样基地，我们就更有信心能把我们的国家建成为一个具有现代化的工业强国了。"同年秋后我们到兰州时，看见那一条一条宽大坚实的柏油马路，一座一座的大中型工厂、新建的学校和民房以及其他新建设，几乎使嘉庚先生认不出这里就是兰州了。新的兰州的景象勾起了嘉庚先生对旧的兰州的回忆。他说："我一九四九年到兰州时，当地人士用这两句话来形容兰州的市容：'有雨三尺泥，无风满街尘。'而今天的兰州已经成为现代化城市了。"当我们到贵州省时，嘉庚先生在视察中也发现有很多使他高兴的事情。他说："抗战时，我也来过贵州省两次，人家形容这个省的穷，都说：'地无三里平，人无三分银。'当时我也觉得这个省山高地少，人民衣衫很褴褛，地方也没有什么建设，的确是一个穷省。但是，现在（一九五五年）贵黔铁路即将贯穿省垣（贵阳），川黔铁路也在动工兴建中，山区的矿藏正在开发，农田水利也在大量兴修，人民的衣着已不像从前那样褴褛难看，从人人都有喜颜悦色的笑容看来，他们的生活一定是安乐的。我想这个从前被人视为多山的穷省也在逐步改变了，过去的落后面貌已在逐渐消失，而同其他各省一样，正在蓬蓬勃勃地朝着现代化的方向前进呢。"

嘉庚先生在新中国成立后所到过的地方，都亲自考察访问，他看见了许多新建设、新事物，曾经几次对我说："一九四〇年我们所到过的许多地方（是国民党政府管区），看见那种腐败的情况和衰退的景象，我的内心感到很忧虑。新中国成立后我们每次所到的地方，所看见的各方面的情况，都一次比一次进步，新气象、新建设多到不胜枚举。像这样的情况，的确是使人感到愈看愈欢喜……"嘉庚先生这些话，到今天还常常在我的耳朵里响着。不幸的是：他永远不能再做这种使他愉快的旅行考察了！作为一个曾经屡次陪同他一道旅行的后辈，一回忆起他的声音笑貌，就不禁潸然泪下。

嘉庚先生的一生是爱国的一生，一直到他晚年也没有停止过对国家的关心，甚至到他病危之时还在天天要探询报纸的消息。他听到了某些地区发生风灾、旱灾或水灾，他就忧形于色；他听到了灾区人民战胜了灾害，恢复了生产，他就非常兴奋。

他对于人民公社的巩固和发展,对于社会主义建设的辉煌成绩无不表示欢乐。他在晚年的时候,经常流露出作为现代的中国人的自豪感,他常常说:"我们很荣幸生活在毛主席的时代,毛主席领导我们从一个受尽帝国主义侵略和掠夺的贫弱国家摆脱出来,并且建立了独立、自由、民主的社会主义强国。"只有一件事是使嘉庚先生感到遗憾的,那就是他没有能够亲眼看到台湾解放。他在临终之前,叫我和他的公子国怀、孙儿联辉及叶祖彬先生等到他床前交代遗嘱,在遗嘱里强调"我们应尽早解放台湾,台湾必须归中国"。

嘉庚先生一生经历了戊戌维新、辛亥革命、新民主革命、社会主义革命和社会主义建设等时代,这是有史以来,中国国内外情势变化最多最大的时代。出生于华侨工商业者而又自谦不懂政治的嘉庚先生,在这个时代里作出了各种各样的贡献,而在临终之前还以"最紧要的是国家前途"这句话来教导我们后辈,这就更加使我深受感动。

嘉庚先生是一位一贯忠心耿耿、越老越坚强的爱国者,是一代完人。他的大公无私的精神将永远为人们所怀念、所学习、所崇敬。他的逝世是我们华侨的损失,也是国家的损失。我们纪念陈嘉庚先生,要好好学习陈嘉庚先生的这种精神,在各个岗位上对国家作出贡献。

| 原文载于1961年出版的《陈嘉庚先生纪念册》

作者小传

庄明理（1909—1991），华侨领袖、侨务工作者，又名庄汉光。福建泉州市人。1925年出国，在马来西亚槟城、印尼苏门答腊等地经商。1928年5月济南惨案发生后，投身华侨抗日活动，任苏门答腊民礼华侨筹赈济南惨案救济会、民礼华侨爱国抵制日货锄奸团的募捐委员、副团长等职。1929年被荷兰殖民当局拘捕并驱逐出境。1930年再度出国，在槟城从事华侨爱国活动，热心兴办侨校、侨报，担任侨团领导。"九一八事变"后，参加筹组槟城华侨筹赈东北难民、伤兵委员会，任募捐委员。

1933年，庄明理在新加坡首次见到了陈嘉庚，并自告奋勇担任《南洋商报》在马来西亚的代理人，从此两人建立了密切的联系和友谊。

"七七事变"后，全国掀起抗日怒潮，南洋各地华侨纷纷成立筹赈会。庄明理协助陈嘉庚组织南侨机工回国服务，他在槟城成立汽车司机工会，选派五百多名华侨机工回国参战。此外，他还为一些华侨青年奔赴延安提供帮助。1940年2月，庄明理被英殖民当局驱逐出境。回国后，他受陈嘉庚委托视察滇缅公路，而后加入陈嘉庚率领的南侨慰劳团，陪同陈嘉庚视察了闽、赣、粤、桂、黔、滇等8省，并任南侨总会驻滇缅公路代表。

1949年6月，受中共中央邀请，他随陈嘉庚回国参加新政协筹备会，9月出席第一届中国人民政治协商会议，还参加了开国大典。

庄明理在百忙之中撰写了大量回忆录，如《忆毛主席同陈嘉庚的交往》《南侨报国觅知音》《陈嘉庚回国慰问前线》《陈嘉庚与南侨机工》《陈嘉庚的遗言》等。

悼陈嘉庚先生

张楚琨

中国历史学会会长、中国新闻社创办人之一

张楚琨

嘉庚先生，您和我们永别了！我以沉痛的心情，凝视着您的遗像，从那耿耿的目光，紧闭的嘴，庄严而坚毅的形象里，想到您奋斗的一生，光辉的一生！

当您还未认识蒋介石的反动面目时，对他抱着幻想，目击他的祸国殃民的事实之后，您判他为较之石敬瑭、秦桧、吴三桂、汪精卫等贼有过之而无不及的大卖国贼，号召华侨起来和他进行不调和的斗争，直到临终，一点也不饶他，要求早日解放台湾，让台湾回到祖国的怀抱。

二十一年前，您排除国民党反动统治的百般阻挠，访问了延安。您看到了陕甘宁边区的真相，会见了英明伟大的领袖毛主席，判明了谁在领导抗战谁在破坏抗战，第一次对祖国前途有了信心。您常常说："我对祖国前途一向很悲观，看到毛主席之后，我变了，我突然望见了光明：救中国的不是别人，正是共产党！"辨明了这个大是大非，您向社会上宣布了真实，从重庆到新加坡，任何污蔑、破坏、威胁，都不能阻止您的正义之声。您坚韧不拔的组织华侨，拥护团结抗战，反对独裁，反对内战，为新中国奋斗！您感戴中国共产党和毛主席的热诚与日俱增。您在回国以后愉快的致力于社会主义建设事业，衷心拥护土地改革、镇压反革命和私营工商业社会主义改造，把广大华侨团结在祖国的周围，为了社会主义建设的伟大成就欢呼！您临终时表示没有任何遗憾，意思很明白，您所热爱的祖国已经在您所拥护的党的领导下站起来！您有了一个几十年来梦寐以求的强大祖国！

作为一个中国人，您的骨头很硬。在漫长的生命道上，不屈服于威武，不向困难低头，不会陪笑脸、三鞠躬，不知妥协为何物。蒋贼介石起初捧您，后来打击您，甚至派吴铁城勾结英帝国主义企图驱逐您出境，不但不能动摇您的意志，反而使您的斗争更坚决。太平洋战争爆发，日本帝国主义打到新加坡，您宁冒死逃亡爪哇，而不愿回重庆以苟活。您在沦陷时期无畏的写《南侨回忆录》，不是不知道危险有多大，但您早下牺牲的决心，您说：“中国人不怕死。”人们还会追忆更早的事，一九三二年，外国垄断资本妄图把您的企业作为附庸公司而加以"照顾"，附带条件是，停止支持厦门大学和集美学校，然而，您断然回答道："不！企业可收盘，学校决不能停办！"您就这样干了，在义与利的抉择上，您表现出可贵的气节。

嘉庚先生，我认识您二十年了，您的"国尔忘家，公尔忘私"的精神，留给我深刻的印象。抗战时期，您主持筹赈工作，日夜辛劳，住在怡和轩，一年难得回家一两次。新中国成立后，只身回到祖国，卜居集美，为发展教育事业努力。您把全部资产都交给学校，您的说法是"不为子孙作马牛"！您为莘莘学子盖了高楼大厦，自己却住在老屋里，人们只要瞧一瞧那个小屋的陈设：古老的床，古老的办公桌，古老的多补绽的蚊帐，古老的七拼八凑的凳子群……便知道您怎样厌恶奢侈，以朴素为乐！

您多么渴望活下去啊！您要看美帝国主义垮台，世界和平，您要看祖国成为具有现代工业、现代农业、现代科学文化的社会主义强国，您要看自己关于集美学校和集美镇的十年计划付诸实现；您要看厦门成为与东南亚、非洲、拉丁美洲往来的港口。您热爱生活，渴望多干些，多干些！癌病折磨您的肉体，不能夺掉您的意志！依靠党和国家的关怀以及医务工作者的治疗，您同癌病斗争三年多。在长期病痛中，您照样给国家机关写信反映意见，照样指挥集美学校的扩建工程，规划集美学校的发展，癌稍有控制，便赶回集美工地指挥，直到复发时候才不得不上京就医。我不能忘记，在六月二十二日，您脑溢血的前夕，我从厦门来京，谈起集美端午节龙舟比赛盛况和集美新发电机顺利发电的消息，您多么高兴！您常常说："人活着为了工作，一息尚存就要干下去！"您正是这样！

嘉庚先生，尊敬的爱国主义者，您的光辉事迹将永远活在广大华侨心里，永远鼓舞着华侨爱国大团结！

原文载于1961年出版的《陈嘉庚先生纪念册》

作者小传

张楚琨（1912—2000），曾用名楚青、张云、伯衡，福建泉州人。早年侨居新加坡，后在上海中国公学大学部就读法律。1931年，参加上海反帝大同盟，积极投身抗日救亡运动。1932年毕业后，先后在上海泉漳中学、泉州培英女子中学任教。1937年再赴新加坡。

张楚琨与陈嘉庚交往，是全面抗战爆发以后，当时陈嘉庚已经被选为星华筹赈会主席。当年12月，施方平、张楚琨等组织抵制日货、制裁奸商的民族解放先锋队（简称民先），张楚琨担任宣传部长，他曾把民先活动透露给陈嘉庚，陈嘉庚同情民先的工作，并曾预言英殖民政权会对民先采取法律行动。

1938年，张楚琨送了一本埃德加·斯诺的《西行漫记》中文译本（上海1938年2月出版）给陈嘉庚，并介绍道："国共摩擦很厉害，大家想弄清谁是谁非，这是美国记者访问陕北的亲历记，看来报道还客观，仅供参考。"陈嘉庚对此书很感兴趣，这也可能是陈嘉庚对延安向往的开始，《西行漫记》为陈嘉庚1940年延安之行做了思想上的准备。

1940年，陈嘉庚以南侨筹赈总会主席身份回国慰劳，在1940年3月抵达重庆。张楚琨刚从前线采访回来，马上到嘉陵招待所问候陈嘉庚。陈嘉庚异常关心前方与后方的情况，张楚琨做了一个汇报。他说："前方吃紧，后方紧吃，重庆哪家酒店不客满？达官贵人花天酒地，谁想到战士浴血苦战？"

张楚琨的汇报以及陈嘉庚本人在重庆的经历，动摇了陈嘉庚对国民党政权的信赖，导致日后陈嘉庚与国民政府的决裂。

1940年，陈嘉庚创办的《南洋商报》正

《张楚琨诗文选》

在物色一个总编辑，而胡愈之于1941年1月1日的走马上任，也和张楚琨有关系。原来，周恩来指派胡愈之到南洋从事文化工作，是通过张楚琨推荐给《南洋商报》的总经理傅无闷的。胡愈之通过张楚琨与李铁民为翻译，常常到怡和轩与陈嘉庚讨论国事及社会问题。陈嘉庚曾在30年代胡愈之主编的《东方杂志》投过稿，对胡愈之的文笔才华大为赞赏。1941年底，陈嘉庚组织了星华抗敌动员总会，胡愈之当选为该会宣传部主任，和陈嘉庚关系非常密切，战后胡愈之出任《南侨日报》总编辑，和陈嘉庚建立了更为深厚的友谊。

在日本南进占领星岛之前，张楚琨是星华文化界的一个活跃分子。星岛沦陷后，张楚琨与胡愈之、沈滋九、邵宗汉等为了躲避日军搜捕，在苏岛的巴雅公务创办了赵豫记酒厂，郁达夫是该厂的老板，张楚琨当了厂经理及酿酒师。

战后张楚琨重返报界，帮陈嘉庚创办《南侨日报》，胡愈之担任主笔，张楚琨担任经理。张楚琨和高云览两人先后认股9万元，支持《南侨日报》办报，《南侨日报》在胡愈之、张楚琨等的领导下，成为星马华族左翼人士的论坛与喉舌，为中国的民主、和平、独立的政治运动作出了贡献。最难能可贵的是，这批报界人士能够在殖民统治下的困难环境里继续战斗，直到1950年9月21日该报被封禁为止。

1949年，张楚琨回国参加第一届全国政协会议，担任中华人民共和国政务院情报总署专员。作为中国新闻社的创办人之一，担任中国新闻社首任副社长兼副总编辑，兼任新华通讯社华侨广播编辑部副主任。1955年，到福建前线转任厦门市副市长，并协助陈嘉庚创办华侨博物院。后返回北京参与主持国家侨务工作以及全国政协的活动。

忆陈嘉庚

曹聚仁

著名作家、学者、爱国人士

曹聚仁

我知道陈嘉庚先生的事迹，该是三十年前的事了。那时，我在暨南大学任职，中学部学生来自海外，每说到这位事业家的掌故。后来，他的橡胶企业虽因国际市场的大变动而失败了，可是他在华侨中的声望，与日俱增。他最热心于教育文化事业，集美和厦门大学，正是他用全部心力在栽培的。"暨南"和"厦门"，可以说是姊妹大学，而从厦门分植在上海的大夏大学，我也教过书，生友之中，也常常谈到陈老的爱乡心理。

其后十年，我才在衡阳旅次碰到了陈老，替他做秘书的某君（偶忘其名），也是暨南老同学。那时，已是抗战中期，陈老到过延安，看过华北敌后的英勇战绩。陈老对国内虽不十分了了，但坚决主张抗战到底这一观点，对于低调分子是头痛的。他相信八路军确确实实在苦斗，也和林语堂之流的说法完全不同。他只是热心的爱国分子，敢于坦白这么说。我这个在战地工作的新闻记者，知道得当然比他多；但，我不曾看到过像他这样无视权力，有什么说什么的人（我和陈老的谈话是很辛苦的，我说了一番话，某君用闽南话翻译了，陈老说了一番话，某君也用国语翻译了，因此，我们谈了两小时，实在只是一小时，我们两人就用那余闲来你看看我，我看看你。我看出了这位老人是很倔强的人）。他到了上饶，就在酒席上发话了，那时期，全国战场，东南三战区乃是松懈的一角，他总觉得前线士兵那么艰苦，我们在后方不应该这么过度享受的。旧官场最善于敷衍，他们就把这位老人哄着过去就是了，外间就有陈老不容易侍候之说。

经过了上饶，回到了福建，那是陈老的家乡了。陈老是典型的华侨，华侨都是在海外赤手空拳打天下的好汉，他们一生勤勤劳劳，永远有着叶落归根的乡土观念。他们的爱国主义是从乡土观念出发的。陈老见其大者远者，但他还是着眼在厦门、在闽南，由斯而扩大开去，而福建而中国，正如他的遗嘱身后要埋葬在集美的。这一来，他从重庆，而桂林、衡阳，而上饶、福州，一肚子不合时宜的积郁，到了闽南便完全倾泻出来了。他老实不客气，指摘陈仪（福建省主席）种种措施的不当，而且电陈重庆要撤换陈主席的职。刚巧陈公洽（仪）是十分倔强的，于是两位姓陈的老人斗起来了。对于他们二老的是非，我是比较偏向陈公洽这一边的，因为陈老只从乡土出发，而公洽是不能不照顾到战时的全局的。就在陈老回程经过赣州时，我们又碰面了。那回谈得很久，陈老对赣南的行政效率以及经济建设，十分赞许。我对他说，因为你不是赣南人，所以你就说得客观一点。一部分赣南人，对于新赣南建设，也和陈老对福建省政一样攻击得体无完肤的。

到了一九五六年，我到北京去做旅行考察，《南洋商报》

当局希望我先访问陈老，因为海外人士关心陈老的健康。恰巧陈老从上海回到北京，我们又有了一回长谈，由庄明理先生居间译述。这番长谈，照说可以写四五千字的通讯，结果只写了一千多字。社方问我：为什么写得这么简短？我说："陈老的性格，你们还不明白吗？"陈老的看法说法不一定对，但，他一腔热忱，由爱乡而爱国，这一份热情是真挚的。到了晚年，集美和厦门大学乃是他的宠儿，他怡然安居于厦门集美村中，虽说金门近在咫尺，但他相信解放台湾只是时日问题。有一华侨领袖问我："台湾方面能不能反攻大陆？"我说："你看，凭什么陈老要在集美养老呢？"

陈老的生活非常俭朴，有一回，他请客，只是几盘炒粉，几盘炒面，一大碗青菜豆腐汤。这都是知稼穑之艰难的合理享受。有一回，我在李光前先生处吃午饭，主客七人，也就是这么几盘炒粉，几盘炒面，几碗青菜汤。这一种风气，使子弟们检点生活，俭以养廉，值得我们仿效的。

陈老的病情，五年前已经证明是毒瘤，割治了好几回，国家关怀这位老人，集中了专家替他医治，到了一九五八年秋天，已入重危境界（我最后看见陈老，便是那一回）。居然拖延到最近，可见新中国的医学技术，的确进步了。

原文载于《听涛室人物谭》一书

作者小传

曹聚仁（1900—1972），字挺岫，笔名陈思、丁舟、袁大朗、彭现清、天龙、赵天一等，浙江浦江人。我国现代著名作家、学者、记者和杰出的爱国人士。曹聚仁晚年奔走于北京和台湾之间，为祖国的统一作出了重要贡献。

1950年秋，曹聚仁孑然一身到了香港，出任《星岛日报》主笔。但不久他就遭到了香港右派报纸的围攻，一时处境困难，再加上该报转向右倾，曹聚仁便脱离该报，被陈嘉庚创办的《南洋商报》聘为主笔，但是由于新加坡当局视他为"左倾"分子，宣布他为"不受欢迎的人"，他只得滞留在香港从事写作，担任了《南洋商报》驻香港特约记者。

1956年7月，曹聚仁看到陈嘉庚亲自到西郊机场接客，而且由于飞机晚点，陈嘉庚在机场等了两个多小时，这是让人意想不到的。而所接的客人竟然是"名不见经传"的黄丹季。陈嘉庚一贯反对无谓应酬，也不赞成繁文缛节，很少到机场接人，所以他在机场出现就成了曹聚仁眼中的新闻，其实，黄丹季曾在印尼爪哇冒死保护陈嘉庚，是陈嘉庚的救命恩人。陈嘉庚在《南侨回忆录》中用大量的篇幅记载了黄丹季的事迹。

陈嘉庚去世后，在香港的曹聚仁怀着悲痛心情写下了一副挽联：

万里棺归，魂归闽潮待浑一；

百年计定，心依集美知河清。

《听涛室人物谭》

卓越的建筑家——陈嘉庚先生

陈从周

著名园林学家、散文家

张大千与陈从周

人们说起厦门，总要提到陈嘉庚先生，歌颂陈嘉庚先生，因为他对家乡对祖国对侨胞作出了卓越的贡献，他是永远活在人们的心坎中。老实说我对陈先生的认识，还是远在五十多年前当小学生时穿的那双陈嘉庚跑鞋呢！开始知道是一位了不起的爱国华侨，后来他的公司倒闭了，我们从此没再穿上这亲切的跑鞋，为他的破产感到难过。后来又从地理风光图片中看到厦门风光，那地方性很强烈的建筑，便是集美与厦门大学的景色，多迷人的海岸，多醒目的建筑群，一望而知是厦门。因为从事了建筑这行业，本能地对这些建筑有着好感，自动去分析它，有意地去欣赏它，它可以说是具有厦门地方性的陈嘉庚风格建筑。在近代建筑历史上有其不可磨灭的地位，今后要列为文物来保护它。

作为一位杰出的爱国主义者陈嘉庚先生，在他的思想与艺术境界里是乡与国，因此在他所策划与创造的事业中，无一不体现了他的主导思想。他亲自设计，指导施工，不辞翻工，务使精益求精，在厦门大学与集美的建筑上，真是乡情国恩跃然于建筑物之上，不是只知造房子而没有深入推敲的人。我在海面遥望着厦门大学，多伟大啊，多可爱啊！陈老先生你不是建筑师，你做出了比建筑师更杰出的作品，它是通过建筑手法表现了厦门民族气魄的标志，使每一个人见了油然产生出敬仰与自傲的情绪。可惜不理解陈先生的建筑家在厦大门前造了某机关，而集美呢，又建了不与原来建筑调和的水产学院，这些令人惆怅叹惜。厦大的整体上又插上了与陈老先生的总体设想不符合的建筑。这两座陈氏建筑风格被破坏了，亦可说厦门建筑风格受损了。如果陈嘉庚老先生活着，见此情况，想来必然持杖蹲地，大呼我要告恩来兄了（陈老先生称周总理为恩来兄）。

作为继承先人遗志者，应该理解前人的思想，发扬它，思想是精神文明，建筑是物质文明又是精神文明。陈老先生的建筑设计并不是没有人指责是复古的，浪费的，他认为在建筑上花点钱是应该的，它是有深远的历史意义与爱国意义的。即使今日在物质条件上有所不足，不能建造陈氏风格，然而我们也不能破坏陈氏风格乱造乱建，起反面的作用呢。

我不是厦门人，我热爱厦门，我钦佩敬仰陈嘉庚老先生。我是一个建筑史研究者，我呼吁：对他的建筑风格与建筑思想有开展研究的必要，尤其要肯定他在我国建筑史与文化史上的卓越贡献。"创业维艰，守成不易"，厦门人不要等闲视之啊！

一九八三年六月

| 原文载于 1985 年出版的《春苔集》

作者小传

陈从周（1918—2000），名郁文，字从周，祖籍浙江绍兴，是我国著名的古建筑和园林专家。

陈从周和徐志摩还有一层鲜为人知的关系，徐志摩的大伯蓉初有个女儿，嫁给陈从周的二哥当媳妇。由于从周父母故世得早，这位二嫂对幼小的叔子十分照应，所以陈从周对二嫂的恩情始终铭怀于心。

1949年，陈从周出版了他编订的《徐志摩年谱》。由于是亲戚的缘故，陈从周掌握了大量原始资料，并辑有《志摩日记》《志摩杂记》《志摩随笔》和《志摩家书》，而《徐志摩年谱》则是集大成的资料汇辑。

陈子善对此也有高度评价："陈从周编撰的《徐志摩年谱》是第一部以单行本形式面世的较为完整意义的中国新文学作家年谱，不仅对徐志摩研究具有重要价值，更在中国现代作家年谱编撰史上开了先河，功不可没。"

陈从周在《徐志摩年谱》中写道："我编这本书的动机就是单凭感情所起的作用，觉得现在再不给志摩写出来，往后恐怕更难了。"陈从周早年拜张大千为师，是大风堂入室弟子，深得大风堂绘画精髓。曾任上海大风堂书画研究会会长，是一位典型的中国传统式文人画家。他的书画强调神韵意境，讲究笔墨情趣，看似逸笔草草，随意挥洒，却意境深邃，韵永味长，充满着浓厚的书卷气息。

陈从周著有《苏州园林》《扬州园林》《绍兴石桥》《中国名园》《中国民居》《中国厅堂》《园林丛谈》《说园》等古建筑园林专著和论文。出版有《书带集》《春苔集》《帘青集》《随宜集》《山湖处》等文学著作。

《春苔集》

追寻陈嘉庚回国劳军杂忆

梁披云

著名诗人、书法家、教育家、社会活动家

梁披云

今年为爱国华侨领袖陈嘉庚先生百又十岁诞辰，忝列集美门墙，获亲謦欬，又曾追随杖履，回国劳军，面聆目见，感受特深，既不能自己于怀，于是略陈数事，借留永念。

陈嘉庚先生为着了解祖国战时的实况，慰劳抗敌的军民，一九四〇年春发起组织南洋华侨回国慰劳视察团，各属代表凡五十人。菲、港、越、暹等处代表分别先到昆明等候，其余三十余人于三月六日由星洲乘轮启程，抵仰光后，循西南公路前往集合。全团于四月十四日从昆明赴重庆。经嘉庚先生与政府商妥，分三路出发：第一团往四川、山西、河南、湖北、安徽等省，团长潘国渠；第二团往湖南、江西、浙江、福建、广东、广西等省，团长陈忠赣；第三团往甘肃、青海、宁夏、绥远、山西、陕西、河南、四川，团长陈肇基。第一、二团同往成都，过广元后分途而行。第一团往南郑、宝鸡、西安、洛阳、南阳而老河口。以日寇西犯，安徽路断，遂折往陕南转至成都。第二团依原定路线进行无阻。第三团行程独远，西北而外又往返郑州、西安，八月间始各自南还。

当代表们在星洲集会时，嘉庚先生再三告诫，以此行任务非应酬游历可比，务须勤慎俭约，毋大言不惭。星洲欢送会上，更引论孔子深赞蘧伯玉使者为其主人逊谢的故事，以谦逊两字作为赠言，要我们带回祖国，谨守勿失。他说，祖国抗战为有史以来最严重之大事，海外华侨虽源源捐献，但所输仍微，以华侨财力雄厚，即多出十倍二十倍亦不为过。是责任未尽成绩有限，诸代表尤当引以为憾，万不可夸张自满。全团在重庆分组出发前，嘉庚先生又再明告诸代表，要节约、谦逊、耐苦、任劳，毋开空头支票，毋作无谓应酬。他以父兄师友的态度对我们讲话，深切恳挚，"望之也严，即之也温"，至今忆及耳提面命，犹令人肃然起敬。

南侨总会酝酿组织时，嘉庚先生曾先召集星马各属代表在星洲开会征求意见，雪兰莪首席代表李孝式发言表示反对，林珠光声明雪兰莪社团会议决定，赞成组织统一领导机构，李氏所言纯系个人意见。时林珠光任吉隆坡尊孔中学校长，李氏回去后，乘多数等校董外出，便纠集附己的一撮开会决定解除林珠光的职务，改认郑心融（郑介民族亲）代理校长，以为报复。尊孔同仁深为愤慨，遂由林连玉、李家耀、陈君冷、刘成鹏、王探和我倡议，得到洪进聪、黄重吉、叶养骞、刘治国等热心人士的赞同，就文良港中学学校，增办中学，原有学小学编为附属部门，中华中学成立，尊孔学生大部分前来转学，为了团结工作的需要，林连玉、刘成鹏仍留尊孔任教。中华中学推我当校长，李家耀任秘书，陈君冷主教导，林珠光管财政，男女同学为星马首创，有郭寿镇、郑伯林分担男女斋务。当时文化界抗敌后援会的骨干大都在中华中学，救亡工作颇为活跃，英荷各属华侨青年闻风而至，盛极一时，高中生数目超过初中，因此引起提学司和政治部的疑忌和窥伺。李孝式辈相与媒孽勾结，终于吊销我和林珠光、陈君冷的教师执照；同时勒令校董会负责人要求我们三人声称自动辞职，不得向学生宣布被迫离校真相，否则中学不准立案。正当新学期开始师生齐集礼堂的时刻，我们三人却只好悄悄的登上郊外黑风洞的高处，望北国而舒啸也。正当南侨回国慰劳团发起组织的时刻，我和林珠光意外地得到嘉庚先生的关怀，遂以特殊的身份参加慰劳的队伍。出发前我几度寄宿怡和轩的二楼，嘉庚先生一再要我搬上三楼，他说二楼有人打牌消遣，比较嘈杂，三楼清净而且有书籍可供阅读，于汝更方便。他是那样的慈祥和易，对我这曾被集美开除过的顽劣学生也加垂青，不以为忤，公谊私情，令人没齿难忘。

  回国慰劳团组织既成，嘉庚先生初并无意亲自率领，只因驻新总领事高凌百要求代他领队回国以便利钻营私图，既遭峻拒，难免恼羞成怒，横肆诬陷中伤，为防慰劳团遭受暗算，决计亲自北归，并邀约副主席同行，以资维护。于是先偕秘书李铁民乘邮轮经槟城赴仰光，追副主席庄西言赶到后，于三月二十六日早同乘飞机，经腊戍昆明，中途稍停，午后四时抵重庆。各界热烈欢迎，居停于嘉陵宾馆，闻政府机关拟拨巨款以供招待，势必铺张浪费，远客初归对此深感不安，特登报声明，谓慰劳团一切费用已充分自备，望政府及民众实践节约，切勿消耗物力，且当抗战困难时期，尤望极力减少无谓应酬，以免延误工作。苦口婆心，意诚而言直，当局虽颇觉逆耳，亦不能不有所迁就，一股歪风因而小戢，难怪冯玉祥将军单身造访表示赞赏。

陈先生逗留重庆期间，谒访宴集，讲谈商讨，几无虚日。迨慰劳团到齐，政府各界正式欢宴，他致词答谢，洋洋洒洒，动辄千言，莫非殷殷致意于团结救亡，有心人无不肃容倾听，引起共鸣。各团既分路出发，庄西言又因急事飞港转返荷印，嘉庚先生和李铁民、侯西反等于五月五日飞成都，十四日又自成都飞兰州，转赴青海，然后折返兰州。闻第一团已抵西安，又匆匆乘车赶来相会。不久陈先生一行便冲破重重阻障，毅然决然奔向延安。在那里他看到了从东北升起的太阳，看到了新中国的前景，也看到了世界的未来和人类的希望。

离开延安，经宜川转山西，然后从经西安往河南、湖北，由老河口经南郑转成都。时第一团已先一日到达，别后重晤亲如手足，快慰之情溢于言表。乃邀约同游峨眉，至是第一团宣告结束，游罢经渝回洋，只有庄明理、林珠光和我，或因早被迫令出境，或因英使馆拒绝签证，均欲归未得。嘉庚先生一行在峨眉避暑经月。返重庆后续往滇、黔、桂、湘、粤、赣、浙、闽等省慰劳，最后复经西南公路，亲自视察交通情况，慰问回国服务司机，探访翻车伤重卧病慰劳团员，不辞风尘仆仆，以尽其责。其精神与气魄，其情感与理智，真是一代正气，亦一代完人！

嘉庚先生率团回国慰劳，是他"前半生兴学，后半生纾难"的转折点，也是他爱乡爱国的新里程碑。在回国前，他不偏不倚，一心一意拥护中央精诚团结，坚持抗战。对跳跃在海外的党棍政客虽极鄙视，对蒋介石却极其尊崇，例如有人反对陈仪，他便加以指斥，认为陈是蒋信任的人，反陈即反蒋，反蒋即破坏抗战。他所关切的是抗日的最后胜利，因之感性上觉得拥护抗战的统帅实为天经地义。但当局的消极抗战和人民的悲惨生活以及官吏的贪污腐化，海外也日有所闻，嘉庚先生也不无疑虑，但他却希望所传非真。及抵重庆，党政大员不必说了，连蒋介石也痛骂共产党，誓不共戴天，而文恬武嬉，官肥民瘠，丝毫没有抗战的气氛，到处都是目不忍睹、耳不忍闻的惨象，这便使他恍然大悟，原来一塌糊涂。他心情特别沉重，镇日不露笑容，访问延安的意念转而更加坚决。他说不能亲自前往访察，据实作出报告，将何以答侨胞的付托。他最气愤的是蒋介石在成都无可奈何答应他去延安，但要他勿受共产党的欺骗。嘉庚先生说，他简直把我当三岁小孩子。到了延安，所见所闻与重庆一对照，大大地出乎意料。国民党军政大员所说的更是无中生有，鬼话连篇。呈现在他眼前的是领袖和群众的艰苦朴素，真诚亲切，民生的安定，政治的清明。他衷心折服，无限欣慰。他在峨眉山上精神焕发，胸襟开朗，并简单明了，干净利落地对我们说，中国有了救星，胜利有了保证，大家要更加努力。正是如此，嘉庚先生回到星洲之后，他便把他亲身所见所闻一一依照事实向广大的侨胞做出详细的报告，更进而挺身冲破反动派的重重围攻，揭穿他们的真面目，跳出在商言商的框框，以大无畏的精神，走向群众，积极致力宣传、组织、教育、训练的工作，把救亡运动向前推进一步，在华侨爱国爱乡的历史上留下深远的影响。饮水思源，谁也忘不了嘉庚先生。景仰高风亮节，更念念不忘"开来继往"，加强爱国大团结，为祖国的繁荣昌盛贡献力量。

| 原文载于《回忆陈嘉庚》，文史资料出版社1984年10月出版

梁披云（1907—2010），学名梁龙光，又名梁雪予，福建泉州人，著名诗人、国学大师、书法家、教育家、社会活动家。

1921年，就读集美中学，开始向厦门《民钟报》投稿。1922年，参加集美中学第二次学潮。1924年，他以第一名成绩考取上海大学文学系，受业于右任、瞿秋白等，深受影响。1925年，他积极参加上海爆发的五卅运动而被捕。后留学日本，入读于东京早稻田大学。学成归国后曾任国立海疆学校校长，并先后创办黎明高中、泉州黎明职业大学。由于多年来心系乡梓，在海峡两岸以及华侨界享有极高的声誉，也被誉为"陈嘉庚第二"。

梁披云就读于上海大学期间，曾是辛亥革命先驱于右任的入室弟子，并深得于右任书法之精髓，最终自成一家。于右任不仅对年轻的梁披云言传身授，期许很高，还应梁披云之邀为泉州黎明高级中学（黎明职业大学前身）题写校名，梁披云担任黎明高中第一任校长时才21岁。

梁披云身居海外时，北望神州，响应校主陈嘉庚的号召，参加南洋华侨回国慰劳团，远渡重洋回到祖国，奔赴多个省份慰问抗日将士，跋涉于秦蜀后方、豫鄂前线，不畏道路之艰、锋镝之险，为民族解放不辞劳苦，奔走呼号，鼓舞士气，表现出海外游子同仇敌忾的报国情怀。1941年，他在马来西亚柔佛州被蒋帮特务逮捕，经陈嘉庚出面交涉始得释放。

作为游子，他心系桑梓，其赤诚之心，从1943年的《长汀晓发》诗中可窥一斑：

晓起驱车云雾窟，千山落木寒侵骨。
霜枫犹作醉颜红，独向天边呼日出。

梁披云书法作品

在陈嘉庚先生墓前的沉思

张锲

中国作家协会原名誉副主席,中国文联原副主席

张锲

　　海风猎猎，海浪滔滔。陈先生！我，一个从少年时代就景仰您、爱戴您、矢志追寻您的足迹的人，到闽海之滨这块生您养您的土地，到您生前为之倾注了大量心血的厦门大学和集美学校，到您安息的墓地鳌园，拜谒您来了。

　　陈先生！三十五年前，我曾经有幸以同等学力的身份被录取为厦门大学中文系的学生。然而，由于历史上种种难以尽说的原因，我却一直没能来注册报到。直到昨天，当厦门大学郑学檬代校长把荣誉校友证书当众颁发给我的时候，我才正式列名在您的学生的行列里。我为此感到无限的激动、幸福和光荣。尽管，我得到这些，已经整整晚了三十五年！

　　岁月多情，岁月无情。昔日翩翩少年，如今的我，已是一个而发萧疏、而腹便便、而齿牙动摇的人了。但，青春的热血尚未冷却，一颗渴望报效祖国的心还在胸腔里激烈地跳动。此刻，我正伫立在您的墓前，任海风吹拂着我的乱发，撕扯着我的衣襟；听海浪时而大声呼喊，时而呢喃细语。我仿佛看到您正在默默地注视着我，谛听着我的倾诉，准备和我促膝交谈。

陈先生！您以一个普通的渔村之子，甫及弱冠，便离乡背井，远走南洋，茹苦含辛，随父学习经商，历尽艰难，才使事业有所成。原可以做一富豪客居异地，建华屋、购良田、蓄婢仆，锦衣玉食，终此一生。但您却轻金钱，重义务，立志兴学救国，热心公益事业，将辛苦得来之大量财富，慷慨捐出，甚至倾家荡产亦在所不辞，呕心沥血，在国内和南洋兴办了以集美学校和厦门大学为代表的几十所大、中、小学。您处处以国家民族的利益为重，对自己则百般苛求，艰苦俭朴，无声色玉帛之娱，无高楼华厦之奉，月零用仅及二元，每日晚餐不过一碗饭、一碗粥、一块腐乳。直到您即将仙去之日，又留下遗嘱：将存在银行的数百万元，全部捐献给国家，一分钱也没有留给子孙。这些天来，我漫步在厦门大学的校园之中，踯躅在集美学校的林荫道上，环视那一幢幢高大巍峨的建筑，听厦大和集美师生争相讲述您的高风亮节，几乎无时无刻不沉浸在对您的崇敬的氛围里。我从您的身上，真正认识到人生的真谛在于奉献，看到了千千万万爱国侨胞那一颗颗鲜红透亮的赤子之心！

在福建，在厦门，在我的一些华侨朋友中间，到处都可以听到有人说起"嘉庚遗风"。"嘉庚遗风"是什么？简而言之，即"大公"与"至诚"，即"爱国爱乡，诚信果毅"。陈先生，由您亲自制定的集美学校校训"诚毅"二字，至今仍珍藏在众多校友们的心里。我高兴地看到：在一本介绍您的生平事迹和影响的书里，记叙了一批白发苍苍的老校友在菲律宾同声高唱集美校歌的动人情景。一个个严冬的夜晚，我们一伙人踩着"咯咯"作响的冰冻，弯腰走进北京火车站旁一位画家那两间狭窄得难以转身的小屋里，听他意态从容、妙语连珠地同我们谈艺术，谈人生，谈对祖国的感情，谈祖国的过去、现在和未来。当时我就曾想过：是什么力量，使得这位看来相当瘦弱的艺术家，有着那么多的豪情、那么大的勇气、那么坚忍的信念呢？现在，我终于明白了：这其中，也有您的一份功劳，是您从他的少年时代起，就把"爱国爱乡，诚信果毅"的思想，注入他的血液之中。

陈先生！半个多世纪以来，由您所亲手培育或领受到您的恩泽的莘莘学子，何止万千。如今，他们虽然天涯海角，人各一方，但无论他们走到哪里，一颗心仍然留在祖国，留在桑梓，留在您的身边。在北京，我刚刚参加过一九九〇年度"庄重文文学奖"颁奖典礼。您还记得么，陈先生！庄重文先生就是集美航海学校最早的学生之一，以后当选为集美学校校友会的永远名誉会长。一九二七年，他在集美读书时，曾和几名学生代表一起乘小汽船把鲁迅由厦门大学接到集美做过演说，从此他便和文学结下了不解之缘。由他出资设立的这项以奖掖中青年作家为主旨的文学奖，已连续进行了三年，在海内外产生了广泛的影响。此外，他还在福建设立了"中小学优秀校长奖"和在厦门大学设立了以他父亲名字命名的"庄采芳奖学金"。他现在已是年届八十的老翁了，仍然时刻关注着国内的建设，在天津、上海以及广东等地投资兴建了一批工厂，并以其所得资助内地的教育和文化事业。我这次离开北京的前夜，他还特地从新加坡打来电话，嘱咐我到厦门后一定要到您的墓前，为他奉上一炷心香，捎上几句誓言。他说："我是一个基督教徒，也是陈嘉庚老校主的信徒。我天天祈祷上帝保佑我的祖国快些富强，并且叮咛自己，要永远记住老校主的话：人生在世，不要只为个人的生活打算，而要为国家民族奋斗。我在国内做的那几件事，我活着，要继续做下去；我死了，也要我的儿子小庄他们接着做下去！"

　　海风渐大，沙尘飞扬。日已西沉，人已渐去。鳌园内外，除了我和几位同行者之外，已经很少游人了。陈先生！我依然流连在您的墓前，舍不得离开。我还有很多话要向您说，但一时思绪纷然，又不知应该再说些什么，我是一个乡村小学教师的儿子，少年入伍，备受磨难，其间虽历经颠扑坎坷，再三再四；然豪情未减，壮志犹存。及近中年，始履坦途，思欲竭尽绵薄，奋力报国，为繁荣中华文学事业办二三实事。学先生榜样，步先生后尘，近年来参与筹集文学基金，北走南奔，席不暇暖，个中甘苦，有未能尽言者。幸得国家大力支持和海内外爱国人士的热情赞助，基金会现已初具雏形，小有作为。然而，行百里者半九十。每于风雨如晦之夜，则不禁感叹人生祸福无常，沉浮莫定，力图悄然引退，寻一平安着陆之合适时机。如此处处为个人设想，和先生不计名利，不较荣辱，鞠躬尽瘁，死而后已之崇高品格，相差岂止以道里计！

　　陈先生，我走了。此一去，地北天南，不知何日再来拜谒。我于一九五五年考入厦大，未克抵校；您却在一九六一年离开人间，致使我抱憾终身，在您的生前未能亲聆教诲。但，过了三十五年，我终于能以一个及门弟子的身份，来到您的墓前，亦可稍慰渴慕于万一。此刻，我凝视着您那朴素的墓碑，默想着您的业绩，止不住心潮起伏；谁道人生苦短，您的生命将是无际无涯的，它正由无数景仰您、追随您的后继者，一直延续下去！

  陈先生，您，永远地安息吧！

一九九〇年九月

| 原文载于 2003 年版的《张锲散文精选》

作者小传

张锲（1933—2014），原名张书宝，笔名张可、青春，安徽寿县人。中国共产党优秀党员，当代著名作家，文学组织工作者，中国作家协会原名誉副主席，中国作家协会原党组成员、副主席、书记处常务书记，中国文联原副主席。

先后发表了近300万字的作品，著有《改革者》《新潮集》《寻找星球的结合点》《张锲散文选》《张锲报告文学选》《张锲海外游记》《为了头上这片灿烂的星空》《生命进行曲》等作品。长篇报告文学《热流》在20世纪80年代初获全国优秀报告文学奖，散文《在陈嘉庚先生墓前的沉思》《魂兮，归来》等均获全国性大奖。

《在陈嘉庚先生墓前的沉思》被视为呼唤改革讴歌时代的散文。有的人见利益忘道义，有的人却舍己利为天下，爱国华侨陈嘉庚先生正是后者的典型。

张锲因为曾被厦门大学录取这样一段机缘而更加了解厦大以及"嘉庚遗风"，更真切地领会到陈嘉庚的精神惠泽。文章以站在陈嘉庚先生墓前的沉思为线，引导出对陈嘉庚一生功绩和为人风范的追述，并回忆了集美学子庄重文从校主陈嘉庚那里接受教诲与影响，奉献社会的事迹，同时结合作者自身经历，表达自己情追前贤的愿望。语言炽热深切，富于激情。

陈嘉庚陵墓

我所认识的陈嘉庚

卢嘉锡

物理化学家、教育家、社会活动家

卢嘉锡

  行高于世，自有口碑。我从小就听到许多关于爱国华侨陈嘉庚先生的感人事迹，尤其是关于他的"倾资兴学"。我因而十分崇拜他，觉得他这个人很伟大。后来，我在先生创办的厦门大学学习并工作过多年，尤其是自一九三七年有幸第一次见到他老人家并在新中国成立前后和他本人有过多次接触后，我对先生的思想和人品有了比较深刻的认识。

  今天，当我们纪念陈嘉庚先生诞辰一百二十周年的时候，我想起毛泽东同志对他曾有过"华侨旗帜，民族光辉"的历史性评价。就我个人的感受而言，我觉得先生确实是当之无愧的，他是一位永远值得后世怀念和学习的典范人物。

一

  陈嘉庚一生创办了十几所大中小学和多所专科学校，办学中，他深得其胞弟陈敬贤先生的鼎力协助，在集美学村和厦门大学，人们通常称陈嘉庚为"校主"，称陈敬贤为"二校主"，这种特殊的称呼很能说明陈家兄弟与兴办教育的渊源关系和人们对他们的崇高敬意。

陈嘉庚先生首先是在家乡集美陆续创办了各种类型的学校，包括男小、女小、男中、女中、男师范、幼师、水产、航海、商业、农林、国学专科学校等，此外还附设幼稚园、医院、图书馆、科学馆和教育推广部，统称集美学校，后来定名"集美学村"。其后，又在厦门创办了厦门大学。

集美学村中最有影响的当推航海学校，它是中华人民共和国成立前我国仅有的两所航海专科学校之一（另一所在上海的吴淞），是当时我国培养航海人才的重要基地，并形成了国内航海方面的两大学派之一，旧中国相当部分的船长、大副、二副等高级船员大都出自集美航海学校。

从今天来看，陈嘉庚当年创办的集美学村确是一个很了不起的创举。办教育可以说是让人们摆脱精神方面的"贫困"，这同摆脱物质方面的贫困一样重要。联想到现在的某些"大款"们手里有钱以后，就吃喝玩乐，一掷千金，更显出了陈嘉庚先生的伟大和远见卓识。

厦门大学是我学习和长期工作过的母校，相对来说，我对陈嘉庚倾力创办和维持厦大的业绩更有切身的感受。我在厦大读书期间（一九二八至一九三四年），就曾为自己的出生地厦门有这么好的一所高等学府而深感庆幸，要不然，像我这样一个"穷教书匠"的儿子，到外地上大学将是一种沉重的经济负担。私立时期的厦门大学较之旧时代国内其他大学有许多优越之处，就教授薪金定为三百块大洋这一项就为国内大多数大学所望尘莫及。可是后来我了解到，为办好厦大，校主在海外却承担着以我这样的学子更难以想象的巨大经济压力。

陈嘉庚在海外的经济事业曾有过辉煌的成功，但随着资本主义经济危机的加深，他的经济事业从一九二六年起开始走下坡；至一九二八年，整个资产损失过半；而后遇上世界经济大恐慌时期，在垄断资本集团的打击下，他的企业被迫改为股份有限公司，最终于一九三四年底收盘而宣告破产。但是众所周知，这一时期乃至尔后的三年里，厦门大学的经费仍然依靠陈嘉庚先生的支持。就创办和维持厦门大学整整十六年（即私立时期）这件事来看，他是竭尽全力、超负荷地坚持过来的。

爱国爱乡说起来是炎黄子孙的一种天性，古往今来亦不乏热心公益、捐资办学的实业家，然而像陈嘉庚先生那样倾"资"而"捐"者世所罕见，他一生为教育捐款的数额累计起来有几千万元，几乎相当于他"奔走海外，茹苦含辛数十年"积攒起来的全部财产。一个人在海外取得事业的成功本来就很不容易，成功之后把一切成果献给祖国、献给家乡、献给培养下一代的教育事业，这是何等博大的胸怀和献身精神！

厦门大学自创办以来，虽几经磨难，但在校主及全校师生的共同努力下，艰苦创业，砥砺磨炼，经过几十年的奋斗，终将厦大办成了在海内外有较大影响的中国"南方之强"。陈嘉庚先生功不可没。

二

我一直渴望着能够一睹校主的丰采和亲聆教诲，这一愿望终于在我出国留学的途中得以实现。

一九三七年秋，我考取中英庚款公费留学，从上海启程奔赴伦敦，我乘坐的邮轮抵达途中的新加坡后停靠了两天，由于张述同学（厦大时的同届校友，毕业后即赴新谋职）的引荐，我在第二天上午到怡和轩（陈嘉庚的办事处兼住所）拜访了心仪已久的校主。

张述事先已向他禀明我此行是赴英留学的，校主对此甚感欣慰，对我说了不少鼓励与鞭策的话。他希望我学成之后不要忘本，要回来好好报效祖国。我怀着崇敬的心情频频点头，并表示决不辜负校主的嘱托，请他老人家放心。

我至今记得那次见面的日期是一九三七年八月二十六日，当时距陈嘉庚和各地侨领筹划成立"南侨总会"为时已不远，他吃、住和工作都在怡和轩，可见是很忙的。在这种时候，年逾花甲、德高望重的著名华侨领袖陈嘉庚乐于接受我这样一个素昧平生的小青年的拜访，足见他毫无大人物的架子而对来自故国故乡的学子充满关切和期望，令我深为感激的是，许多年以后，校主有一次回国，到厦大后还关切地问道："怎么不见卢先生？"同事们忙告诉他说我出差了，我和校主并无特殊的关系，在此之前也没有多少接触，他却能记住并如此关心一个从事教育工作的晚辈。

第一次见面还给我留下很深印象的是，他反复谈论着兴办教育、培养人才的重要，他是把"兴学育人"同民族振兴的事业紧紧地联系在一起的。这曾引起我长时期的思考：他为什么特别重视教育？

今天，当我们谈论"科教兴国"的时候，我们明白"教育"和"科技"都是"兴国"的重要支柱，因为除教育之外，科技在我国也已取得相当大的发展，特别是后者已成了"第一生产力"，可是在新中国成立以前，情形远非如此。由于中国在近代科学上的"空白"，逼得我们只能走出国门做西行取经的"唐僧"。像我这样在三十年代出国留学的大概属于第二代，第一、二代留学生的任务主要是把国外先进的科学技术搬回来，回国以后主要是当"教书匠"，把"搬"回来的东西传授给自己的学生，传给下一代，就我个人而言，是到六十年代以后才有条件专心致志地从事和组织科学研究的。用历史的眼光看，陈嘉庚当年强调教育，实际上也就包括强调学习先进的科技知识，他认为："教育不振则实业不兴，国民之生计日绌……自非急起力追，难逃天演之淘汰。"这显然代表了那一时代最富有远见的中国进步人士的先进思想。

三

新中国成立前后，我和校主有了较多的接触。

一九四九年五月，他应邀回国参加中国人民政治协商会议筹备会议，当时已接近全国解放，可是偏踞东南一隅的厦门尚处在黎明前的黑暗之中。校主回国之前，我曾以厦大校友总会理事长的身份，致函邀请他老人家回国后顺便到厦门大学检查工作。此函后来还刊登在当时的厦大校刊上，为此惹恼了当时的国民党厦门当局，以至把我列入了"黑名单"。

我记得陈老先生应邀抵厦时，厦门市刚刚解放（十月十七日）不久，那一天，他在映雪楼东膳厅为全校师生作了一场相当精彩的报告，当时汪德耀校长出国在外，主持报告会的是代理校长陈朝璧教授，他要我协助他做些工作，并要我一起上主席台。

翌年（一九五〇年），陈嘉庚即回国定居集美直到逝世，他把晚年的时间和精力都奉献给了两校的建设。这一时期担任厦大校长的是王亚南教授，校长和校主之间，自然有许多面晤的时候，特别是为扩建校舍的事。可是因为陈嘉庚不会讲普通话，而王亚南听不懂闽南话，于是王校长便拉我居中当个翻译。后来有好几次，王校长干脆让我代表他本人与陈老先生直接联系。

从这一时期（至一九五八年我奉调赴榕参加筹建福州大学为止）的接触以及耳闻目睹的大量事迹来看，陈嘉庚爱国之深切，兴学之诚毅，品格之高尚，确实无以伦比而感人至深！

他一生创办了那么多学校，捐建了那么多校舍，但在他生前，他不允许在这些学校，哪怕是在一座大楼镌上自己或他胞弟敬贤的名字。厦大早期有一座楼原以"敬贤"命名，为的是纪念曾为厦大的建设和发展作出重要贡献而英年早逝的"二校主"，陈嘉庚知道后即予干涉制止，后来那楼名就改为"群贤"。在他看来，他兄弟二人的全部贡献，只是聊尽"国民一分子之天职"，不值得居功留名。今天我们在厦大见到的"敬贤楼"，乃是陈嘉庚逝世以后兴建和命名的……

陈嘉庚先生在社会上传为美谈的事迹很多，有一件事尤其令人难以忘怀：中华人民共和国成立后，在陈嘉庚多次建议和奔走之下终于建成了鹰厦铁路，他应邀出席了在鹰潭举行的通车典礼。为了迎接陈嘉庚，当时的鹰潭市市长特地备了丰盛的宴席，可是在宴会上，陈老先生坐在那里没怎么吃，也不多说话，一副不高兴的样子。市长感到莫名其妙，不知道是什么地方"冒犯"了陈老先生，于是上前连连道歉。这时，熟悉陈嘉庚的人告诉市长：您要请陈老先生吃饭的话，最好就是给他上地瓜稀饭……这话听来令人难以置信，但陈老先生确实如此，他的生活一向十分简朴：居室很简单，陈设也很简陋；山珍海味似乎与他无缘，地瓜稀饭即是他一生的主食。他没有任何嗜好，烟茶酒从来不沾。他一生奉行的信条是："该用的钱，千万百万也不要吝惜；不该用的钱，一分钱也不要浪费。"他请别人吃饭，也是极为简单。

　　爱祖国，重气节，倾资兴学，不图名利，自奉俭朴，一切以国家和民族的利益为根据、为依归……这一切并不带任何"新潮味"，却是臻于极境的懿德嘉行，是陈嘉庚留给下一代的极可宝贵的精神财富，它将永远垂范后世，永放光芒！

| 原文载于1994年出版的《回忆陈嘉庚》

卢嘉锡（1915—2001），物理化学家、教育家和科技组织领导者。

卢嘉锡出生于厦门市，原籍台湾省台南市。1895年甲午战争爆发，因愤于清政府把台湾割让给日本，其曾祖卢立轩携家迁厦门。卢嘉锡自小勤勉聪颖，少年成名。他是中国原子簇化学研究领域的开拓者，曾任中国科学院院长等职。当选第七届全国政协副主席、中国农工民主党第十届中央主席和第八届全国人大常委会副委员长。他是一位在国际科学界享有崇高威望的科学家，获得过一系列的国际荣誉。

青年卢嘉锡

其后人回忆说：

这年（1949年）5月，著名华侨领袖、厦门大学老"校主"陈嘉庚先生宣布应毛泽东主席邀请，将回国参加新政协筹备会议。父亲立即以厦大校友总会的名义致信，欢迎"校主"回国参加新政协时顺道视察厦门大学，并公开刊登在《厦大通讯》上，实际昭示了厦大师生拥护新政协召开的共同心愿。这无疑触怒了国民党反动派。一天，在国民党厦门市政府任职的老友黄克立先生偷偷来家说，父亲已被列入国民党的黑名单，"赶紧跑香港躲躲吧"。父亲何尝不知道自己的处境危险呢？可在厦门，认识自己的人太多，要想避过特务的耳目逃离厦门，谈何容易？再加上母亲当时正怀孕，他更不能走。为了不让母亲担心，父亲白天"若无其事"照常上班；但为了避免一旦发生不测让特务们找到更多加罪的"证据"，深夜母亲入睡后，父亲偷偷销毁了在美国从事爆炸研究的科研工作笔记——那其中包含着自己多少的心血啊！

这年夏天，厦门大学成立"应变委员会"，声明旨在"时局艰危时期保存学校文物，策划员工及学生的生活与安全"。委员会主席由汪德耀校长担任，父亲以教授会代表、校友总会理事长的身份被推举为副主席。由于汪校长公务繁忙，又正在准备去英国讲学，应变会日常工作实际上主要由父亲主持。他组织安排师生在校区巡逻以防坏人趁火打劫；又发起劳师助学活动，设法给困境中的厦大教工、家属买米送菜，并资助困难学生。父亲还不顾自己已被列入国民党特务的黑名单，以各种方法掩护、救助地下党员和进步人士。

1949年10月17日，厦门解放。10月20日，中国人民解放军厦门军管会主任叶飞发布教字第一号令，派军代表接管厦门大学。就在同一天，刚到任的厦门市委书记林一心在千头万绪中约请父亲长谈,征求他对厦门大学学生复课和学校发展的意见和建议。不久,他当选为厦门市政协副主席,并先后担任了厦门大学理学院院长,副教务长,研究部副主任、主任等职。父亲亲身感受到党和政府对自己的尊重和信任,看到"报效祖国"的大门向自己敞开。1953年,父亲参加了中国农工民主党,1956年又加入了中国共产党。就这样,父亲和全国人民一起,在中国共产党的领导下,积极投入到新中国的建设事业中。

后记

《名人笔下的陈嘉庚》要出版了，真是非常激动。

陈嘉庚先生被誉为"华侨旗帜，民族光辉"，他毁家兴学，一生倡办了118所学校。我所生活的集美区是嘉庚故里，有闻名遐迩的集美学村，百余年来，无数学子在这里求学，享受先生的福泽，"嘉庚精神"影响着一代又一代的学子。我虽不是嘉庚先生的弟子，但因为生活和工作都在这片热土上，深受"嘉庚精神"的感染，潜移默化中形成一种情怀，会有意无意间关注与陈嘉庚先生、与集美学村相关的人或事，关注故纸堆里的只言片语。

作为一位生活在这片土地上的普通居民，有义务弘扬"嘉庚精神"，讲述嘉庚故事。在工作之余稍有余暇，我便四处寻觅相关史料，盛暑挥汗，严冬呵冻，孤灯寒月，费尽心力。有时想查阅一些资料却处处受限，备尝艰辛，但也乐在其中，尤其是看到稀见的资料时，欣喜自不待言。

这本书就是在故纸堆中爬梳的结果，因为我感受过寻找资料的困难，所以才想到把平时遇到的与嘉庚先生相关的史料归类、整理出来，让这些史料"重见天日"。目的是为更多的研究者提供方便，让读者从更广泛的角度了解陈嘉庚先生，因为越是了解他越觉得他伟大。这也是编这本书的初衷。

本书所选的名人大都是文化界、科教界以及商界的爱国人士，他们与陈嘉庚先生有过亲密地接触，深入地了解。他们从不同的角度观察陈嘉庚、了解陈嘉庚，感受陈嘉庚的人格魅力，并诉诸笔端，让陈嘉庚的形象更加丰满、立体，更具真实性、可靠性。我在"作者小传"中重点突出作者与陈嘉庚先生之间的交往故事、文章写作背景，方便读者深入了解他们之间的关系。

  感谢陈嘉庚先生的长孙陈立人先生、央视著名导演夏蒙先生百忙之中为此书作序。我在工作中多次采访陈立人先生，他和蔼可亲，讲话风趣幽默。记得有一年在海峡两岸龙舟赛时采访他，他把随身携带的香囊分赠给记者们，还说这是传统文化的一部分应该广泛宣传。新中国成立70周年之际，陈嘉庚先生获得"最美奋斗者"称号，陈立人先生到北京出席表彰大会代领荣誉勋章和证书。两天后，陈立人先生带着沉甸甸的荣誉勋章和证书回到集美。在采访之余，我产生了请他为此书作序的想法。去年10月，"嘉庚精神"宣传月期间，陈立人先生再次来到集美。在集美校友总会永远名誉会长任镜波先生、集美校委会联络处处长陈励雄女士引荐下，陈立人先生非常爽快地答应此事，并利用闲暇时间写成了序言。

  夏蒙先生是央视著名导演、国家一级编剧，多年来致力于陈嘉庚先生的研究，除了拍摄纪录片《民族之光：陈嘉庚先生归来的岁月》外，还著有《第一公民：陈嘉庚传》，是陈嘉庚研究领域的专家。在任镜波先生的介绍下，有幸与夏蒙先生相识，他非常认真地阅读书稿后答应为这本小书作序。序言完成后，他又精益求精，数次删改，以求尽善尽美。

  感谢集美区委宣传部、集美区文联的大力支持，使此书成为"集美区文艺发展专项资金扶持项目"。

  在此书编著的过程中得到了任镜波、陈呈、何庆余、汪贤俊、陈经华、吴文晖、陈新杰、刘心舜、黄静、杨小利、高仁婉、胡锐颖、陈励雄、杨文华以及"十里春风"的群友们的大力支持，他们提出了很多指导性意见和建议。感谢我的妻子付蒙蒙女士在百忙之中帮助校录文字。

  由于能力有限，编著的过程中还有很多不足之处，请读者朋友们不吝赐教指导。有些文章的作者目前尚未联系到，请发邮件至 ahrcmy@126.com 与我联系，以便支付稿酬。

陈满意

陈满意

安徽砀山人，福建省作协会员、集美区作协副主席、厦门市政协特约文史研究员，厦门晚报社记者。文学和新闻作品多次获得全国、省、市奖项。先后出版《喜鹊是村庄的标点》《集美学村的先生们》《厦门大学的先生们》等。

本书作者（左）与陈立人合影
摄影　林志杰